実務必携Q&Aシリーズ

クレーマー対応の実務必携Q&A

―知っておくべき基礎知識から賢い解決法まで―

岡本健志　香川希理　川田　剛　木村裕史
斎藤悠貴　鈴木哲広　藤川　元　北條孝佳〔著〕

相手が要求する
内容によって、適切な
対応の仕方も違ってくる!

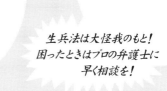

生兵法は大怪我のもと!
困ったときはプロの弁護士に
早く相談を!

発行 🄫 民事法研究会

は し が き

　職場でのハラスメント（嫌がらせ）の1つとして、近時、顧客が従業員に対して行う嫌がらせ、すなわちカスタマーハラスメント（カスハラ）が注目を浴びています。これは、セクシュアルハラスメント（セクハラ）、パワーハラスメント（パワハラ）などと同じく、本来あってはならないものに対して従来そうとは意識されずにきたものが、労働者の人権を尊重しようとすれば無視できないものとしてとらえられてきたものです。カスハラは、悪質クレームとも呼ばれ、これによって従業員が大きなストレスを感じることから、早期に改善される必要があります。

　しかし、カスハラ、悪質クレームに対処することは簡単ではありません。まず、顧客のクレームを、正当な要望として真摯に対応すべきなのか、悪質クレームとして敢然として対処すべきなのか、必ずしもはっきりしない場合も多くあります。クレームの態様も多岐にわたります。一見紳士、淑女風の顧客が悪質クレームを述べることもあります。このように、何が悪質クレームなのか、を見分けることが難しい、という問題があります。

　次に、悪質クレームへの対応の仕方がわかりにくいという問題があります。「悪質クレームに対しては、毅然と対応せよ」と、よく言われます。本書も、このことを強調しています。しかし、「毅然とする」とは、誰が、どのようにふるまうのか、その結果どうなるのか、などということは不明確です。

　本書は、悪質クレームとは何か、ということの具体例をいくつもあげて明示したうえで、毅然たる対応とは法にのっとった対応であること、そのためにはどうすればよいのか、法にのっとった対応をした結果どのように悪質クレームが収束するか、について説明しています。

　本書は、民事法研究会から平成30年に出版された『悪質クレーマー・反社会的勢力対応実務マニュアル』のいわば姉妹版として悪質クレーマー対策に特化したものです。執筆陣は前著とほぼ重なり、民事介入暴力対策、弁護士に対する業務妨害対策に通じた弁護士となりました。これは、日頃のこうした活動を通じて、毅然とするというのはどういうものかということを、身を

1

もって実践しているゆえ、執筆者としては最適であると思えるからです。

　本書が、企業の最前線で悪質クレームと対峙している多くの方に読まれることにより、これらの方々が自信をもって悪質クレームに対応してくださるならば執筆者としては望外の喜びです。

　最後になりますが、企業において悪質クレーム対策が極めて重要であるとの認識のもとに私たち執筆陣に本書の企画、出版の企画を与えてくださった民事法研究会の田口信義社長および編集担当として執筆陣を支えてくださった瀬川雄士さんに心からお礼申し上げます。

　令和２年10月吉日

執筆者代表　弁護士　藤　川　　　元

［追記］

　このたび、令和２年10月に発刊いたしました本書が増刷となりました（令和４年10月16日発行）。本書発刊後の令和４年10月１日、プロバイダ責任制限法の改正法が施行されましたことから、増刷にあたり、第１部Ⅰ１(6)(B)(c)および第２部Ⅴ〔Ｑ26〕に改正法の主な内容を加えました。ご参照いただけましたら幸いです。

『クレーマー対応の実務必携Q&A』

目 次

第1部　クレーム対応の基礎知識

第3部　関連書式集

第4部　参考資料

〔凡　例〕

プロバイダ責任制限法	特定電気通信役務提供者の損害賠償責任の制限及び発信者情報の開示に関する法律
個人情報保護法	個人情報の保護に関する法律
独占禁止法	私的独占の禁止及び公正取引の確保に関する法律
景品表示法	不当景品類及び不当表示防止法
ストーカー規制法	ストーカー行為等の規制等に関する法律

第1部

クレーム対応の
基礎知識

Ⅰ　総　論

1　悪質クレーム対策

(1)　悪質クレームの現状

　近時、悪質クレーム対策が大きな問題となっています。悪質クレームとは何か、ということについても確固たる定義は今のところありません。しかし、悪質クレームに関して論じる論文、書籍などをみると、クレームの内容とクレームの態様の二面からとらえるものとし、要求の内容が法外なもの、または要求の態様が許容範囲を大きく逸脱しているもの、などとする傾向になりつつあります。本書でもこの傾向と同じく、要求内容、または要求態度が社会通念に照らして著しく不相当なクレームを悪質クレームと定義づけています。

　悪質クレーム問題を取り上げる際に難しいところは、そのクレームを正当な要求、要望として丁重に対処しなければならないのか、それとも悪質クレームとして法的対応も含めて毅然と対処しなければならないのか、その区分けが判然としない場合が多いことです。

　スーパーでお客様が商品を購入する場合を想定してみます。お客様から店員さんにクレームがつくケースは1日に何回もあり、しかも態様もさまざまでしょう。そうした中でクレームの内容が文句のつけようもなく正当なケースも多々あるでしょう。しかし、一見しただけでは正当な内容かどうか即座には判断できないケースもあります。また、商品に関するクレームではなく、店員さんの接客態度を問題とするものもあり、この場合はなおさらクレームが正当かどうか、わかりにくいことがあるでしょう。また、正当なクレームであるにもかかわらず店員さんの応対が悪かったために途中からお客様の態度が豹変して悪質クレーム化してしまうこともあるでしょう。また、社会的に高い地位についている人でも悪質な言動をすることがあります。このように、悪質クレームとそうでないものの判別が現場では難しいことが1つの問題です。

　また、悪質クレームによる被害が後述のように、会社にとっても従業員にとっても無視することはできない大きなものであることです。また、日本の労働生産性がアメリカに比べて低い大きな原因がサービス業、とりわけ卸売り、小売り、宿泊、飲食などでの業態の労働生産性が低いことであり、「その原因はサービス過剰にある」、「そのサービス過剰が悪質クレームを生み出す原因でもある」という説もあります。

　このような現状であることに鑑み、悪質クレーム対策は、社会の大きな問題として国家的に取り組む必要があります。

　このような時期に、UAゼンセン流通部門により、2017年6月から7月にかけて大規模なアンケート調査が実施されました。その結果5万以上の調査票の集計がなされ、「悪質クレーム対策（迷惑行為）アンケート調査結果」として2017年10月にまとめられ、公表されました（本書の末尾に収録）。この調査は、これまでの調査にはない大規模なものであり、そこに出た結果については参考資料として十分に尊重すべきものであると思います。また、UAゼンセン流通部門が関西大学社会学部・池内裕美教授に執筆を委託して作成されたアンケート調査の分析結果も公表されています。

　そこで、本稿において、以下に、アンケート調査の結果や池内教授の分析を引用しながら論を進めることにいたします。

　(2)　**アンケート調査結果からみる悪質クレーム**

①　アンケート調査の方法・結果
　アンケートは、接客対応をしている流通部門所属組合組合員（168組合、回答件数50,878件）に対し、全体としての結果をまとめた上で、男女別、年齢別、部会別（スーパーマーケット、百貨店、家電関連など）にも調査結果をまとめるという、きめ細かな集計がなされています。
　②以下に記載するのは、全体としての集計結果によるものです。
　なお、アンケートでは悪質クレームといわず「迷惑行為」と表現しています。しかし、ほぼ同じ意味で用いているものと思います。以下では「迷惑行為」と表現しておきます。

②　業務中に来店客からの迷惑行為に遭遇したことがあるか。

ある	36,002件 （73.9％）
ない	12,719件 （26.1％）

③　迷惑行為の態様

1	暴言	24,107件 （27.5％）
2	何回も同じ内容をくり返すクレーム	14,268件 （16.3％）
3	権威的（説教）態度	13,317件 （15.2％）
4	威嚇・脅迫	12,920件 （14.8％）
5	長時間拘束	9,752件 （11.1％）
6	セクハラ行為	4,953件 （5.7％）
7	金品の要求	3,002件 （3.4％）
8	暴力行為	1,792件 （2.0％）
9	土下座の強要	1,580件 （1.8％）
10	SNS・インターネット上での誹謗中傷	465件 （0.5％）
11	その他	1,431件 （1.6％）

（複数回答可）

④　迷惑行為から受けた影響

1	軽いストレスを感じた	13,500件 （36.1％）
2	強いストレスを感じた	19,917件 （53.2％）
3	精神疾患になったことがある	359件 （1.0％）
4	影響なし	2,775件 （7.4％）
5	その他	887件 （2.4％）

⑤　迷惑行為に対して、どう対応したか

1	上司に引き継いだ	13,979件	(30.1%)
2	謝りつづけた	17,587件	(37.8%)
3	毅然と対応した	9,410件	(20.2%)
4	何もできなかった	2,687件	(5.8%)
5	その他	2,814件	(6.1%)

⑥ あなたのとった対応の結果、迷惑行為は収まったか

1	収まった	24,443件	(61.3%)
2	収まらなかった	4,581件	(11.5%)
3	さらに態度がエスカレートした	1,938件	(4.9%)
4	長時間の対応を迫られた	6,702件	(16.8%)
5	その他	2,208件	(5.5%)

⑦ 迷惑行為は近年増えていると感じるか

1	増えている	24,880件	(49.9%)
2	あまり変わらない	14,940件	(30.0%)
3	減っている	1,664件	(3.3%)
4	わからない	8,381件	(16.8%)

⑧ 迷惑行為が発生している原因をどう考えるか

1	消費者のモラル低下	32,651件	(30.4%)
2	従業員の尊厳が低く見られている	20,082件	(18.7%)
3	ストレスのはけ口になりやすい	26,008件	(24.2%)
4	消費者のサービスへの過剰な期待	26,192件	(24.4%)
5	その他	2,458件	(2.3%)

(複数回答可)

⑨　迷惑行為からあなたを守るために、どのような措置が必要と考えられるか

1　消費者への啓発活動　　　　　　18,455件（20.0%）

2　企業のマニュアルの整備　　　　12,560件（13.6%）

3　企業のクレーム対策の教育　　　19,262件（20.9%）

4　法律による防止　　　　　　　　19,196件（20.8%）

5　迷惑行為への対応を円満にする組織体制の整備

20,916件（22.7%）

6　その他　　　　　　　　　　　　1,943件　（2.1%）

（複数回答可）

⑶　アンケート調査分析結果（関西大学社会学部・池内裕美教授）

㈠　調査結果の分析

UAゼンセンは池内教授にアンケート調査結果の分析を依頼しています。分析結果は「悪質クレーム対策（迷惑行為）アンケート調査分析結果」としてインターネットで公表されています。適切で鋭い分析がなされていますので一読されることをお勧めします。

以下には、池内教授の分析について、私たち本書の執筆者の思うところを記したいと思います。

㈡　分析の中で注目すべき点

⒜　迷惑行為から身を守るために

池内教授は、「迷惑行為からあなたを守るために、どのような措置が必要と考えられるか」というアンケート結果（上記⑨）から、回答を、「企業に求める」、「司法に求める」、「消費者に求める」と整理しています。この整理は、悪質クレーム対策のターゲットを特定するという意味ですぐれていると思います。この中で「企業に求める」、「司法に求める」については、本書において私たち執筆者が論じているところです。

⒝　法律による対応について

池内教授は、同じく「迷惑行為からあなたを守るために、どのような措置

が必要と考えられるか」というアンケート結果における「法律による防止」という回答について、下記のように指摘しています。

記

　恒常的に迷惑行為にさらされ、しかも悪質なクレームに日々悩まされている従業員の約半数は、迷惑行為への措置としては、もはや企業ごとのマニュアルの整備レベルでは十分ではなく、対策の最高峰ともいえる「法律による防止」が必要であると捉えているといえる。また、こうした法律が制定されることにより、自ずとトップダウン的な波及効果、すなわち「消費者への自己啓発」や「企業のクレーム対策の教育」にもつながることが期待できる。上述したように、クレームと関連する法律としては、「強要罪」や「監禁罪」、「暴行罪」など複数存在する。しかし、今後、SNSなどの影響で消費者がさらに力を増すようになると、それに伴いクレームも益々悪質化することが予想される。よって、迷惑行為からサービス業従事者を守り、彼らのメンタルヘルスを維持するためにも、早い段階でこうした迷惑行為に焦点を当てた法律を制定しておくことも、有益な対策の1つになるといえる。

ⓒ　百貨店、家電業界の対応について

　池内教授は、業種による悪質クレームの差にも着目し、百貨店、家電業界については下記のように指摘しています。

記

　販売商品や接客状況に注目すると、主に次の2点が指摘できる。①これらの業種は、比較的高額な商品を扱っているため、客の立場が強くなりやすい点、②購入までの接客時間が長くなることが多く、接客態度や発言などもクレーム（人物クレーム）の対象になりやすい点。池内裕美「苦情行動者の心理──消費者がモンスターと化す瞬間」繊維製品消費科学54巻1号21頁～27頁（2013）では、商品自体に対するクレームが、ひとたび「人物クレーム」に発展すると、対応が長期化する可能性が高

くなることが示唆されている。

(d)　迷惑行為（悪質クレーム）が増えた背景

　迷惑行為（悪質クレーム）が増えた背景として次のような点を指摘しています。なお、以下の点がどのような比重をもつのかについては、現場の実務者の意見も参考になると思います。

---

i)　消費者の地位向上と権利意識の高まり

ii)　企業への不信感の増大

iii)　急激なメディア環境の変化

iv)　フリーダイヤル化と携帯電話（スマートフォン）の普及

v)　規範意識の低下に伴う苦情障壁の低下

vi)　過剰なサービスによる過剰期待

vii)　社会全体の疲労と不寛容化

(e)　今後、企業がとるべき対策

　今後、企業や社会がとるべき対策として下記の３点が指摘されています。

記

i)　「迷惑行為への対応を円滑にする企業の組織体制の整備を求める人が約４割にのぼっていた。これは非常に重要な指摘であり、従業員が安心して苦情対応を行うためには、やはり企業側のサポート体制が整備されていることが不可欠といえる。金品の欲求や暴力行為などの悪質クレームになると、もはや個人で対応できる域を超えており、組織の問題として全社的に対応することが求められる。そのためにも、苦情対応を「リスクマネジメント」の一環として捉え、そうした苦情（リスク）が生じた際の対処方法や情報共有のあり方などについて明確に整備し、従業員にも周知しておくことは重要な対策の一つといえる。それにより、企業と従業員の間に信頼関係が生まれ、従業員は「企業が守ってくれる」という安心感から、消費者の言いなりになる

のではなく、時には「毅然とした振る舞い」で対処することも可能になるのである。また、こうした「リスクマネジメント」の観点からすると、組織全体で情報共有・伝承し、次の対応に活かしていくような、いわば「個人経験を組織経験にする」といった仕組みづくりも重要といえる。

　他にも迷惑行為への対策としては、「企業のクレーム対策の教育」「法律による防止」「消費者への啓発活動」などの必要性を支持する回答も、それぞれ4割弱ほど得られた。上述したように、感情労働としての苦情対応を捉えた場合、対応者の心身の負担は想像以上に深刻といえる。苦情対応に関する知識をもたずに1人で対応し、トラブルに発展しても個人で抱えてしまうと、知らず知らずのうちに精神的健康を害することにもなりかねない。特に、スーパーマーケットやGMS（ゼネラル・マーチャンダイズ・ストア）では、パートやアルバイトなどの非正規雇用の人たちも多く、彼らが直接苦情に対応しなければならない状況も少なくない。よって、非正規雇用の人たちも含めた従業員研修の実施も、早急に行うべき重要な対策の1つといえる。

ⅱ）　その一方で、「消費者への啓発活動」という回答に見られるように、消費者側にも苦情に関する意識改革を求める声も少なくない。消費者は、まず自己をモニタリング（客観視）し、「お客様は神様である」「自分はVIPである」といった「特権意識」を捨てることが必要である。そして、「他者視点」を取得し、すなわち、苦情を受ける対応者の気持ちになり、世の中には様々なルールがあることで秩序が保たれているので、無理を言っても通らない場合があること、さらには、対応者の仕事の範囲を理解すること等が重要となろう。また、当然のことながら「悪質クレームは犯罪である」といった認識を持つことも不可欠であり、行政側の施策としては、消費者がこうした意識や知識を取得する機会を設け、積極的な情報発信を通して、それらの機

会の利用を促すことなどが挙げられる。

---

iii）　なお、注目すべきは、特に悪質クレームの被害が深刻である「家電関連」において、「法律による防止」を求める割合が極めて大きかった点が挙げられる。既に、クレームと関連する法律には、「強要罪」や「監禁罪」、「暴行罪」などが存在しているが、それでも現場の声として、こうした「法律による防止」が挙がっているということは、これらの法律があまり抑止力として機能していない可能性が考えられる。その理由としては、上記の「企業のクレーム対策の教育」や「消費者への自己啓発活動」とも関連するが、従業員も消費者も、悪質クレームが犯罪に準ずることもあるといった認識が、十分に浸透していない可能性が考えられる。加えて、従業員側からすると、第三者の介入を要請するにしても（例えば、警察への通報など）、その境界線が曖昧であるため、なかなか実行が難しいといった現状もあるのではないかと考えられる。よって、今後の対策としては、悪質クレームに対する明確なガイドラインを設け、可能なら法律の制定を通して社会的に抑制することが挙げられる。このように、迷惑行為への対策も複数の方向性が考えられる。しかし、いずれにせよ、消費者一人一人が寛容な心を持つこと、そして従業員が安心してトラブルに臨めるように労働環境を整備することなどが、よりよい消費社会の実現には不可欠であると考えられる。

---

(4)　国民民主党の立法提言

　池内教授の上記指摘とあたかも連動したかのように、国民民主党は、UAゼンセンのアンケート調査結果などにより悪質クレームが深刻な社会問題になっているにもかかわらず、政府が対応に及び腰であり、2019年の通常国会に提出予定のハラスメント対策関連法案に悪質クレーム対策を盛込まない見込みであることから、消費者団体からもヒアリングを行ったうえで悪質クレーム対策を立法化すべく、2019年5月、悪質クレーム対策推進法案を国会

に提出しました。

この法案は、いわば基本法とでもいうべき概括的なものであり、国、自治体、企業、などに対して悪質クレーム対策を今後具体化するうえでの大枠を示したものです。

しかし、与党の反対により否決されました。

(5) 悪質クレーム対策（その１：現行法の枠内で対処しうること）

池内教授や国民民主党などから悪質クレームに対処すべき新規の立法をすることが提言されています。私たちは、新規立法をする前に、現在ある法律でこれにどこまで対処できるのか、を考え、そのうえで現行法では及ばないことがあれば立法提言をするのが順番として正しいと思います。このように考える場合、現行法を活用することで多くの悪質クレームに対応することが可能であり、悪質クレームに対する総括的な特別立法をする必要はないと思います。

現行法を用いて悪質クレームに対処する方法として、暴行罪、脅迫罪、業務妨害罪、不退去罪などで刑事告訴する方法のほか、仮処分や本案訴訟という民事的な手段を用いて悪質クレームを中止させる方法があります。これらの方法は、一般に周知されているとはいえませんし、裁判手続をとること、そのために弁護士に委任しなければならないこと、など、ためらいを覚えるものがあるかもしれません。その意味で、こうした民事的手段とは別の方法を求めるのがわからないではありません。しかし、本書は、民事的手段で悪質クレームを止める方法を皆様にもっと活用していただきたいと考え、さまざまな解説をしておりますので、是非、ご一読いただきたいと思います。

しかし、悪質クレーム対策として、現行法だけで十分かといえば必ずしもそうではなく現行法の一部を改正するとか、新規立法をするなどの必要性のある場合があります。この点を次に述べます。

(6) 悪質クレーム対策（その２：新規の立法）

(A) 軽犯罪法など微罪で新設すべきものがあるか

アンケート結果に現れた迷惑行為のうち、刑法の罪にあたるほどの違法性はなくとも、ある程度の違法性があると思えるものについては、軽犯罪法を改正して規制の対象にすることはできないものでしょうか。何回も同じ内容

を繰り返すクレーム、長時間拘束などは、店員さんが嫌がるにもかかわらず長時間にわたって店員さんを離さず、その結果業務が妨害されています。ところで軽犯罪法1条31号は、「他人の業務に対して悪戯などでこれを妨害した者」を拘留または科料に処することとしています。そこで悪戯に匹敵するほどの違法性のある長時間拘束は、この条項を改正して文言を追加することで取締りの対象とできるように思います。

(B)　インターネットによる誹謗中傷への対応

インターネットによる誹謗中傷が改正前プロバイダ責任制限法の下では野放しに近かった状態を改善すべく、総務省において法改正などの検討が急ぎ行われました。

(a)　アンケート調査結果の分析

アンケート調査結果によると、悪質クレームの態様の1つとして、SNS・インターネット上での誹謗中傷の回答は0.5%にすぎません。しかし、今後はこの態様のものが急増する可能性があるうえ、いったんこの態様の悪質クレームが発信されると、短時間のうちに広範囲に拡大してしまうため、手がつけられなくなります。そのため、SNS・インターネットで誹謗中傷された被害者は、この内容が虚偽であり反論をして正したい気持があってもそれをすることができないまま誹謗中傷されるのを座視せざるを得ない、という極めて不条理な立場におかれることになります。

そのため、2020年5月、女子プロレスラー・木村花さんが亡くなるという悲劇が生じました。

(b)　改正前プロバイダ責任制限法の下におけるプロバイダに対する発信者情報の開示の問題点

SNS、インターネットによって匿名の者の投稿によって誹謗中傷された場合、被害者はプロバイダ責任制限法4条1項に基づいてプロバイダに対して発信者情報（氏名、住所など）の開示を請求できることになっていました。しかし、開示の要件に該当するか否かをプロバイダが判断するため、投稿者側の権利（表現の自由、通信の秘密）にも配慮しなければならないプロバイダが開示をためらう傾向にあり、仮処分などの裁判手続を経ないとなかなか開示されない状態となっていました。

　投稿によって誹謗中傷された被害者を守ることと投稿者の表現の自由や通信の秘密を守ることとを比較した場合、この状態は、匿名性を利用して悪質な投稿をする多くの卑怯者を野放しにするものであって、明らかにバランスを失していると思います。インターネットが普及してから長らく、こうしたアンバランスが放置されてきました。しかし、今、ようやく立法による手当てが総務省により本腰を入れて急速になされようとしています。

(c)　プロバイダ責任制限法の改正

　まず手始めに、2020年8月31日、プロバイダ責任制限法に関する省令を改正し、インターネット上での書き込みで権利侵害を受けた場合に発信者の情報の開示対象に電話番号が加えられました。これによって、電話会社に弁護士会照会をかける方法により、発信者の住所、氏名を正確に知ることについて大きな前進となりました。

　しかし、これだけではまだ不十分であることから、総務省ではさらにプロバイダ責任制限法の改正作業を行いました。その結果制定された改正法が2022年10月1日から施行されました。改正の主な点の1つは新たな裁判手続を創設したこと、すなわち、①発信者情報の開示を1つの手続で行うことを可能とする新たな裁判手続（非訟手続）を創設したこと、②裁判所による開示命令までの間、必要とされる通信記録の保全に資するため提供命令および消去禁止命令を設けたこと、③裁判管轄など裁判手続に必要となる事項を定めたこと、です。

　さらに改正の主要な点の1つは、開示請求を行うことができる範囲を見直したこと、すなわち、発信者の特定に必要となる場合には、ログイン時の情報の開示が可能となるよう、開示請求を行うことができる範囲等について改正を行ったことです。

　改正法の具体的な利用の仕方として、虚偽の書き込みに対する発信者情報の開示請求の対応に関する説明が本書166頁以下（第2部Ⅴ Q26）になされていますので、ご参照ください。

2　本書の特色

⑴　悪質クレームに対しては毅然と対処する

① 　毅然と対処するには、法に沿った対処が一番です。

② 　「毅然」は弁護士の専売特許か、というと、そうではありません。悪質クレーム対策については、企業においても専門部署があることがあります。そこで働く実務担当者の対処方法も、「毅然」たる場合が十分にあります。私たち執筆者は本書の出版を企画するにあたり、現場の状況を少しでも詳しく把握しようと思い、大手の会社のクレーム対応部署の中でクレーム担当者を指揮・統括していた経験をもつ渡辺文恵さん、史桜さんのお2人からお話をお聞きしました。正直に申し上げますと、お話をお聞きする前、執筆者の多くは、クレーム対応の現場では苦痛から解放されたいがために少々の融通をきかせることもあるのではないだろうか、と思っていました。しかし、そうではありませんでした。クレーマーの不法は許さない、という限度はしっかりと決めたうえでさまざまな角度から時間をかけて納得のいく解決を図っている現場の状況をお聞きすることができました。私たち弁護士は、「毅然」というと法律の許容する結論を固守する、というイメージをもちがちだと思うのです。しかし、法律の許容する結論に向かって、状況に応じてさまざまな手法により誘導していくという、柔と剛とが合わさった「毅然」もあることを知り、瞠目する思いがいたしました。「毅然」とは、幅と深さのある概念であります。

③ 　いいかげんなところで悪質クレームと妥協するのは、弁護士であろうが実務担当者であろうが、本書の立場とは相容れません。

④ 　毅然と対処しようとする人である限り、企業、労組その他悪質クレーム対策を考える人々と共同するのが本書および執筆者の立場です。

⑵　法による解決の具体的な説明

⒜　法律による解決の具体的方法

　悪質クレームが高じて暴行、脅迫、業務妨害など刑法犯に該当する行為にまで至ったときには、警察に被害届を出したり刑事告訴をすることで、悪質

クレーマーを許さない、という姿勢を示すべきです。

　これに対して、何回も同じ内容を繰り返すクレーム、権威的（説教）態度、長時間拘束などは、刑法犯に該当するとまではいえないことが多く、このような場合にまで警察に応援を求めようとしてもうまくいきません。

　このような場合は、民事的な対応によって悪質クレームを止めさせることを考えるべきです。

　ここで基本となる権利は人格権です。憲法13条は「すべて国民は、個人として尊重される。生命、自由、及び幸福追求に対する国民の権利については、公共の福祉に反しない限り、立法その他の国政の上で、最大の尊重を必要とする」と定めています。ここで規定される権利は、直接的には、国民の国家に対する権利です。しかし、憲法の基本原則は性質に反しない限り私人間でも妥当するものであることから、国民は私人に対しても人格権を主張できると解釈されています。

　個人にも企業にも人格権があり、人格権に基づいて平穏に生活をする権利、平穏に業務を行う権利、業務遂行権などがあります。そして、クレームの程度が常軌を逸脱している場合には、人格権に基づいて差止請求権（悪質クレームを中止せよと求める権利）、妨害予防請求権（悪質クレームを行うと予想される場合に、あらかじめ、悪質クレームを行うな、と求める権利）が認められると解釈されています。そこで、店員さんを長時間拘束したり、同じ内容のクレームを毎日繰り返し述べてくる悪質クレーマーに対しては、差止請求権により、「○○（悪質クレーマー）は××店舗に立ち入ってはならない」などという命令を、裁判所に発してもらうことができます。そのために、通常の裁判を提起することもありますし、切迫している場合には仮処分という手段で発令を求めます。悪質クレーマーあてに裁判所からこのような命令を記した判決書、決定書が送られるのですから、多くの場合、悪質クレームは止まります。

　本書では、悪質クレームに対して毅然として対処するためには、このような民事裁判手続をとればよいことを、さまざまなケースを通じて述べています。

(B)　弁護士の活用

　刑事告訴をしようとする場合、弁護士に依頼するとスムーズに運ぶことが多いと思います。また民事裁判手続の場合には、弁護士に依頼することは必須とさえいえます。しかし、残念ながら、弁護士が身近な存在とはなっていません。そこで本書では、弁護士の立場からみてではありますが、弁護士が皆様に一歩でも近づけるよう、弁護士費用のこと、弁護士がどのような考えのもとに裁判事件に臨んでいるのか、などをありのまま記述いたしました。裁判手続となると弁護士に依頼しなければならないことは理解できても、はたして弁護士がどのような存在なのかはっきりしなければ依頼することにためらいを感じられることでしょう。本書は、こうした点に一歩踏み込んでみました。

(3)　8人の弁護士による共同執筆

　本書を執筆した8名の弁護士は、皆、民事介入暴力事件（暴力団などが民事事件に介入し暴力という不当な威圧のもとに民事事件で法外な利益を得ようとする）や弁護士に対する業務妨害事件（弁護士に対して暴行、脅迫を加えるなどして威圧を加え弁護士の活動を抑制することにより、司法の力を不十分にしか発揮させない状態をつくり、これによって法では容認されない結果を求めようとする）にこれまで力を注いできました。こうした経験によって、どのような人物であっても、どのような場面であっても法はキッチリ守るのだ、という強い信念をもっています。8名の弁護士は、悪者には毅然と対処する、ことを身上としてきました。このような信念に基づいて行ってきた弁護活動は、多くの方の賛同を得てきました。したがって、悪質クレーマーに悩まされる皆様にも、きっと私たちの述べることがわかっていただけると思うのです。

　ただ、私たち執筆者は、民事介入暴力事件や弁護士に対する業務妨害事件だけを専門にしてきたのではありません。夫婦の離婚問題、男女間のトラブル、労使間の労働問題、子供に対する同級生からのいじめ、刑事事件の再審など、さまざまなケースを担当してきました。そうした中で、関係者間の法的解決の微妙なところ、バランスなども少しずつ学んできました。

　私たち8名は、本書をつくるにあたり、まず担当分野を決め、分担して原稿をそれぞれが執筆することから始めました。そして各執筆者の作成した原

稿を、皆で読み、何回も検討会を開き、校正を加えました。したがって、本書は、全頁が全員の共同執筆といってよいものとなっています。また、このようにして、全員でつくり上げるのですから、難しい問題を避けることを決してしないように心がけました。このため、目次にある各設問ごとに、論じてみると難しい論点も含まれています。その結果の成案の中には、試案といってもよいものさえあると思います。しかし、上述のような経験を積み、バランス感覚を養った8名でつくった試案ですから、是非ともご参考にしていただきたいと思います。

⑷　対象となる読者は企業の全構成員です

社長や法務担当の方は、言うに及びません。

本書を最も読んでいただきたいのは、現場の第一線で悪質クレーマーと直接接触している方です。

前述のアンケート結果でも、迷惑行為（悪質クレーム）から受けた自身への影響として、「強いストレスを感じた」と回答した方が53.2％（19,917件）、「精神疾患になったことがある」と回答した方が1.0％（359件）あります。これに「軽いストレスを感じた」と回答した方である36.1％（13,500件）を加えると、ほとんどの方が迷惑行為（悪質クレーム）によってストレスを感じています。そして、「迷惑行為にあったとき、あなたはどのような対応をしましたか」との問いに対して、「謝りつづけた」との回答が37.8％（17,587件）、「何もできなかった」との回答が5.8％（2,687件）、すなわち43％以上となっています。こうした中で、悪質クレームに対しては毅然と対処し、最後は法律の力で（刑事告訴や民事裁判で）止めることができるのだ、ということさえ周知されていれば、おのずとご自分のなすべきこともわかってくるでしょうし、それを超える対処については上司や法務セクションに任せればよいとなり、現場の第一線の方の精神的な負担がグッと軽減されるでしょう。

本書は、このように、悪質クレームに苦慮する会社の皆様に広く読んでいただけると幸いです。

Ⅱ　クレームとは何か

1　すべてのクレーム（異議、苦情、不満）が不当なものではない

　企業活動をしていると、顧客や第三者からさまざまな異議、苦情、不満などが述べられることがあります。クレームとは、一般的に、企業が提供する商品やサービスなどに対して行われる顧客や第三者による異議、苦情、不満などをいうと理解されています。

　現代においてクレームと聞くと、根拠がないまたは悪意をもって行われるようなマイナスのイメージのものを指していることが多いです。このような社会通念上許される範囲を超えて行われるクレームを、本書では「不当クレーム」または「悪質クレーム」と整理します。クレームがこのような意味で用いられることが多いのは、「クレーマー」という言葉が不当な要求を行う顧客を指して用いられることが多いことも1つの要因だと考えられます。

　しかしながら、顧客や第三者による異議、苦情、不満は、必ずしもこのような不当クレームばかりではありません。企業に問題や落ち度がある場合には、顧客や第三者からは合理的な理由をもって行われる正当な権利要求が行われることもあります。本書では、「不当クレーム」および「悪質クレーム」と区別するためにこのクレームを「正当クレーム」と呼ぶことにします。

2　正当クレームと不当クレームの区別の重要性

　なぜ企業は、「正当クレーム」と「不当クレーム」を区別して考えなければならないのでしょうか。

　まず、クレームが「正当クレーム」か「不当クレーム」かによってどのように対応すべきか方針が変わってきます。たとえば、「不当クレーム」に対しては、不当な要求には応ずることなく、毅然とした態度で対応しなければならないこともあります。

　そのため、「正当クレーム」と「不当クレーム」のいずれであるのか、初

期対応の段階で早期に見極めていくことが必要となります。ところが、「正当クレーム」と「不当クレーム」は、必ずしも明確に区別できるものではありません。「正当クレーム」と「不当クレーム」が混在したクレームというのも珍しくないでしょう。突然のクレームに対しても落ち着いて適切に対応していくためには、「正当クレーム」と「不当クレーム」の違いやそれらが混在することがあることをよく理解し、クレームをある程度類型化して対応を共有しておくことも重要となります。

　どのようなクレーム対応をするのか判断が難しいこともありますが、クレームは、顧客や第三者の意見がわかる有益な情報であることが多く、企業の商品やサービスを向上や企業の抱えるリスクの早期発見につながる内容のものもあります。一方で、クレーム対応を間違えると、その対応に対する新たなクレームに発展してしまうことや、企業の信用を低下させてしまうこともあります。

　丁寧かつ誠意ある対応をしていくことが基本的なスタンスとなりますが、近年では「不当クレーム」も増え、「不当クレーム」の対応に多くの時間を割かれたり、クレームに対応する者が大きなストレスを抱えたりすることも少なくありません。「不当クレーム」に屈せず、健全な経営体制を構築していくために、本書があげるポイントを押さえていただくことが重要となります。

Ⅲ　正当クレームと不当クレームの区別

1　区別の方法

　では、「正当クレーム」と「不当クレーム（悪質クレーム）」はどのように区別（見極め）したらよいでしょうか。

　ポイントは、要求（クレーム）の「内容」と「方法（態様）」に着目することです。そして、「内容」と「方法」のいずれもが正当なものを「正当クレーム」、「内容」か「方法」のいずれかまたはその両方が不当・悪質なものを「不当クレーム（悪質クレーム）」ということができます。

　「内容」が正当か否かというのは、一言でいえば、「法的な裏付け」が存在するか否かで判断します。すなわち、そもそもクレームの原因となっている事実（商品やサービスの欠陥やそれに伴う損害など）が存在するか否か、事実が存在するとして、こちらに落ち度があるか否か、また、それらに見合った内容の要求となっているか否か、などが判断要素になります。

　次に「方法（態様）」が正当か否かというのは、要求の方法や態様が「社会的相当性」を有するか否か、「社会通念上許容される限度」を超えるか否か、で判断します。すなわち、行き過ぎた・度を越した非常識な方法・態様の要求であるか、ということです。仮に法的な裏付けが存在するクレームであったとしても、人に暴行を加えたり、「応じなければ命が危ないぞ」と脅したりして、無理矢理に要求を実現しようとすることは、到底正当な権利行使とはいえず、「不当クレーム」といわざるを得ません。

　なお、暴力団員等の反社会的勢力が「不当クレーム」をつけてくることがありますが、相手が暴力団員だとはいえ、「正当クレーム」というものももちろんあります。他方で、ごく普通に生活している一般の市民であっても「不当クレーム」をつけてくることがあります。したがって、この「正当クレーム」か「不当クレーム（悪質クレーム）」かの区別は、クレームをつけてくる人物や団体の「属性」（どのような人物や団体であるか、その人物や団体がどのような社会的地位や肩書を有し、どのような組織に所属しているかなど）で

はなく、要求の「内容」や「方法（態様）」に着目した分類だということになります。

では、「不当クレーム（悪質クレーム）」にはどのようなものがあるでしょうか。もう少し具体的にみていきましょう。

2　要求「内容」が不当な例

要求内容が不当な例としては、たとえば次のようなものが考えられます。

(1)　高額な慰謝料の要求

買った服にほつれがあった、対応した社員の言葉遣いが気に障るものだった、といったことを理由に、「慰謝料（または迷惑料など）として1億円払え」と要求してくるような場合は、「不当クレーム」といわざるを得ません。これは、クレームの原因となっている事実が存在したとしても、それに見合った内容の要求となっていないからです。

また、理由もなくただ単に難癖をつけて高額な慰謝料を要求してくるような場合には、そもそも慰謝料が発生すべき根拠となる事実が存在しない場合の「不当クレーム」ということになります。

法的には、ほんの少しでも不快感を覚えれば、何でもかんでも直ちに慰謝料が認められるというわけではありません。特に、単なる商品の不具合のような場合には、修理や交換を行うことで会社として通常行うべき対応が終わることも多いのではないでしょうか。

(2)　正当な理由のない交換・返金要求

商品やサービスには全く問題がなかったにもかかわらず、購入者が取扱説明書を読まずにその商品を使った結果、商品が壊れてしまったような場合には、非はその本人にありますから、会社としては、商品の交換や支払ってもらった代金の返還などに応じる必要はありません。

また、返品可能期間を定めているにもかかわらず、顧客が、特に理由もなく、返品可能期間経過後に返品して返金を要求してくるような場合もあります。

このように、そもそも交換や返金等の根拠がないにもかかわらずこれを要求してくるのは「不当クレーム」といわざるを得ません。これは、そもそも

クレームの原因となっている事実が存在しないか、こちらに落ち度がない場合の「不当クレーム」ということになります。

(3)　土下座の要求

自社が販売した商品の不具合や、対応した社員の不手際などを理由にクレームに発展した場合には、謝罪を要求されることがあります。購入した商品の不具合によってけがをしたり、担当者の対応が悪いために不快な思いをしたような場合には、誰しもまずは謝ってほしいと思うことは、ある意味当然といえます。

しかし、同じ「謝罪」であっても、その方法として「土下座」まで必要でしょうか。「土下座」とは、地面や床にひざまずき、額を地面などに付けるようにして謝ることをいいますが、相手方に対して「土下座」を強要することは、たとえクレームの原因となっている事実が存在する場合であっても、要求内容がそれに見合っていない場合が多く、「不当クレーム」といわざるを得ない場合が多いと思います。

(4)　社長や上司による謝罪の要求

クレーマーが「社長直々に謝りに来い」、「お前では話にならん。上司を出せ、上司に謝罪させろ」と要求してくることがあります。

謝罪を要求すること自体は正当な要求といえる場合がありますが、自社が販売した商品に少し不具合があっただけで、担当者による謝罪を超えて、その商品を販売した会社のトップである社長自身が出ていって謝らなければならないものでしょうか。社員の不手際で相手方を不愉快にさせてしまった場合に、何でもかんでも上司が謝らなければならないものでしょうか。

目上の者に謝らせ屈服させることで満足を得ようとするクレーマーがいますが、社長や上司による不必要な謝罪の要求は、たとえクレームの原因となっている事実が存在する場合であっても、要求内容がそれに見合っていない場合には「不当クレーム」といわざるを得ないでしょう。

(5)　「誠意をみせろ」、「自分で考えろ」との要求

対応に納得しないクレーマーが「誠意をみせろ」、「どうしたらよいかは自分の頭で考えろ」などと言ってくることがあります。

誠意をもって対応し、誠意をもって謝罪することも「誠意をみせる」こと

の１つではありますが、クレーマーが「誠意をみせろ」、「自分で考えろ」と言ってくる場合には、往々にして、こちらが適切な対応と考えている範囲を超えた対応（より高額な賠償金の支払いや、土下座、過剰なサービスなど）を暗に要求している場合があります。

このような要求は、たとえクレームの原因となっている事実が存在する場合であっても、要求内容がそれに見合っていない「不当クレーム」といえる場合が多いと思います。

(6)　従業員の解雇要求

担当者の対応が悪かったことなどを理由に、顧客から担当した従業員の解雇を要求されることがあります。

しかし、担当者の対応が悪かったという、クレームの原因となっている事実が仮に存在する場合であっても、従業員を解雇するか否かは雇用主である企業自身が判断すべきことであって、第三者である顧客には、従業員の解雇に関して何らの権限もありませんし、顧客との権利関係に直接かかわるものでもありません。顧客が、自分の意見や要望を企業に伝えることは自由ですが、自らに何らの権限もないにもかかわらず第三者に対応を強要することは、法的な裏付けのない「不当クレーム」といわざるを得ないでしょう。

(7)　実現不可能な要求

対応に納得しないクレーマーが「そんな法律、オレは知らない。だったら、そんな法律を変えろ」、「お前のせいで無駄な時間をとられて、予定が狂った。時間を返せ」、「（損壊した物品を）壊れる前の状態に戻せ」などと言ってくることがあります。

このような要求は、たとえクレームの原因となっている事実が存在する場合であっても、その要求内容は実現不可能ですので、内容が不当な「不当クレーム」の一種ということができます。

(8)　謝罪文や謝罪広告の要求

商品の不具合によってけがをしたり、担当者の対応が悪いために不快な思いをしたような場合には、誰しもまずは謝ってほしいと思うことは、ある意味当然といえますし、名誉を毀損された場合や、著作者人格権等が侵害された場合には、法律の定め（民法723条、著作権法115条）を根拠に、裁判例上、

被害者本人に対する謝罪文の交付や企業の公式サイトへの謝罪文の掲載、全国紙（新聞）への謝罪広告の掲載等が認められています。したがって、謝罪文や謝罪広告の要求が、すべて「不当クレーム」というわけではありません。

　しかし、理由もなくただ単に難癖をつけて謝罪文を要求してくるような場合や、極めて軽微なミスをことさらに取り上げて謝罪広告まで要求してくるような場合には、「不当クレーム」ということができます。そもそも謝罪すべき根拠となる事実が存在しないか、要求内容がそれに見合っていないからです。

3　要求「方法」が不当な例

　要求方法が不当な例にはどのようなものがあるでしょうか。具体的な例をあげてみましょう。

(1)　不当な行為

　顔や体を殴る、頬をビンタする、体を蹴る、腕や足をつねる、顔を引っ掻く、近くにある物や自分のカバンを投げる、持っていた傘などで突く、店員や従業員のエプロンやスーツなどの着衣を引っ張る、胸ぐらをつかむ、水やお茶をかけるなどは不当な行為に該当します。直接体に触れなくても、物を叩く、商品を壊す、テーブルを叩く、イスを蹴るなどの行為も該当します。

(2)　不当な発言

　「なんだ、てめぇは！」、「殴られてぇのか！」、「殺すぞ！」、「家に火をつけるぞ！」、「俺の言うことを聞かないと、どうなるかわかってんのか！」といったような他人に危害を加えることを連想させる発言のほか、危害を加えないことを条件に何かをさせるなどの暴力的・脅迫的発言が該当します。「誠意をみせろ」、「謝罪では済まされない」などというのも暗に金銭を要求しているような言動は、状況によっては不当な発言に該当します。ほかにも「夜道は暗いから気をつけろ」とか、「家族は大事だよな」、「火の用心」といった具体的な言動ではなくてもそれを連想させるような言動は、状況によっては脅迫的な言動になり、不当な要求方法に該当する場合もあります。

⑶　**不当な電話やメール**

　連日、同じクレームを繰り返すためだけに電話をかけてくる、こちらからは切らせないようにして長時間の電話応対をさせる、注文ではなくクレームだけを記載したメールを送りつけるなどが不当な要求方法に該当します。クレームを行うのが1ではなく、複数人で同じ内容の電話をかける、メールを送りつけてくる場合も該当します。メールによる注文後、すぐに注文の取消しを繰り返す行為もこれに該当します。

⑷　**不当な対応の要求**

　「上司を出せ」、「社長に会わせろ」という程度であれば、非常識な要求とはいえますが、この要求がすぐに不当な行為とまでは判断できません。しかし、断ったにもかかわらず、店内や店頭に長時間居座る、閉店時間が過ぎても帰らない、会社に突然何度も訪問してくる、これらを複数人で行うなどの場合には、不当な対応の要求に該当します。

⑸　**不当なほのめかし**

　クレームをつけられた企業に落ち度があるかないかにかかわらず、「お前らのやり方はおかしいだろう。役所に言いつけてやる」、「マスコミに言いつけてやる」、「インターネットに書くぞ」、「ネット炎上させて営業を続けられなくしてやる」といった発言をすることで、落ち度がある場合はもちろん、ない場合であっても落ち度がないことを説明するために担当者が憂慮することに付け込み、要求を通そうとする場合、状況によっては不当なほのめかしに該当します。

⑹　**不当な表現行為**

　インターネットの掲示板やブログ、SNSなどの不特定多数者が閲覧可能なサービスに、担当者の実名を記載して悪口などの誹謗中傷を投稿する、勝手に顔写真を撮影した画像を載せて、「こいつがむかつく態度をとった店員」と説明する、店舗の写真や地図上にプロットして場所を特定したうえで、店舗について「この弁当屋の弁当は腐ったものしか提供しない」といったありもしない事実を摘示するなどをして、その後の謝罪を引き出すような行為は、不当な表現行為に該当します。

⑺　不当な行為による業務妨害

　商品の説明を執拗に詳しく求める、「この商品はなぜこんなデザインなんだ」、「この取っ手は不要なのだからいらないだろう」といった商品の製造側の問題を販売店に言い続ける、ほかの客に「この商品は買わないほうがよい」と不買を勧める、大声を出して喚（わめ）く、従業員をつけ回してほかの客への応対を邪魔するなど、業務を妨害するような度を越えた行為は不当な行為による業務妨害に該当します。

4　具体的な要求がない場合

⑴　クレームを言いたいだけ

　クレームの中には、ただクレームを言いたいだけで具体的な要求がないこともあります。とはいえ、丁寧かつ誠意ある対応をしていくことが基本的なスタンスであることは変わりありません。

　このような場合には、よく話を聞くことで満足してもらえることもあります。具体的な要求がない場合、真に企業に良くなってもらいたいという考えからクレームを言っていることも考えられるのです。具体的な要求がない場合であっても、クレームの対象となっているものに関して企業に責任がある部分については誠意をもって対応していく必要があります。

⑵　法的責任のおそれがあるなら是正措置、なければ終了

　具体的な要求なくクレームが続く場合には、どのような対応をしても話が終わらないこともあります。必要以上に対応に時間がかかってしまうことは、対応者が多くの時間を割かなければならないだけでなく、対応者がその対応に追われてしまうことで、周りの者への負担も増えてしまうことを理解しておかなければなりません。

　なお、具体的な要求がなくても、必ずしも企業に法的責任や改善しなければならない部分がないわけではありません。

　もしクレームの内容が企業の法的責任にかかわるものであれば、速やかに是正措置をとらなければなりませんし、改善が必要な点があれば改善を検討する必要が出てきます。具体的な要求がなかったとしても、クレームの内容に関して是正や改善をしなければならないことがあれば、企業として取り組

むべき内容を伝えることでクレームが収まることもあります。

　クレームの内容が法的責任に関係なく、特段企業側が改善すべき点もない場合には、一定の段階で話を打ち切ることも必要な判断となります。注意が必要なのは、クレームを言うこと自体が目的となっている場合です。この場合は、時間をかけても解決するわけではありませんので、クレームを言うこと自体が目的であるとわかった時点で、丁寧な対応を心がけながらも早期に話を打ち切ることを考えなければなりません。

　対応を終了する目安の時間をあらかじめ社内で決めておくことや具体的な要求なくクレームを繰り返す者を部署内で共有しておき、対応策を事前に検討しておくことも有効な対策となります。

Ⅳ　クレーム対応の基本

1　組織的対応の必要性（鹿沼市職員殺害事件）

(1)　はじめに

クレームには企業が組織として対応すべきです。

クレーム対応を個々の担当者に任せてしまうと、その担当者に対応スキルがなければ、誤った対応をしてしまい、さらなるクレームに発展したり、不当な要求に屈するなど、企業としてあるまじき対応をしてしまうことになります。

また、個々の担当者で判断が異なった場合、顧客等に対して、企業としての統一的な対応がなされず、そこにクレーマーの付け込む隙を与え、一般顧客に対しても企業の信頼を失うことにつながります。

クレーム対応を任された担当者としてみても、ただ自分の判断で対応するとなれば、どのような対応をとってよいものか自信をもった判断ができず大きな心理的な負担を負うことになりますし、クレーマーからだけでなく、不適切な回答をしたと、後に会社から責められる心配もあり、対応スキルの有無にかかわらず、不安の中にあって、適切な対応はとりづらいと思います。

では、仮に担当者にクレーム対応のスキルがあり、会社が相当の権限を委ねるのであれば、その担当者にクレーム対応を任せきりにしていいのでしょうか。そのようにして生じた痛ましい事件を紹介します。

(2)　鹿沼市職員殺人事件

市役所職員が、市の廃棄物処理業者との癒着体質を打破し、適正かつ健全な行政を全うすべく、毅然とした姿勢で法規等にのっとった行政の執行にあたったところ、業者から依頼された暴力団員らに拉致・殺害されたという事件がありました（鹿沼市職員殺人事件：宇都宮地判平成16・3・16刑集59巻9号1855頁等）。この市では、幹部が特定業者に加担し、数年にわたり廃棄物処理業の許可や、産業廃棄物の受け入れに特別の便宜を与え続けていました。この職員は、このように不正や癒着体質が続いてきた担当部局の中、1人、

厳正な廃棄物行政を執行し、業者の書類の内容の不備を毅然と指摘し、拒否すべきものは拒否し、恫喝を受けても動じることなく毅然として廃棄物行政を進めていました。刑事裁判の判決においても「まさにあるべき公務員としての使命や姿を体現していたものにほかなら」ないと評価されています。しかし、この職員は、業者から逆恨みされ、業務の障害とみなされ、暴力団員ら４名に、帰宅中、自動車に押し込められて拉致され、粘着テープで両目と耳をふさがれ両手足を縛られ、山中まで連れて行かれ、ロープで首を絞められ拳銃でとどめを刺され殺害されたうえ、断崖から死体を投げ捨てられました。

　１人、あるいは少人数で模範的な対応を行ったとしても、こいつさえ死ねば、こいつを排除すれば不当な要求が通ると思われ、あるいは逆恨みの対象となって、攻撃のターゲットに絞られて、被害を受けることがあるのです。最悪の場合は命を奪われます。

　本件では、市は、組織的な対応をとらなかったばかりか、それまで廃棄物処理業者に、種々の不当な便宜を図り、あるいは、不正を黙認放置し続けていて、これを正そうとしたこの職員を助けることはありませんでした。業者からしてみれば、この職員さえいなくなれば、これまでどおりの便宜が得られる（現に得られていました）と考えて、犯行に至ったと思われます。

　仮にこの事案で、市の幹部や担当部局がこの職員１人に任せるのではなく組織として不正の排除に乗り出していれば、業者としてもこの職員１人を排除しても自らの要求が通ることはないと悟り、最悪の事態は免れていたかもしれません。

(3)　１人に任せてはならない

　不当クレーマーが悪質であるほど組織的な対応が不可欠となります。他の者にしてみれば楽なことですが、１人の担当者に押し付けることは、これほどのリスクがあることを理解しなければなりません。企業には、従業員に対し、その生命身体等の安全を確保するよう必要な配慮をする義務があります（安全配慮義務：労働契約法５条）。組織的な対応は、適切なクレーム対応のため必要なばかりか、企業にとっての法的な義務というべきです。クレーム担当を任された従業員は、これを拒否すること、危険を感じても会社に訴える

ことは容易ではないでしょう。一般論としても、まじめで責任感の強い従業員であるほど、自分で抱え込んでしまいます。従業員の求めを待つことなく、経営者は率先して組織的な対応をしなければなりません。

　企業は、正当・不当にかかわらずクレームを受ける対象となっています。クレームは担当者に対するものではなく、企業全体に対するものです。また、担当者の言動は、一担当者の言動ではなく、企業全体の言動とみなされ、企業が責任を問われます。この点からも組織的な対応をしなければなりません。

2　体制の構築

(1)　まずは意識改革

　では、どのようにすれば、組織的な対応がとれるのでしょうか。

　まず、トップの意識改革が最重要だと考えます。現場の判断だけでは企業全体としての体制は構築できないからです。まず、社長こそ組織的対応が不可欠であることを認識して、意識改革をしなければなりません。そして、従業員に対し、悪質クレームには「毅然」として対応し不当クレーマーに屈しない、悪質クレームから従業員を「組織として守る」、会社の方針に従ってクレーム対応をした結果について従業員を「不利益に取り扱わない」、従業員をクレームの中に「孤立させない」旨を宣言してください。また、このようなことを暴力団排除宣言のようにウェブサイト・会社入口などに掲示して対外的にも宣言してもよいでしょう。従業員に対する効果だけでなく、不当クレーマーに対しても、この企業は毅然としたクレーム対応をとる企業と認識させ、不当クレームを抑止する効果も期待できます。

(2)　マニュアル化

　実際にクレームがなされたときに、組織として対応を協議する余裕があることは多くはありません。したがって、事前の準備が必要になり、後述するような対応方法やプロセスを構築しておくことが大事です。しばしばニュースでみられる不当クレーマーによる被害は、御社にもあり得ます。実際にあったクレームや想定されるクレームをできる限り多くあげて、なすべき判断・対応を想定する、さらには、具体的な応対話法にまでマニュアル化して周知・

訓練しておくこと、外部から講師を招いて社員研修を行うことも1つのやり方です。あわせて、想定外、または極めて悪質なクレームがなされたとき、その場で担当者が判断し回答するのではなく、いったん時間をおいて、組織として対応を決定したうえで、別の担当者が対応する、企業としての回答をするなどする手順も決めておくべきです。

(3)　情報の共有

そして、実際にクレームを受けたときは、その内容を共有しましょう。どのようなクレームがあり、どのような回答をしたか、ということを適宜情報共有しておかなければ、同じクレーマーに対して異なった対応をして、クレームをさらに悪化させることになります。かといって、同じクレーマーには同じ担当者が対応することにすると、組織としての対応ではなく、その担当者の対応と思われる可能性が高まります。また、異なったクレーマーであっても、同じ内容のクレームであれば、企業は平等に統一的な対応をすべきです（顧客平等）。正当なクレームであれば企業の改善すべき点を明らかにするものであり、想定外の不当クレームであれば新しく対応方法の類型を増やすことになります。

(4)　決めておくべきこと

また、クレーム対応には唯一の正解はありません。明らかに不当な要求であっても、直ちに拒絶するのではなく、誠意を感じさせつつ対応することが、結果としてクレームを収束させることもあれば、企業イメージを向上させることもあります。契約の枠外で法的義務がないことであっても、サービスとして対応してもよい場合もあるでしょう。他方で、不当な要求に屈してしまえば企業として損失になるばかりか、コンプライアンス上の問題まで生じてしまいます。このあたりの線引きは、個々の企業の業務内容・規模・目指す企業（ブランド）イメージなどによって異なってくると思いますので、企業としてあらかじめ方針を決定して、対応を決めておくべきです。

クレーマーの態様によっては、法的手段が必要になりますし、警備会社・警察の応援を求めることも必要になるでしょう。この判断基準や決定権者もあらかじめ決めておかないと、現場担当者として躊躇のない決断はできませんし、その生命・身体を危うくします。

(5)　用意すべきこと

　クレーマーとのやり取りは録音・録画、面談メモ等により証拠化する体制も整える必要があります。企業での対応検討に用いるほか、民事・刑事上の法的手続に及ぶ場合にも役立ちます。証拠保全の観点だけでなく、身の安全を確保するためにも、直接の面談をする際には複数で対応できるようにします。その場合には、クレーマーより多くの人間で、クレーマーと話をする係り・メモを取る係り・緊急の時に外部連絡をする係りと役割分担を決めて対応してください。

　クレームや顧客対応の窓口が集約され、そこに相当の対応スキルと権限をもった者が常駐しているのであれば、個々の担当者の手に余るクレームには、その者が代わり対応するようにしておくことも、組織の構築といえると思います。問題がありそうな電話のやり取りを上席が聞けるようにして、対応に苦慮する担当者が手を挙げれば、上席がアドバイスしたり、代わって電話対応を行うことができるようにしている会社もあります。これは顧客対応をする担当者の安心につながります。ただ、その場合でも、特定の従業員が対応を判断・決定していると思わせてはなりません。

3　組織的対応

　このような体制を構築したうえで、実際にクレーム対応する際には、情報の共有・証拠の保全・複数対応を基本として、クレーマーの要求を拒否すべきか、拒否するとしてその表現、あるいは応じるにしてもその内容などについて何らかの判断をする際には、企業内で協議して判断し、企業としての回答とすべきです。

　上述のように、1人（少人数）の担当者の判断と思わせてはなりません。

　情報の共有をしたうえで、担当を別の者にして、同じ回答をすることや、追って回答する場合に「検討のうえ、会社として回答いたします」と述べるなどもその方法の1つです。

　個人事業主や小規模事業者の場合はどうでしょうか。その場合でも、外部との連携で組織的と評価できる対応をとることができます。本書では一例として、弁護士との連携をあげていますが、外部の労働組合、暴力追放運動推

進センターも連携先の候補です。

　以下では、より具体的に述べていきます。

4　クレーム対応のプロセス（流れ）を意識する

　クレーム対応においては、プロセス（流れ）を意識することが重要です。

　ポイントは、「悪質クレーム対応の流れ」ではなくて、「クレーム対応の流れ」、つまり正当なクレームも含めたクレーム対応全般の流れになるという点です。

　なぜでしょうか。

　それは、お客様から苦情があったときに、それが正当か悪質かはすぐにはわからないからです。当たり前のようですが、なかなか実践できずにトラブルに発展してしまうこともありますので、意識していただけたらと思います。

(1)　クレーム対応の流れ

　「クレーム対応の流れ」は、①聞く→②調べる→③判定する→④伝える→（悪質クレームの場合）⑤繰り返す→⑥排除する、という流れになります。なお、正当クレームの場合には、⑤履行する（しかるべき対応をする）となります。

　まず、①聞く。しっかり事実確認をします。相手方のクレームの内容をしっかり聞くということです。

　次に、②調べる。相手方の主張する事実関係を調べます。裏付けをとるということです。

　その次に、③判定する。調べた事実関係をもとにして、相手方の要求に応じるかどうかを判定するということです。

　そして、④伝える。判定した内容を伝えます。

　以上の①～④については、正当クレームでも悪質クレームでも同じ流れとなります。ここを意識していただきたいと思います。

　そのうえで、相手方が悪質クレーマーと判定された場合には、⑤繰り返す。④で伝えた内容を繰り返すということです。

　それでも悪質クレーマーが引き下がらず、業務妨害にあたるような行為に

出たりしたら、最後に、⑥排除するということになります。

これに対し、正当クレームの場合には、「⑤履行する（しかるべき対応をする）」、つまり支払わなければいけないものは支払う、謝罪すべきことは謝罪するということになります。

以上のようなクレーム対応の流れを、常に意識することが重要です。

(2)　①聞く（事実確認）

まず、①聞く。相手方のクレームの内容をしっかり確認するということです。

大きく分けると、ⓐ何があったのかと、ⓑどうしてほしいのかの2つを確認することになります。

(A)　ⓐ何があったのか

ⓐ何があったのかというのは、相手方が主張する事実関係が何か確認するということです。

いつ、どこで、誰が、何をしたのか、どのようになったのか、5W1Hを確認することになります。

相手がお客様であっても、遠慮する必要はありません。むしろ、しっかり聞かなければいけません。

悪質クレーマーは、まさに会社側の皆様が「お客様」に対して細かく聞きにくいという点を悪用しようとします。「俺は客だぞ」、「そんな細かいことを何で聞くんだ」、「客を信用できないって言うのか」などと言うわけです。

ですが、クレーマー（この時点ではあくまで「お客様」）が主張する事実関係を確認しなければ、要求に応じられるかどうか判断しようがないのです。

そのため、しっかり聞きましょう。

(B)　ⓑどうしてほしいのか

次に、ⓑどうしてほしいのかというのは、要求の内容を確認するということです。

「こういうことがあったから、こうしてほしいんだ」ということを聞かないと、応じられるか否か等こちらのとるべき対応についての判断が難しいため、可能な限り、要求を具体的に確認しましょう。

ここで、「誠意をみせろ」などと言われた場合、具体的に何をしていいの

かわかりませんよね。

ですので、「誠意をみせるというのは、具体的にどのようなことを希望されているのでしょうか……？」などと確認しましょう。

確認しても明らかにしないような場合には、「謝罪でしょうか？」、「誰の謝罪でしょうか？」とか、「お代をお返しするということでしょうか？」、「お代以外にもお金をお支払いするということでしょうか？」とか、ちょっとそこまではっきり聞くのはなかなか難しいと思われるかもしれませんが、失礼にならないように気をつけつつ、可能な限り具体的に聞きましょう。

(C) 聞くことに徹する

そして、この、①聞く段階では、聞くことに徹しましょう。

ここでやってはいけないことは、相手を悪質クレーマーだと決めつけたり、事実関係の裏付けがとれていないのに、会社の回答を伝えてしまうことです。

あくまでこの段階では聞くことに徹しましょう。

(3) ②調べる

次に、②調べる。①の聞くの段階で聞いた内容、特に、ⓐ何があったのかという点について調べて、裏付けをとるということです。

具体的には、客観的な資料を調査したり、関係する社員から事情を聞いて、どのようなことがあったのか、事実関係を確認することになります。

(A) 中立的・客観的に調べる

ここで意識しなければならないのは、中立的に、客観的に調べるということです。どうしても身内を信用しがちですが、社員の皆様も、ミスを隠したいという気持から、ウソをつくこともあり得ます。それにもかかわらず、社員の言っていることの裏付けをとらず、鵜呑みにしてしまって、あとで社員のミスが発覚して、大問題になってしまうこともありますので、中立的・客観的に調べましょう。

(B) 相手方の手元資料を提出させる

また、相手方の手元に証拠となるような資料がある場合があります。たとえば、けがをさせられたというクレームがあった場合には、診断書であるとか、通院費用の領収書であるとか、そういったものが相手方の手元にあるは

ずです。

　そのようなものについては、相手方に提出するように求めましょう。

　ここで、「信用できないのか」などと言って応じない場合には、「それでは、こちらとしては事実関係を確認できないので、ご要望には応じられません」などと回答して、提出を促したり、それでも提出しなかったら、最終的には応じないということになります。

(C)　調べることに徹する

　そして、この、②調べる段階でも、調査に徹することになります。

　まだ、③判定はしていないのですから、会社側の対応を回答してはいけません。

(4)　③判定する

　次に、③判定する。

　①聞くの段階で聞いた、ⓑどうしてほしいのか、つまり相手方の要求への対応を判定するということです。

　この対応については、大きく分けて、①全部応じる、②一部応じる、③応じない、以上の３パターンが考えられます。

　そして、これらの結論を導くためには、法的責任があるのかないのか、あるとした場合にはどの程度の責任があるのかによって判定することになります。

　法的責任がある場合でも、あくまで会社の落ち度や相手方の損害に応じた対応をするということになります。

(A)　①法的責任がある場合

　具体的な対応方法についてですが、まず、法的責任がある場合の対応は、損害が発生しているなら損害賠償金を支払ったり、商品を補修できるのであれば補修したりしたうえで、謝罪をすることになります。

　ちなみに、謝罪をしなければならないという法的な義務は、（名誉毀損などの例外的な場合を除いて）生じませんが、社会の一員である会社として、人として、一言謝罪すべきと思います。

(B)　②法的責任がない場合

　これに対して、法的責任がないことが明らかな場合には、要求に応じない

ということになります。

　もっとも、法的な責任はないけれども、会社にも多少の「落ち度」があるというような場合には、真摯に説明をしたり、謝罪をしたりすることは十分に考えられます。

　法的な責任がないのでお金は払わない、でも、お客様であるし、いやな思いをさせてしまった以上、しっかり丁寧に説明する、そして場合によっては謝罪をする。人としての道義的責任とか、会社としての社会的責任を果たすということです。

　なお、謝罪についてですが、「お気分を害してしまい申し訳ございません」とか、「お手数をおかけして申し訳ございません」などとさらっと言うことについては、あまり神経質にならなくても大丈夫です。

　裁判になった場合に「申し訳ございません」という発言のみで、法的責任の存在が認められることは、まずありません。

　落ち度がある場合に謝罪することは、人としては自然なことですので、あまり神経質にならなくてもよろしいかと思います。

　法的責任がなく、落ち度がないため道義的な責任もないような場合には、きちんと説明するということになります。それでもクレームが止まない場合には悪質クレームですので、⑤繰り返す→⑥排除するということになります。

⒞　③法的責任の有無が不明の場合

　このほか、法的責任の有無が不明の場合もあります。このような場合にどうすべきかは難しいところですが、最終的には経営判断になります。

　たとえば、ある会社が自動車を販売して、クルマの引渡し時にキズの有無を確認しなかったところ、後日、キズがついているから無料で補修しろといわれたものの、いつキズがついたのかがわからない。引き渡した後についたのかもしれないし、引き渡した時にはすでにキズがあったのかもしれない、わからないというような場合です。

　そのような場合の対応としては、「裁判になったら要求する側が証明しなければならないのだから」ということで、要求に応じないという対応も考えられます。

　これに対し、「法的責任の有無はわからない、ないかもしれないけれども、あるかもしれないのだから」ということで、「サービス」をするということも考えられます。もしかしたら法的責任はないかもしれませんが、あるかもしれない以上、そのような「サービス」をすることは、経営判断としては十分にあり得るということになります。

　ただ、以上のような判断をする際には、まず、前提として事実確認、つまり、①聞く、②調べるをしっかり行うということです。

　そのうえで、サービスをするならそのサービスを、他のお客様にもするのか、できるのかということを検討すべきです。いわゆる「お客様平等主義」によるテストです。同じ出来事があったときに、他のお客様にも同じようなサービス、対応をするのか、できるのかという観点から、対応方法をチェックすべきです。もし、他のお客様にはしない、できないなら、過剰対応ということになってしまいます。

　反対に、他のお客様だったらするようなサービスや対応をしないというのは、過小対応ということになります。

(D)　判定ミスのパターン

　この、③判定するの段階で、ありがちな判定ミスとしては、以下のようなパターンがあげられます。

　まずは①「お客様の要求にノーと言ってはならない」という誤ったお客様至上主義。そうではなくて、事実を確認して、きちんと判定しましょう。

　他には②「お金を払ったほうが安上がり」というコスト判断型。当該クレーム案件のみという「ミクロ」な視点ではよくても、クレームに甘いといううわさが流れるなどして、その後悪質クレーマーが群がってくる可能性があります。

　他に②「断ったら何をされるかわからない」という恐怖支配型。これも、悪質クレーマーが群がってきますので、毅然と対応するという姿勢が必要です。

　また、④「会社の落ち度を表沙汰にされたくない」という隠ぺい型。これも、隠ぺいそのものや、それに基づく金銭の支払いなどが「弱み」となり、悪質クレーマーからその「弱み」に付け込まれてさらなる不当要求を受けること

になります。そのため、「落ち度」は隠ぺいしようとせず潔く認めるべきで、場合によっては公表したほうがよいこともあります。

最後に⑤「相手方が悪質クレーマーに違いない」という決めつけ型。決めつけはしないように注意しましょう。正当クレームの場合でも、実際に被害を受けた方は興奮状態にありますから、多かれ少なかれ、大きな声になったり、言葉遣いが荒っぽくなったりすることもあります。そのような態度のみに着目して、悪質クレーマーだと決めつけないようにしましょう。

⑸　④伝える

次に、④伝える。

会社が、②調べる段階で確認した事実と、③判定する段階で判定した相手方の要求への対応方法を相手に伝えることになります。

⒜　書面で伝える

この伝える方法としては、特に悪質クレームの場合には、書面で伝えるのがよいとされています。

理路整然と明確に伝えるには、口頭よりも書面が適しています。口頭ですと、相手方から話を遮られたり、相手方の剣幕に押されてしまったり、緊張から伝えるべきことを伝えきれなかったりしてしまいますが、書面ではそのようなことがありません。

また、いつどのような見解を伝えたか、記録に残すことができます。

さらに、その後の、⑤繰り返すという対応方法をとりやすいという点も重要です。

もっとも、悪質クレームに対して書面で回答するというのは、何となく不安に思うかもしれません。

しかし、それは悪質クレーマーに悪用されたり、書面が一人歩きすることが怖いのだと思います。ですので、悪用されない、一人歩きしても大丈夫な書面を渡すようにすることになります。

書面作成の心構えや書面の渡し方等については、第2部Q4の5をご参照ください。

⒝　メールは避けたほうがよい

ただ、書面といっても、すでにメールでやり取りをしている場合はメール

でも構いませんが、そうでない場合には、メールは避けたほうがよいように思います。そもそも、可能であればメールアドレスも教えないほうが無難です。

メールは、送るのが簡単で、心理的なハードルが低いため、悪質クレーマーから大量にメールを送りつけられたりするおそれがあるなどの理由からです。

(6)　⑤繰り返す（悪質クレームの場合）

次に、悪質クレームの場合には、⑤繰り返す。

会社が伝えた内容を繰り返すということです。

(A)　対応の負担を減らせる

伝えた後は、繰り返すという対応方法をとれば、対応の負担を減らすことができます。「先日の書面でお伝えしたとおりです」と繰り返せばいいのです。内容面で文句を言われても、「当社の回答は先日の書面のとおりです」、「見解の相違です」などと言えばいいのです。

このような対応で済むようにするためにも、1回の書面で言い尽くすのが理想的ということになります。

(B)　悪質クレーム対応の目標は「応じないこと！」

そもそも、悪質クレーム対応の目標は、納得してもらうことではなく、悪質クレームに応じないことです。

ここは非常に重要なポイントです。

「納得してもらおう」とか「説得しよう」などと思ってはいけません。絶対に納得しないからです。悪質クレームに対しては、「平行線」や「堂々めぐり」、「こう着状態」になればよいのです。それがゴールなのです。

ですので、上司の方であれば、担当社員に「納得してもらってこい」と指示してはいけません。絶対に無理なのにもかかわらず「納得してもらえ」などとプレッシャーをかけると、担当社員が精神的に病んでしまったり、裏取引に走ったりしてしまうことになりかねません。

繰り返して突っぱねる。平行線や堂々めぐりにする。それがあるべき対応になります。

(C)　⑤「繰り返す」際の心構え

　なお、この⑤繰り返す際の心構えとしては、「繰り返してもよい」ではなく、「繰り返すべき」、「繰り返さなければならない」です。

　日常会話では、話相手が理解や納得をしてくれない場合、理解しやすいようにいろいろと言い換えると思います。しかし、悪質クレームの場合には、このような「言い換え」は、揚げ足を取られるリスクを高めるだけであり、百害あって一利なしのため、すべきではありません。

　壊れたテープレコーダーのように、愚直に繰り返したほうがよいのです。

　この点、通常の会話とは全く異なる対応となり、強く意識しないとつい言い換えてしまいますので、強く意識していただきたいと思います。

⒟　親会社等に矛先を変えた場合

　繰り返して突っぱねた結果、クレーマーが親会社や役所などに矛先を変えることがありますが、気にする必要はありません。むしろ、諦めかけていて、終息が近い兆候といえます。

　なお、矛先が変わった親会社や役所などが、もともとクレームを受けていた会社に対し、「納得してもらえ」などと言ってはならないことは、前述の上司と部下の関係と同様です。

⑺　⑥排除する（悪質クレームの場合）

　最後に、⑥排除する。

　⑤で繰り返しても止まらず、もはや業務妨害であると判断される場合には、法的手段で排除することになります。

　業務妨害は、毅然として排除しましょう。会社には、円滑な業務や社員の安全を守る責任があるためです。

　悪質クレームに対する法的対応の詳細については、47頁（Ⅴ法的対応）もご参照ください。

⒜　内容証明郵便による回答および警告

　排除の方法としては、まずは、内容証明郵便（第3部【書式5】参照）を送って、すでに④で伝えた内容を再度伝えたうえで、「今後も不当要求をやめないようであれば民事上、刑事上の法的手続をとります」などと警告することになります。

　この内容証明を送ることは、会社自身で行うこともできますし、弁護士に

相談、依頼して、代理人の弁護士名で送ることもできます。

　一般的には、弁護士名で送られてきたほうがインパクトは大きいですし、これにより止まることも多いです。

　なお、弁護士への相談のタイミングとしましては、私たち弁護士からの観点になりますが、「困ったときにはお気軽に相談していただく」のがよいと思います。

　依頼までされなくても、一度ご相談いただくという方法もありますので、早めにご相談いただけたら、トラブルが小さいうちに解決できることもあります。

　「こんな段階で相談してくるな」などと言う弁護士はまずいませんので、困ったときにはお早めに、お気軽にご相談ください。

(B)　民事手続

　内容証明で警告しても止まらないときは、大きく分けて民事と刑事の手続が考えられます。

　まず、民事手続としては、民事保全の申立て、具体的には、面談の強要や、架電（電話をかけてくること）や、会社への立入りや、場合によっては街宣活動などの禁止の仮処分申立てをしたりすることが考えられます。

　また、「相手方が請求してきている債務などない」ということで、債務不存在確認請求訴訟を提起したりします。

　場合によっては、こちらに損害が生じているということで、損害賠償請求を行うこともあります。

(C)　刑事手続

　刑事手続としては、刑事告訴が考えられます。

　具体的には、脅迫、恐喝、威力業務妨害、偽計業務妨害、名誉毀損、信用毀損などで刑事告訴することを検討します。

　もっとも、いきなり告訴状を作成して刑事告訴をするのではなくて、まずは所轄の警察署に赴いて、相談するのがよいでしょう。

(8)　まとめ

　以上の流れ、①聞く→②調べる→③判定する→④伝える、そして悪質クレーマーに対しては、⑤繰り返す→⑥排除するという流れを意識して、「今

はどの段階なのか」ということを考えながら対応していただきたいと思います。

5　クレーム対応の具体的な方法

(1)　電話対応の方法

　クレームを受ける際の電話対応の基本は、顧客の話をしっかりと「聞く」ということです。事実確認をしたうえで、クレームの内容をしっかりと確認する必要があります。まず顧客の話をしっかりと聞かなければ、正当なクレーマーなのか、悪質クレーマーなのかがわかりません。

　そして、企業がクレーマー問題で頭を悩ませるものの1つが、悪質クレーマーからの執拗な電話、長時間の電話です。そこで悪質クレーマーとの電話対応の注意点を解説します。

　まず、悪質クレーマーからの電話の一類型として、名前を名乗らずにいきなり苦情を言い続けることがあります。しかし、企業としては顧客の名前を把握できなければ、事実の確認もできませんし、対応記録を残すこともできません。したがって、まずは顧客の氏名と連絡先を確認することが必要です。

　逆に悪質クレーマーは、担当者を個人攻撃するために担当者の氏名を特定しようとすることがあります。しかし、顧客対応としては、原則として、所属している課と名字を名乗れば足ります。フルネームを知られることで、インターネットやSNSを用いて個人情報が把握されて悪用されるケースもあるため、フルネームまで伝える必要があるのか、会社として検討する必要があります。

(2)　面談対応の方法

　クレーマーと面談する場合には、どのような点に注意すべきでしょうか。

　まず、面談場所の問題があります。電話でクレーマーから呼出しを受けることもありますが、原則としては事務所や支店などの会社側の管理下の場所で面談すべきです。なぜならば、クレーマー側の管理下の場所では、顧客以外の人物が同席する、閉じ込められて帰してもらえない、などの予期せぬ事態が発生することもあり得るからです。事業規模や事業内容などによって

は、どうしても相手方の自宅やオフィスを訪問しなければならないこともあるかもしれません。そのような場合には、複数対応や録音準備などで、より一層慎重に対応すべきです。

　また、面談の際には、あらかじめ、面談の開始時間のみならず終了時間も伝えるべきです。それによって、長時間の執拗な要求を打ち切ることが可能となります。

　顧客が、窓口で突如として大声で怒鳴り始めた場合には、まずは大声を出さないように注意すべきです。悪質クレーマーは、他の顧客の注目を集めることで担当者を焦らせ、自己に有利に交渉を進めようとすることがあります。注意をしても大声で怒鳴り続ける場合には、別室に移動させるべきです。

　個室での面談の際には、複数対応が原則です。相手方より人数が多いほうが心理的に優位に立てるうえ、対応者とは別に冷静に話を聞く者を用意することで、話が間違った方向に進むことを防ぐことができるからです。

⑶　相手方が代理人を名乗る場合の対応

　相手方が、顧客本人ではなく顧客の代理人を名乗る場合、企業としてどのように対応すべきでしょうか。

　この点は、会社の業種やサービス内容によっても対応が変わってきます。扱う商品やサービスの財産的価値が大きい場合や、扱う情報が個人情報にかかわる場合などは、より慎重な対応が求められます。具体的には、代理人を原則として認めない対応や代理人を三親等以内に限定する対応も検討する余地があります。

　いずれにせよ重要なことは、代理人を名乗る人物が、真に代理権を有する者であるか否かをしっかりと確認することです。なぜならば、代理人でない人物を代理人扱いすることで顧客の個人情報を与えてしまえば、企業側の個人情報漏えいの問題が生じてしまうからです。代理権を確認する方法としては、委任状の徴求、身分証明書の確認、電話での本人確認などを組み合わせて慎重に行うべきです。

　なお、代理人を名乗る人物が暴力団関係者だと判明した場合には、企業が自ら対応することはリスクを伴うため、弁護士に対応を依頼すべきです。

⑷　録音・録画の可否等

　悪質クレーマーとの面談の際には、その状況を録音または録画すべきです。悪質クレーマーが暴力行為、暴言、脅迫的言動などを行ってきた場合、後に刑事告訴や民事上の法的措置をとることができるように証拠を残しておく必要があるからです。

　その前提として、相手方に無断で録音することが許されるか否かという問題があります。顧客の会話を録音するについては、まずは顧客の同意を得ることができる場合は同意を得たうえで録音すべきです。しかし、同意を得られそうにないか、同意を得ることがためらわれる場合には、個人情報保護法に反しないよう、また、プライバシー権の侵害にならないように留意すべきです。

　また、スマートフォンの録音機能が一般化したこともあって、最近は相手方が会話を秘密録音しているというケースも非常に増えています。そこで、相手方に録音されていることを前提として、仮に会話の録音が証拠として提出された場合であっても問題が生じないように話をする必要があります。

⑸　写真撮影や動画撮影された場合の対応

　近時、スマートフォンによる写真撮影が一般化したため、クレーム対応をしている際に、顧客から顔写真を撮影される、動画を撮影されるという相談も増えています。とりわけ、顔写真や動画をインターネットに掲載されて炎上するリスクもあります。これについては、施設管理権や肖像権などを根拠として拒絶する方法もありますが、何よりも会社として撮影を拒絶するという態度を明確にすることが大事です。すなわち、撮影されそうになった場合には、「撮影はやめてください」、「やめていただけなければこれ以上の対応はできません」等と言って明確に拒絶するよう指導すべきです。

　なお、実際にインターネット上に動画や写真が掲載されてしまった場合には、速やかに弁護士に相談し、削除請求（第3部【書式17】参照）や発信者情報開示請求（第3部【書式16】参照）を検討すべきです。

⑹　念書等を要求された場合の対応

　悪質クレーマーの常套手段として、念書や謝罪文を要求してくるケースも多いです。口頭での謝罪と書面での謝罪を同レベルに考えて、安易に念書や

謝罪文を作成してしまう担当者もいますが、念書や謝罪文については安易に作成すべきではありません。裁判所は書面主義を採用しているため、後に証拠として提出された場合の不利益が大きいうえ、近時はインターネット上の拡散リスクも大きいからです。

　何らかの書面を作成する場合には、担当者限りで判断するのではなく、企業として慎重に判断すべきです。その場合には、その書面を作成することによって、事実を認めることにはならないか、法的責任を認めることにはならないか、などを十分に検討すべきです。

6　クレーム対応の注意点

　クレームが社内で発覚した段階で事後的に対応しても、すでに手遅れとなってしまうおそれがあることも注意すべきです。

　なぜならば、クレームというのは、企業側のミスをきっかけとして始まることがほとんどであり、それを担当者が上司や会社に報告せず、自分限りで対応することで問題が悪化し、顧客が悪質クレーマー化することや問題が複雑化してしまうことも多いからです。

　どんな優秀な人間であってもどんな優良企業であってもミスは必ず生じるものです。したがって、企業側としては、「ミスのない人間や企業は存在しない」ことを念頭におき、ミスが生じることを前提として、できる限り事前の対応策を講じておくべきです。具体的には、ミスをした担当者が上司や会社に報告できる組織作り、ミスがあった後の組織としての対応をあらかじめ構築しておくことが肝要となります。

V　法的対応

　今までみてきたような対応でクレーマーの要求が解決、沈静化すればよい
のですが、そうならない場合はいよいよ法的対応を検討しなければなりませ
ん。

　ここで「法的対応」といってもさまざまなものがあります。

　そこで、クレーマーに対する法的対応で、主にどのようなものが考えられ
るかをご紹介したいと思います。

　なお、本書はあくまで企業や店舗などでクレーム対応の担当をされている
方、すなわち法律の専門家ではない一般の方々を読者対象としているとこ
ろ、法律的専門的な文言や言回しを避け法律的表現の正確性よりもわかりや
すさを優先してご説明しておりますので、ご了承ください（詳細な説明や申
立書の書式などは、藤川元編集代表『悪質クレーマー・反社会的勢力対応実務マ
ニュアル』（民事法研究会・2018年）をご参照ください）。

　法的対応として、主に刑事手続と民事手続に分類できます。

　刑事手続は、クレーマーの行為について国に刑罰を科して罰してもらう手
続です。

　民事手続とは、クレーマーの行為について、あなた（またはあなたの会社）
からの申立てや訴えの提起で、裁判所からクレーマーに止めるよう命令を出
してもらったり、クレーマーの行為によって受けた損害について損害賠償請
求を行って金銭の支払いを求めたりする手続です。

　以下、1、2で詳しくご説明します。

1　刑事手続

　あなたやあなたの会社がクレーマーに脅されたり、金品の要求等をされた
りした場合、クレーマーの行為は脅迫罪（刑法222条）や強要罪（刑法223
条）、恐喝罪（刑法249条）となる可能性がありますし、クレーマーによって
業務を妨害されたとした場合、業務妨害罪（刑法233条、234条）として罰せ
られる可能性があります。その他、「公衆に著しく迷惑をかける暴力的不良

行為等の防止に関する条例」（いわゆる「迷惑防止条例」）で罰せられる可能性もあります（東京都の場合は第5条の2など）。

　もっとも、あなたがどんなに刑事手続を望んでもあなた自身がクレーマーを罰することはできません。

　あなたにできるのは「告発」や「告訴」という手続で、警察や検察に犯罪行為を伝えたり、あなたやあなたの会社が受けた犯罪被害を訴えることです（刑事訴訟法230条、239条）。

　捜査をするのは警察や検察ですし、捜査の結果そのクレーマーを起訴するかどうか（裁判をするかどうか）を決めるのは検察官ですし、クレーマーが有罪かどうか、クレーマーにどのような刑罰を与えるかを決めるのは裁判官となります。

　そもそも、警察に相談をしても必ずすべての件を捜査してくれるというわけではありません。

　そこで、事前にクレーマーの行為について証拠を集めたり（会話の録音や防犯カメラ映像等）、警察と相談しながら必要な証拠を追加するなどを行うのが望ましいと思います。また、弁護士に依頼して「告訴状」という形で、クレーマーの行為について法律的評価を加えた文書で説明して証拠も整理してもらったうえで警察や検察に相談するという方法もあります。

　この結果、クレーマーが起訴されて有罪となった場合、罰金や懲役（執行猶予がつかなければ刑務所に入れられる）ということになります。

　もっとも、罰金は被害者に支払われるのではなく国庫に納められますので、あなたやあなたの会社が被害を受けた場合、それを回復するには民事手続によることになります。

　また、警察などに相談しても直ちに刑事事件として動いてくれないこともありますが、そのような中でクレーマーの行為が止まないのであれば、民事手続での解決を検討することになります。

2　民事手続

　民事手続は、あなた（またはあなたの会社）が主体となって、クレーマーを相手方として紛争の解決を図るもので、最終的には裁判所に判断を求める

こともできる手続です。

　もっとも、裁判所はあなた側の言い分を無条件で認めてくれるものではないので、法律的な主張を組み立てて、それを裏付ける証拠を提出することで裁判所にあなた側の言い分を認めてもらう必要があります。これについては弁護士など法律の専門家に相談されることをお勧めします。

　なお、ここでは裁判外での話合いや交渉が上手くいかなかった前提での民事手続をご説明しますので、いわゆる「示談交渉」については割愛し、クレーマー対策として裁判所に対して主にどのようなことを求められるかをご紹介します。

(1)　仮処分手続

　この手続は、裁判所に対して正式な裁判をせず暫定的に必要な措置を命じてもらうよう求めるものです（民事保全法23条2項で定められており、正式には「仮の地位を定める仮処分」といいます）。

　この手続を使えば、たとえば、クレーマーがあなたの会社に押しかけたり電話をかけたりを繰り返し、止めてほしいと伝えても一向に止めずにあなたやあなたの会社の業務に支障が出るなどする場合、裁判所からクレーマーに対して「面談強要禁止」という命令を出してもらうことができます。

　もしこの手続がないと、正式な裁判をしなければなりませんが、訴えの提起から判決に至るまでには相応の期間を要しますし、仮に勝訴してもクレーマーが上訴（控訴）することもできるので、さらに時間がかかる場合も想定されます。その間にあなたやあなたの会社に損害や危険が生じてしまい、後で取返しがつかなくなってしまうことを避けるために認められている手続です。

　仮処分命令を出してもらうように裁判所に申し立てると、クレーマーの言い分を聞く「審尋」という手続が行われます（民事保全法23条4項）。

　裁判官がクレーマーの言い分を聞き、クレーマーが一応の納得をすることで、手続の中でこちらが不必要な譲歩をせずに和解をすることも期待できます（なお、仮処分命令は正式な裁判をせずに、正式な裁判の結果を仮に実現するようなものですので、クレーマーが仮処分命令によって損害を受けた場合に備えて担保［お金］を提供する必要もあります）。

　また、裁判所の命令が出たにもかかわらずクレーマーがこれに従わず、あなたの会社に押しかけたり電話をかけたりを続ける場合、またはそのおそれがある場合は「間接強制」という手続もあります（民事執行法172条）。

　これは、「裁判所の命令に違反した場合は、違反1回につき○○円支払え」という命令を出してもらうことで、クレーマーの行為を牽制するものです。また、実際に違反した場合、最終的には強制執行手続でそのクレーマーの財産を差し押さえることも可能です（その場合、裁判所に強制執行を認めてもらうために「執行文付与」という手続が必要となります）。

　また、このような裁判所の命令を無視してあなたの会社の業務を妨害しているという事実は、先ほど説明した刑事手続や次に説明する損害賠償請求訴訟の証拠にもなりえます。

(2)　損害賠償請求訴訟

　クレーマーの行為によってあなたやあなたの会社が損害を被った場合、クレーマーに対してその損害を賠償させるために裁判所に訴えることが可能です。

　損害としては、たとえば実際にクレーマーによって会社の備品などを壊されたらその価格、直截的な暴力があればその治療費などですが、そこまでいかないとしてもセクハラ発言や暴言によって精神的損害を被ればその慰謝料、クレーマーの行為によって会社の業務が妨害されれば、そのために要した費用（人件費等）が考えられます（これらすべてが必ず認められるというわけではないので、実際に訴訟をお考えの場合は弁護士にご相談されることをお勧めします）。

　裁判中にクレーマーと和解をすることも期待できますし、和解ができない場合は裁判所の判決によって認められた金額をクレーマーに請求し、クレーマーが支払わなければ、強制執行でクレーマーの財産を差し押さえることもできます。

　なお、差押えは、クレーマーの財産（不動産や預貯金など、差押えの対象となり得るもの）をあなたのほうで調べなければなりませんし、財産を発見して差し押さえても、預貯金の口座であれば残高がない場合、不動産の場合は価値がない場合や抵当権（優先的に貸金を回収できる担保権）がついている場

合は、差押えをしても回収できず空振りに終わってしまい、判決はまさに「絵に描いた餅」となってしまいますので、どこまで実効性があるか、回収可能性があるかは個別の事案ごとに見極める必要があります。

⑶　債務不存在確認請求訴訟

クレーマーがあなたやあなたの会社に対し、理不尽な要求、たとえば「（支払う義務のない）金を支払え」、「（法律的な義務もないのに）謝罪広告を出せ」などを止めず、あなたがクレーマーに対していくら「（こちら側に）そのような義務はないのです」と説明しても要求が続く場合、裁判所に「債務不存在確認請求訴訟」を提起するという方法があります。

これは、「あなた（またはあなたの会社）はクレーマーに対して、○○という債務（支払義務やその他の義務）がないことを確認する」という判決を裁判所に出してもらうことができます。

これによって、裁判所のお墨付きでクレーマーの言い分を拒絶することができますし、クレーマーに対する抑止効果が期待できます。

もし、クレーマーが判決を無視して要求を続けるのであれば、その事実自体が先ほど説明した刑事手続の証拠にもなり得ますし、あなたの会社が損害を被ったとしてクレーマーに対して損害賠償請求を行う場合の証拠にもなり得ます。

VI　弁護士への依頼

1　依頼のメリット

　不当クレーム対して毅然として対応するということは、言葉を変えれば、法律に沿った解決をめざす、ということにほかなりません。そうなると、法律のプロである弁護士に解決を依頼することが最も安心です。会社の中には、法務部や総務部など法律を扱うセクションがあることがあります。この場合でも、弁護士に依頼し、弁護士と協力して対処したほうがよい場合があります。

　弁護士に依頼するメリットとして、次のような点が考えられます。

　第1に、法律の土俵の上で闘う、という点で弁護士には豊富な知識、経験があることです。闘いの前提である情報の入手については、市役所や法務局で簡単に入手できる書類からはじまって、弁護士会照会の方法ならば入手できる書類や情報としてどのようなものがあるか、また、どのような情報は入手できないのか。裁判になったときに、裁判所を通して行う調査嘱託、文書提出命令ではどうか、など。

　相手と闘いになった際は、こちらを防御し相手を攻めるにはどのような法律を用いればよいか、どのような法的手段（訴訟、調停、仮処分など）を用いるのが適切なのか。裁判に勝てる見込があるのか。証拠は万全か、それとも弱いところがあるのか、など。

　クレーマーとの闘いを、どの時点で、どのような形で収束させるのがよいか、など。

　以上のことは、日頃から法律を武器として闘っている弁護士の最も得意とするところです。

　第2に、弁護士に委任することで相手方が退く、とか早期に適切な解決ができることがたびたびあります。たとえば、未払金の支払いの催促をする場合、会社が内容証明郵便を出しても支払わなかった相手に対し、弁護士が同内容の内容証明郵便を出すとあっさりと支払いがなされた、というケースが

時々あります。このようになる理由は、「弁護士からの文書を拒絶してもいずれ裁判などの手続がなされてしまう、それなら早目に払うものは払ってしまおう」、という考えからなのだろうかと思います。

　第3に、弁護士に任せておくことで、クレーマーとのわずらわしい交渉から解放されます。

2　依頼のタイミング

　弁護士に依頼するタイミングですが、相談はできるだけ早い時期から行っておき、相手との交渉などの委任の時期はタイミングを失しないことが大切です。ご自分でできると思えることはやってみたけれど上手くいかないために弁護士に相談をした、というケースがよくあります。このようなケースの中には、弁護士への依頼がタイミングを失してしまったケースもあります。交渉の際、口頭ではあっても不用意に、または相手の勢いに押されて渋々約束してしまった、これを悔やんで弁護士に相談するケースがあります。口頭ではあっても、いったん約束をしてしまうとその撤回、修正が極めて難しい場合もあります。まして、合意が書面化されてしまった（書面に署名、押印をしてしまった）後でこれを撤回、修正することは大変な労力、時間、費用がかかり、そうしてもなかなか撤回、修正などできることではありません。あと1日早く弁護士と相談していたなら助かったのに、と思えるケースを弁護士は何度も目にしています。

　早いに越したことはない、ということです。

3　弁護士費用

①　弁護士費用に関し、かつては弁護士会に統一的な報酬規程があり、これに基づいて弁護士費用の取決めをすることが行われていました。しかし、これが独占禁止法に牴触する疑いがあるとの指摘を受け、廃止され、現在は各弁護士が統一的な報酬規程によらず各弁護士の基準をもとに報酬額を取り決めています。とはいっても、弁護士の多くは自分の報酬規程をもっており、その内容は以前の統一的な報酬規程に沿ったものとなっているのではないでしょうか。

②　現在、どの弁護士でも委任契約を締結する場合には、弁護士費用に関して金額を明示するか金額の算定方法を明示するかしているはずです。それでも弁護士費用は、不明確であるとかわかりにくいなどとよくいわれます。その原因は、いくら弁護士が金額の明確化に努めようとしても、受任事件がどのように動き、どのように終了するのか委任の時点では不明確である点に、また、報酬規程がさまざまな場合に対処できなければならないために定め方が時として抽象的である点にあるのではないでしょうか。たとえば、ある弁護士の報酬規程の中に次のような条項があるとします。

（民事事件の着手金および報酬金）

第17条　訴訟事件、非訟事件、家事審判事件、行政審判等事件および仲裁事件（次条に定める仲裁センター事件を除く）の着手金および報酬金は、この規程に特に定めのない限り、経済的利益の額を基準として、それぞれ次表のとおり算定する。

経済的利益の額	着手金	報酬金
300万円以下の部分	8％	16％
300万円を超え3000万円以下の部分	5％	10％
3000万円を超え3億円以下の部分	3％	6％
3億円を超える部分	2％	4％

2　前項および報酬金は、事件の内容により、30％の範囲内で増減額することができる。

3　民事事件につき引き続き上訴事件を受任するときは、着手金は上記の2分の1とする。

4　前3項の着手金は、10万円を最低額とする。ただし、経済的利益の額が125万円未満の事件の着手金は、事情により10万円未満に減額することがある。

---

③　これによると、1000万円の貸付金を返そうとしないAに対して訴訟を

提起するときの着手金は59万円（および消費税。以下同じ）、報酬金は118万円と算出できます。

　しかし、疑問は次々とわいてきます。ⓐ報酬金は判決が確定した時点で支払うのか、1000万円が入金されたらその中から支払えばよいのか。ⓑＡが判決に従わないときに強制執行をしようとすると、その弁護士費用がさらに追加されるのか。ⓒＡが一審判決に納得せず控訴しさらに上告までした場合には、さらに追加して弁護士費用がかかるのか。ⓓＡが徹底的に争い、それでもＡが敗訴し確定した後、強制執行まで行ってようやく一部だけ回収した、しかし、これでは回収したお金がそっくり弁護士費用に消えてしまうのではないか。

　以上の疑問に対する回答は、各弁護士が備えている報酬規程に記載されているはずです。報酬規程の条項の中には、「ある場合には金額を増額または減額できる」という、調整のための条項があります。顧客からＡとの訴訟について相談された弁護士は、顧客とともに、ⓐ訴訟が勝訴しそうか勝敗が微妙か、ⓑＡが徹底抗戦をしそうか、ⓒＡの敗訴が確定したときにＡには支払能力があるか、強制執行の対象となる財産があるのか、などの点について協議するのが普通です。そして報酬規程によって算出すると弁護士費用はいくらになるのか、をまず出しておきます。

　そのうえで、調整のための条項を使うなどしてＡに対し、訴訟によって回収することが経済的に見合うかどうか、顧客と弁護士とがさらに協議します。双方が協議を重ねることによって、場合によっては顧客、弁護士ともに、ぎりぎりのところどこまでが可能かを調整することになります。

　その場合には、弁護士としては、「この顧客は○○さんからの紹介によるから費用倒れでも徹底してやらなければならない」などと考えることもあり、また顧客としては「Ａのような悪どい者を許すわけにはいかないから費用がいくらかかっても徹底的に追及してほしい」などと考えることもあります。

　こうして、報酬規程を基準としつつも、弁護士と顧客のさまざまな思いがあったうえで委任契約が締結されますので、「知らないうちに費用

だけ弁護士にふんだくられていた」などということにはならないのが、
通常の姿だと思います。

第2部

実践的クレーム対応 Q&A

Ⅰ　効果的なクレーム対応手続の流れ

Q1　①「聞く」
（まずは事実関係と要求内容をしっかり聞く！）

> 　当店（スーパー）でお弁当を購入したというお客様が、「お宅のところの弁当を食べたら具合が悪くなった。責任を取れ」と強く迫ってきています。
> 　体調を崩されたようですし、代金の返金に加えてお見舞金を支払おうかと考えておりますが、何か問題はあるでしょうか。

ポイント

1　「体調を崩された」か否かを判定する前に、顧客からしっかり「聞く」、「調べる」。
2　事実関係を「聞く」。
3　要求内容を「聞く」（「責任を取れ」の内容を確認する）。

回　答

1　クレーム対応の流れ

　クレーム対応においては、プロセス（流れ）を意識することが重要です。
　そして、「クレーム対応の流れ」は、①聞く→②調べる→③判定する→④伝える→（悪質クレームの場合）⑤繰り返す→⑥排除する、という流れになります。なお、正当クレームの場合には、⑤履行する（しかるべき対応をする）となります。
　お客様からクレームがあったとき、しっかりと①聞き、②調べなければ、クレームに応じるべきか否か、③判定することはできません。
　そのため、クレーム対応においては、しっかりと、①聞く、そして、②調

べるという流れを意識し、実践する必要があります。

2　まず①「聞く」

　このケースでは、貴店（スーパー）でお弁当を購入したというお客様が、「お宅のところの弁当を食べたら具合が悪くなった。責任を取れ」と強く迫ってきているということです。

　このようなケースでは、どのように対応すべきでしょうか。

　先に述べたとおり、まず、①聞かなければなりません。

　この、①聞くという段階では、大きく分けて、ⓐ何があったのかと、ⓑどうしてほしいのかの2つを確認することになります。

(1)　ⓐ何があったのか「聞く」（事実関係を確認する）

　まず、ⓐ何があったのかというのは、相手方が主張する事実関係が何か確認するということです。

　いつ、どこで、誰が、何をしたのか、どのようになったのか、5W1Hを確認することになります。

　これを本件についてみると、まず、お弁当の購入について、いつお弁当を購入したのか、店舗のどこで購入したのか、何のお弁当を購入したのか、誰が購入したのか（本人か、その他なら誰か）等を確認すべきです。

　次に、お弁当を食べたことについて、いつ食べたのか、どこで食べたのか、どのような中身だったのか、すべて食べたのか、お弁当の他に食べたり飲んだりしたものはないか、他に一緒に食べた人はいないか、前後の食事はどのようなものだったのか等を確認すべきです。

　また、具合が悪くなったということについて、どのように具合が悪くなったのか、いつからそのような状態なのか、病院に行ったのか、行ったのであれば何と診断されたのか等を確認すべきです。

　以上が、ⓐ何があったのかです。

　なお、②調べる段階の話になりますが、この、ⓐ何があったのかで主張された事実について、裏付け資料となるようなものがあるようであれば、その資料の提出を求めるべきです。

　本件では、たとえば、お弁当を購入したレシート、お弁当の容器、残っているなら残飯、病院に行ったのであれば診断書や領収書や「おくすり手帳」など、お客様に提出を求めるべきです。

　もちろん、会社側にある資料を調査することはいうまでもありません。

(2)　ⓑどうしてほしいのか「聞く」（要求内容を確認する）

　次に、ⓑどうしてほしいのかというのは、要求の内容を確認するということです。

　「こういうことがあったから、こうしてほしいんだ」ということを聞かないと、応じられるか否か等こちらのとるべき対応についての判断が難しいため、可能な限り要求を具体的に確認しましょう。

　これを本件についてみると、お客様は、「責任を取れ」と強く迫ってきているとのことですが、「責任を取れ」だけでは、具体的にどうすればよいか、要求が何なのかがわかりません。

　そのため、お客様がどうしてほしいのか、要求を具体的に確認しましょう。

　もっとも、この点はなかなか確認するのは難しいと思います。そこで、たとえば「責任を取るとおっしゃいますと、どのようにすればよいということでしょうか……？」などと様子を伺いつつ、「お弁当の代金をお返しするということでしょうか？」などと聞いてみるのがよいかと思います。

　ここで、「そんなもん、お前らが考えろ」とか、「誠意のみせ方ってもんがあるだろ」などと言って、はっきり要求内容を言わない場合、「お弁当の代金をお返しするだけでは足りないということでしょうか？」、「おいくらくらいお考えでしょうか？」などとこちらで絞っていく（いわゆる「クローズド・クエスチョン」）のがよいでしょう。

　以上が、ⓑどうしてほしいのかです。この点を確認する作業はなかなか難しいのですが、クレーム対応において重要な点ですので、失礼にならないように気をつけつつ、可能な限り具体的に聞きましょう。

(3)　丁寧な態度で、聞くことに徹すること

　以上が、①聞く段階で確認する内容ですが、この段階の姿勢としては、「聞くことに徹する」ということが重要です。

　ここでやってはいけないことは、相手を悪質クレーマーだと決めつけたり、事実関係の裏付けがとれていないのに、会社の回答を伝えてしまうことです。

　あくまでこの段階では聞くことに徹しましょう。

　また、クレーム対応全体を通じてですが、くれぐれも丁寧な態度で対応しましょう。相手を悪質クレーマーだと決めつけるような態度や偉そうな態度はもちろん、相手をぞんざいに扱うかのような態度は禁物です。クレーム対応の担当者の態度が悪かったせいで、正当なクレームを申し出ていたお客様を悪質クレーマーに変えてしまうことがあります。また、態度の悪さは悪質クレーマーの格好の攻撃材料になります。特に、この①「聞く」段階では、クレームが正当か否かもわからないのですから、あくまで「お客様」への対応ということを意識して、丁寧な態度で対応してください。

3　まとめ

　本来、本件では、以上のような、①聞く作業を行う必要がありました。

　しかし、貴店は、しっかりと、①聞く作業を行わずに、お客様の言うままに、「体調を崩されたようです」とか、「代金の返金に加えてお見舞金を支払おうかと考えております」などと考えて（③判定して）しまっていたようです。

　まずは、しっかりと、①聞く作業を行っていただけたらと思います。

Q2 ② 「調べる」
（「思いこみ」を捨てて中立的・客観的に調べる！）

> 当店（美容院）のお客様が、「Aさんから施術中に胸を触られた」とのセクハラ被害を訴えてきています。
>
> Aは、20代後半の明るい性格の男性美容師で、腕もよく、とても人気があります。これに対し、お客様はご高齢で、暗い見た目の女性ですし、これまで他のお客様からAに対するクレームも特にありませんので、訴えられているようなセクハラ被害などあるはずがないかと思うのですが、いかがでしょうか。

ポイント

1 しっかり聞いた後は、しっかり「調べる」。

2 先入観をもたずに、中立的・客観的に「調べる」。

3 従業員も虚偽の供述をすることがある（にもかかわらず先入観をもって主張された事実がないなどと判定して対応すると、その後大問題に発展することがある）。

回 答

1 クレーム対応の流れ

クレーム対応においては、プロセス（流れ）を意識することが重要です。

そして、「クレーム対応の流れ」は、①聞く→②調べる→③判定する→④伝える→（悪質クレームの場合）⑤繰り返す→⑥排除する、という流れになります。なお、正当クレームの場合には、⑤履行する（しかるべき対応をする）となります。

お客様からクレームがあったとき、しっかりと、①聞き、②調べなければ、クレームに応じるべきか否か、③判定することはできません。

そのため、クレーム対応においては、しっかりと、①聞く、そして、②調

べるという流れを意識し、実践する必要があります。

2 まず①「聞く」

　このケースでは、貴店（美容院）で施術を受けたお客様が、「Aさんから胸を触られた」とのセクハラ被害を訴えてきているということです。

　このようなケースでは、どのように対応すべきでしょうか。

　先ほど述べたとおり、まず、①聞かなければなりません。

　この、①聞くという段階では、大きく分けて、ⓐ何があったのかと、ⓑどうしてほしいのかの2つを確認することになります。

　この、①聞く段階の詳細については、33頁（第1部Ⅳ4⑵①聞く（事実確認））等をご参照いただけたらと思いますが、簡単に本件についてみると、まず、ⓐ何があったのかについては、施術中にAさんから胸を触られたということですから、Aさんからどのように胸を触られたのか、具体的に確認することとなります。

　なお、セクハラ被害という事案の性質上、確認の仕方には細心の注意を払うべきでしょう。お客様の様子を伺いながら、いわゆる「二次被害」にならないように、慎重に確認していただきたいと思います。

　また、本件の、ⓑどうしてほしいのかについては、お客様は、この点については特に何もおっしゃっていないようです。

　そのため、お客様がどうしてほしいのか、要求を具体的に確認することになりますが、先ほども述べたように、本件はセクハラ被害という事案の性質上、確認の仕方には細心の注意を払うべきです。

　極端なたとえですが、「それで結局、何がほしいんですか。お金ですか」などとという聞き方（そのように受け取られてしまう態度）にはならないように、くれぐれも気をつけてください。

　以上のような、①聞く作業を、まず行っていただくこととなります。

3 次に②「調べる」

　そのうえで、②調べることとなります。

　①の聞くの段階で聞いた内容、特に、ⓐ何があったのかという点について

調べて、裏付けをとるということです。

　具体的には、客観的な資料を調査したり、関係する社員から事情を聞いて、どのようなことがあったのか、事実関係を確認することになります。

(1)　中立的・客観的に調べる

　ここで意識しなければならないのは、中立的に、客観的に調べるということです。どうしても身内を信用しがちですが、社員の皆さんも、ミスを隠したいという気持から、ウソをつくこともあり得ます。人間ですから仕方ありません。また、ウソ（故意＝わざと誤った事実を述べること）でなくても、勘違い等で誤った事実を述べてしまうこともあります。

　それにもかかわらず、社員の言っていることの裏付けをとらず、鵜呑みにしてしまって、あとで社員のミスが発覚して、大問題になってしまうこともありますので、中立的・客観的に調べましょう。

　これを本件についてみると、貴店の姿勢は、非常に問題があるといわざるを得ません。

　Aさんが20代後半の明るい性格の男性美容師であるとか、人気があるとか、そのような観点から「セクハラ行為などしないだろう」という先入観をもってしまっているようです。

　さらには、お客様が高齢であることや、「暗い見た目」などを理由として、「セクハラ被害などないだろう」、「Aさんがこのお客様に対しセクハラ行為などしないだろう」などという決めつけをしてしまっているようです。

　非常に問題があるといわざるを得ません。

　あくまで中立的に、客観的に調べなければなりません。

　先入観を捨てて、Aさん本人にヒアリングを行いましょう。

　また、セクハラ被害があったと主張されている時間帯に、他の従業員やお客様が近くにいたのであれば、少なくともその従業員にはヒアリングをすべきです（他のお客様についてはケースバイケースと思われます）。

　先入観を捨てて、あくまで中立的に、客観的に調べるという意識をもってください。

(2)　客観的な資料は必ず調べる

　なお、②調べる段階では、客観的な資料があれば、当然調査することとな

ります。

　そして、客観的な資料は、お客様の手元にある場合も多いため（たとえば
けがをしたというケースにおける診断書等）、そのような資料については、お客
様に提出を求めるべきです。

　本件では、お客様の手元に客観的な資料があるということはないかもしれ
ませんが、何か客観的な資料がないか、確認検討し、あれば調査をしましょ
う。

(3)　調査に徹すること

　そして、この、②調べる段階では、調査に徹することになります。

　まだ、③判定はしていないのですから、会社の対応を回答してはいけませ
ん。

4　まとめ

　以上のように、貴店においては、まずしっかりと、①聞いたうえで、先入
観を捨てて、中立的、客観的に、②調べる作業を行っていただけたらと思い
ます。

Q3 ③「判定する」
（「サービス」するとしても「お客様平等主義」の
チェックを忘れずに！）

　当店（自動車販売店）で1週間前に自動車を購入したお客様から、「助手席側のドアにキズが付いていたからタダで修理してほしい」との連絡をいただきました。

　調査したところ、たしかにキズがあったのですが、担当者が引渡し時にお客様との間でキズの有無を確認しそびれていたこともあり、そのキズがいつ付いたのか、引渡し前か後かがわかりませんでした。

　このような場合、どのように対応すべきでしょうか。

ポイント

1　しっかり「聞いて」、「調べて」も、真偽不明な場合がある。

2　真偽不明のため法的責任の有無が不明な場合の対応は、最終的には経営判断となる。

3　「請求者側に主張立証責任があるのだから応じない」という対応もありうるし、「もしかしたら法的責任があるかもしれないから応じる」という対応もありうる。

4　いずれでも間違いではないが、「顧客平等主義」の観点で結論を出すべきである。

回答

1　クレーム対応の流れ

　クレーム対応においては、プロセス（流れ）を意識することが重要です。

　そして、「クレーム対応の流れ」は、①聞く→②調べる→③判定する→④伝える→（悪質クレームの場合）⑤繰り返す→⑥排除する、という流れになります。なお、正当クレームの場合には、⑤履行する（しかるべき対応をす

る）となります。

　お客様からクレームがあったとき、しっかりと、①聞き、②調べなければ、クレームに応じるべきか否か、③判定することはできません。

　そのため、クレーム対応においては、しっかりと、①聞く、そして、②調べるという流れを意識し、実践する必要があります。

2　まず①「聞く」

　このケースでは、貴店（自動車販売店）で1週間前に自動車を購入したというお客様から、「助手席側のドアにキズが付いていたからタダで修理してほしい」との連絡をしてきているということです。

　このようなケースでは、どのように対応すべきでしょうか。

　先ほど述べたとおり、まず、①聞かなければなりません。

　この、①聞くという段階では、大きく分けて、ⓐ何があったのかと、ⓑどうしてほしいのかの2つを確認することになります。

　この、①聞く段階の詳細については、33頁（第1部Ⅳ4(2)①聞く（事実確認））等をご参照いただけたらと思いますが、簡単に本件についてみると、まず、ⓐ何があったのかについては、「1週間前に購入した自動車の助手席側のドアにキズが付いている」ということですから、どのようなキズが付いているのか、具体的に確認することとなります。

　また、本件の、ⓑどうしてほしいのかについては、「修理してほしい」ということですから、どのような修理をしてほしいのか、具体的に確認することとなります。

　以上のような、①聞く作業を、まず行っていただくこととなります。

3　次に②「調べる」

　そのうえで、②調べることとなります。

　①の聞くの段階で聞いた内容、特にⓐ何があったのかという点について調べて、裏付けをとるということです。

　具体的には、客観的な資料を調査したり、関係する社員から事情を聞いて、どのようなことがあったのか、事実関係を確認することになります。

　この、②調べる段階の詳細については、35頁（第1部Ⅳ4⑶②調べる）等をご参照いただけたらと思いますが、簡単に本件についてみると、助手席側のドアにキズが付いているということですから、キズの有無およびその程度について、当該自動車を実際に見て確認するのは当然でしょう。

　また、キズが付いていたとして、それがいつ付いたものなのかを調査することになります。なぜなら、キズが納車後に付いたものなのであれば、貴店が無償で修理しなければならない法的義務は生じないのに対し、納車前にもともと付いてしまっていたのであれば、損害賠償や無償で修理する法的責任を負う可能性があるためです。

　その調査方法としては、納車時にお客様と確認し、確認した内容が明らかとなる書面や、納車前（納車時に近ければ近いほどよい）に撮影した画像や動画等の客観的な記録を調査したり、納車や検品を担当した社員への聞き取り調査などが考えられます。

　もっとも、本件では、何らかの理由により納車時の確認をしておらず、また画像等も残っていないようです。

4　その後に③「判定する」

　以上の、①聞く、②調べるの後に、③判定することとなります。

　基本的には、①聞くの段階で聞いた、ⓑどうしてほしいのか、つまり相手方の要求への対応を判定することとなります。

　この対応については、大きく分けて、①全部応じる、②一部応じる、③応じない、以上の3パターンが考えられます。

　そして、これらの結論を導くためには、法的責任があるのかないのか、あるとした場合にはどの程度の責任があるのかによって判定することになります。

　法的責任がある場合でも、あくまで会社の落ち度や相手方の損害に応じた対応をするということになります。

　そして、具体的な対応方法については、36頁（第1部Ⅳ4⑷③判定する）等をご参照いただけたらと思いますが、簡単にまとめますと、①法的責任がある場合には、損害が発生しているなら損害賠償金を支払ったり、商品を補修

できるのであれば補修したりしたうえで、謝罪をすることになります。反対に、②法的責任がないことが明らかな場合には、要求に応じないということになります。

(1) 法的責任の有無が不明の場合

これらに対し、本件のように、③法的責任の有無が不明の場合にはどのように対応すべきでしょうか。

難しいところですが、法的責任の有無が不明である以上、最終的には経営判断になります。

たとえば、「裁判になれば要求する側が証明しなければならない（これを「立証責任」といいます）ところ、しっかりと調査したにもかかわらず法的責任の有無が不明なのだから、裁判になっても負けないだろう＝法的責任はないといえるだろう」ということで、要求に応じないという対応も考えられます。

これに対し、「法的責任の有無はわからない、ないかもしれないけれども、あるかもしれないのだから」ということで、「サービス」をする（無償での修理や金銭の支払い等をする）ということも考えられます。もしかしたら法的責任はないかもしれませんが、あるかもしれない以上、そのような「サービス」をすることは、経営判断としては十分にあり得るということになります。

いずれの対応も間違いではありません。

ただ、以上のような判断をする際には、まず、前提として事実確認、つまり、①聞く、②調べるをしっかり行わなければなりません。

そのうえで、仮にサービスをするならそのサービスを、他のお客様にもするのか、できるのかということを検討すべきです。いわゆる「お客様平等主義」によるテストです。同じ出来事があったときに、他のお客様にも同じようなサービス、対応をするのか、できるのかという観点から、対応方法をチェックすべきです。もし、他のお客様にはしない、できないなら、過剰対応ということになってしまいます。

反対に、他のお客様だったらするようなサービスや対応をしないというのは、過小対応ということになります。

(2)　ありがちな判定ミス

　なお、この③判定する、の段階でのありがちな判定ミスについては、38頁（第1部Ⅳ4(4)③判定する）等をご参照いただけたらと思いますが、①「お客様の要求にノーと言ってはならない」という誤ったお客様至上主義、②「お金を払ったほうが安上がり」というコスト判断型、③「断ったら何をされるかわからない」という恐怖支配型、④「会社の落ち度を表沙汰にされたくない」という隠ぺい型、⑤「相手方が悪質クレーマーに違いない」という決めつけ型等がありますので、気をつけていただきたいと思います。

(3)　担当社員へのケア

　また、特に「サービス」をする場合、担当社員へのケアについても配慮しましょう。前提としてあくまで真偽不明、法的責任の有無が不明なのですから、担当社員にペナルティを課すようなことはすべきではありませんし（なお、本件で納車時にキズの有無を確認しなかったことへのペナルティについては別です）、できれば「サービス」をする理由を担当社員に説明するなどして、担当社員の心情面にも配慮するとよいでしょう。

5　まとめ

　本件では、しっかり、①聞いて、②調べても、③いつキズがついたのかがわからず法的責任の有無が不明ということですので、顧客平等主義の観点も踏まえたうえで、対応を判定していただくこととなります。

Q4 ④「伝える」
（悪質クレーマーには書面で回答！）

当店（スーパー）でお弁当を購入したというお客様が、「お宅のところの弁当を食べたら具合が悪くなった。責任を取れ」と強く迫ってきていました。

念のため、お客様に対し、購入されたお弁当の内容、購入された日時、召し上がった日時、体調不良の具体的な内容等を確認させていただき、裏付ける資料等のご提出をお願いしたのですが、「俺は客だぞ！信用できねえっていうのか！」などとおっしゃるばかりでご回答も資料のご提出もいただけず、また当店の客観的な調査でも事実関係が確認できなかったため、当店としては対応する必要がない悪質クレームであると結論付けました。

どのようにお客様にお伝えすべきでしょうか。

ポイント

1 特に悪質クレームの場合は、可能な限り書面で回答すべきである。

2 書面であれば、一義的明確に回答できるし、その後の対応（「繰り返す」）の負担も軽減される。

3 もっとも、メールは避けたほうが無難である。

回答

1 クレーム対応の流れ

クレーム対応においては、プロセス（流れ）を意識することが重要です。

そして、「クレーム対応の流れ」は、①聞く→②調べる→③判定する→④伝える→（悪質クレームの場合）⑤繰り返す→⑥排除する、という流れになります。なお、正当クレームの場合には、⑤履行するとなります。

お客様からクレームがあったとき、しっかりと、①聞き、②調べなけれ

ば、クレームに応じるべきか否か、③判定することはできません。

そのため、クレーム対応においては、しっかりと、①聞く、そして、②調べるという流れを意識し、実践する必要があります。

2 まず①「聞く」

このケースでは、貴店（スーパー）でお弁当を購入したというお客様が、「お宅のところの弁当を食べたら具合が悪くなった。責任を取れ」と強く迫ってきているものの、調査を尽くしても事実関係が確認できず、悪質クレームとの結論に至ったということです。

このようなケースでは、どのように対応すべきでしょうか。

先ほど述べたとおり、まず、①聞かなければなりません。

この、①聞くという段階では、大きく分けて、ⓐ何があったのかと、ⓑどうしてほしいのかの2つを確認することになります。

この、①聞く段階の詳細については、33頁（第1部Ⅳ4(2)①聞く（事実確認））やQ1等をご参照ください。

3 次に②「調べる」

そのうえで、②調べることとなります。

①の聞くの段階で聞いた内容、特に、ⓐ何があったのかという点について調べて、裏付けをとるということです。

具体的には、客観的な資料を調査したり、関係する社員から事情を聞いて、どのようなことがあったのか、事実関係を確認することになります。

この、②調べる段階の詳細については、35頁（第1部Ⅳ4(3)②調べる）やQ2等をご参照ください。

4 その後に③「判定する」

以上の①聞く、②調べるの後に、③判定することとなります。

基本的には、①聞くの段階で聞いた、ⓑどうしてほしいのか、つまり相手方の要求への対応を判定することとなります。

この対応については、大きく分けて、①全部応じる、②一部応じる、③応

じない、以上の3パターンが考えられます。

　そして、これらの結論を導くためには、法的責任があるのかないのか、あるとした場合にはどの程度の責任があるのかによって判定することになります。

　法的責任がある場合でも、あくまで会社の落ち度や相手方の損害に応じた対応をするということになります。

　この、③判定する段階の詳細については、36頁（第1部Ⅳ4⑷②判定する）やQ3等をご参照ください。

　本件では、①聞き、②調べても、お客様の主張するような事実関係が確認できなかったため、③法的責任がないため応じないと判定したとのことです。

5　判定した結果を④「伝える」

　以上の③判定した結果を、④伝えることとなります。

　会社が、②調べる段階で確認した事実と、③判定する段階で判定した相手方の要求への対応方法を相手に伝えることになります。

⑴　書面で伝える

　それでは、どのように伝えるのがよいでしょうか。

　この伝える方法としては、特に悪質クレームの場合には、書面で伝えるのがよいとされています。

　理路整然と明確に伝えるには、口頭よりも書面が適しています。口頭ですと、相手方から話を遮られたり、相手方の剣幕に押されてしまったり、緊張から伝えるべきことを伝え切れなかったりしてしまいますが、書面ではそのようなことがありません。

　また、いつどのような見解を伝えたか、記録に残すことができます。

　さらに、この、④伝える段階の後の、⑤繰り返すという対応方法をとりやすいという点も重要です（詳細は40頁（第1部Ⅳ4⑹⑤繰り返す（悪質クレームの場合））等をご参照ください）。

⑵　書面作成の心構え

　もっとも、悪質クレームに対して書面で回答するというのは、何となく不

安に思うかもしれません。

　しかし、それは悪質クレーマーに悪用されたり、書面が一人歩きすることに不安を感じるのだと思います。ですので、悪用されない、一人歩きしても大丈夫な書面を渡すようにすることになります。

　そのためにも、①聞く、②調べる、③判定するをしっかりと行うことはもちろん、表現や形式面も含め、揚げ足を取られないような書面を作成すべきです。

　心構えとしては、内容については「余計なことは言わない（書かない）」、形式や表現については「丁寧にする」と意識するのがよいでしょう。

⑶　差出人名義や交付方法

　書面の差出人名義については、ケースバイケースではありますが、クレーム対応の担当者ではなく、責任者（社長や店長等）名義とすべきでしょう。

　また、書面の渡し方についても、ケースバイケースではありますが、基本的には、郵送がよいでしょう。

　郵送の方法としては、大きく、①普通郵便、②特定記録郵便（およびレターパックライト）、③書留郵便（一般書留、簡易書留）およびレターパックプラス、④内容証明郵便の4つの送り方があります。これもまたケースバイケースではありますが、まずは②特定記録郵便（またはレターパックライト）で送るのがよいように思います。

　④内容証明郵便のように、送付した書面の内容が証明されるものではありませんが、企業側からいきなり④内容証明郵便を送ると、場合によっては「企業側から喧嘩を売ってきた」などと余計な反感を買うこともありますので、あえてそれよりも「軽い」形で送ったほうがよいケースが多いように思われます。

　そのうえで、①普通郵便は、配達の記録が全く確認できないため、避けるべきでしょう。そして、③書留郵便（やレターパックプラス）ですと、相手方が郵便配達員から対面で受け取らないと、保管期間（約1週間）経過後に返送されてきてしまいます。これに対し、②特定記録郵便（およびレターパックライト）ですと、インターネット上で配達の記録が確認できるうえ、①普通郵便と同じく、相手方住所の郵便受けに投函される形で配達されますの

で、相手方の受領の有無にかかわらず、相手方側に書面を送りつけることができます。

　そのため、基本的には、②特定記録郵便（またはレターパックライト）で送るのがよいように思います。

　なお、すでにメールでやり取りをしている場合はメールでも構いませんが、そうでない場合には、メールは避けたほうがよいように思います。そもそも、可能であればメールアドレスも教えないほうが無難です。

　メールは、送るのが簡単で、心理的なハードルが低いため、悪質クレーマーから大量にメールを送りつけられたりするおそれがあるなどの理由からです。

6　まとめ

　本件では、お客様に対し、第３部の【書式１】のような書面を特定記録郵便（またはすでにメールでやり取りしているのであればメール添付）等で交付し、応じられない旨、④伝えるのがよいでしょう。

Q5　⑤「繰り返す」 （「納得してもらおう」などと思ってはダメ！）

「クレーム対応の流れ④」の後、お客様に対し、書面で要求には応じられない（代金の返金やお見舞金等の支払いには応じられない）旨お伝えしたのですが、「なんで応じないんだ、理由を言え」、「俺が腹を下して辛かったのがわからないのか」、「保健所に通報するぞ」などとおっしゃり、納得していただけません。

どのようにすればお客様に納得していただけるでしょうか。

ポイント

1　悪質クレーム対応の目標はあくまで「応じない」ことであり、「納得してもらう」ことではないことを強く意識する。

2　「納得してもらおう」「説得しよう」などと考えてはいけない。

3　（丁寧な態度で）「書面でお伝えしたとおりです」と「繰り返す」のがよい（通常の会話とは異なる）。

回答

1　クレーム対応の流れ

クレーム対応においては、プロセス（流れ）を意識することが重要です。

そして、「クレーム対応の流れ」は、①聞く→②調べる→③判定する→④伝える→（悪質クレームの場合）⑤繰り返す→⑥排除する、という流れになります。なお、正当クレームの場合には、⑤履行する（しかるべき対応をする）となります。

お客様からクレームがあったとき、しっかりと、①聞き、②調べなければ、クレームに応じるべきか否か③判定することはできません。

そのため、クレーム対応においては、しっかりと、①聞く、そして②調べるという流れを意識し、実践する必要があります。

2　①「聞く」→②「調べる」→③「判定する」→④「伝える」

　このケースでは、貴店（スーパー）でお弁当を購入したというお客様が、「お宅のところの弁当を食べたら具合が悪くなった。責任を取れ」と強く迫ってきているものの、調査を尽くしても事実関係が確認できず、悪質クレームとの結論に至り、要求には応じられない旨伝えたものの、納得してもらえないとうことです。

　このようなケースでは、どのように対応すべきでしょうか。

　このケースの、①聞く、②調べる、③判定する、④伝えるの各段階については、Q4の4をご参照ください。

3　④伝えても要求がやまない場合は、⑤「繰り返す」

　④伝えた後も、要求がやまない場合には次に、悪質クレームの場合には、⑤繰り返すこととなります。会社が伝えた内容を繰り返すということです。

　伝えた後は、「繰り返す」という対応方法をとれば、対応の負担を減らすことができます。「先日の書面でお伝えしたとおりです」と繰り返せばいいのです。内容面で文句をいわれても、「当社の回答は先日の書面のとおりです」、「見解の相違です」などと言えばいいのです。

　このような対応で済むようにするためにも、④伝える段階で、1回の書面で言い尽くすのが理想的ということになります。

(1)　悪質クレーム対応の目標は「納得してもらう」ことではない

　そもそも、悪質クレーム対応の目標は、「納得してもらう」ことではなく、悪質クレームに「応じない」ことです。

　ここは非常に重要なポイントです。

　「納得してもらおう」とか「説得しよう」などと思ってはいけません。まず間違いなく納得しないからです。悪質クレームに対しては、「平行線」や「堂々めぐり」、「こう着状態」になればよいのです。それがゴールなのです。

　そのため、上司の方であれば、担当社員に「納得してもらってこい」などと指示してはいけません。絶対に無理なのにもかかわらず、「納得してもら

え」などとプレッシャーをかけると、担当社員が精神的に病んでしまったり、裏取引に走ったりしてしまうことになりかねません。

　繰り返して突っぱねる。平行線や堂々めぐりにする。それがあるべき対応になります。

⑵　⑤「繰り返す」際の心構え

　なお、この、⑤繰り返す際の心構えとしては、「繰り返してもよい」ではなく「繰り返すべき」、「繰り返さなければならない」です。

　日常会話では、話相手が理解や納得をしてくれない場合、理解しやすいようにいろいろと言い換えると思います。しかし、悪質クレームの場合には、このような「言い換え」は、揚げ足を取られるリスクを高めるだけであり、百害あって一利なしのため、すべきではありません。

　壊れたテープレコーダーのように、愚直に繰り返したほうがよいのです。

　この点、通常の会話とは全く異なる対応となり、強く意識しないとつい言い換えてしまいますので、強く意識していただきたいと思います。

⑶　親会社や役所などに矛先を変えた場合

　繰り返して突っぱねた結果、クレーマーが親会社や役所などに矛先を変えることがありますが、気にする必要はありません。むしろ、諦めかけていて、終息が近い兆候といえます。

　なお、矛先が変わった親会社や役所などが、もともとクレームを受けていた会社に対し、「納得してもらえ」などと言ってはならないことは、前述の上司と部下の関係と同様です。

4　まとめ

　本件では、お客様に対し、「先日お渡ししました、○年○月○日付けの回答書面でお伝えしたとおりです」、「申し訳ございませんが、応じることはできません」などと繰り返すこととなります。

　なお、繰り返す際の口調や態度については、くれぐれも丁寧にするよう強く心がけてください。

Q6 ⑥「排除する」（法的手続をとることをためらわない！）

　「クレーム対応の流れ⑤」の後、お客様には、「書面でお伝えしたとおりです」、「お支払いできません」と繰り返しているのですが、その後もお客様はたびたび当店を訪れては、「なんで応じないんだ、理由を言え」などと同じことを言い続けています。

　このままいつまでも同じ対応をし続けなければならないのでしょうか。

ポイント

1　繰り返しても要求がやまず、会社に対する業務妨害（従業員に対する人格権侵害）であると判断される場合には、法的手続をとる。
2　民事手続としては、内容証明郵便の発送、不作為の仮処分等を行う。
3　刑事手続としては、被害届・刑事告訴等により立件をめざす（警察に相談するだけでも意味があるので、相談をためらわない）。

回答

1　クレーム対応の流れ

　クレーム対応においては、プロセス（流れ）を意識することが重要です。

　そして、「クレーム対応の流れ」は、①聞く→②調べる→③判定する→④伝える→（悪質クレームの場合）⑤繰り返す→⑥排除する、という流れになります。なお、正当クレームの場合には、⑤履行する（しかるべき対応をする）となります。

　お客様からクレームがあったとき、しっかりと①聞き、②調べなければ、クレームに応じるべきか否か③判定することはできません。

　そのため、クレーム対応においては、しっかりと①聞く、そして②調べるという流れを意識し、実践する必要があります。

2　①「聞く」→②「調べる」→③「判定する」→④「伝える」→⑤「繰り返す」

　このケースでは、貴店（スーパー）でお弁当を購入したというお客様が、「お宅のところの弁当を食べたら具合が悪くなった。責任を取れ」と強く迫ってきているものの、調査を尽くしても事実関係が確認できず、悪質クレームとの結論に至り、要求には応じられない旨書面で回答し、その後も応じられない旨繰り返しているにもかかわらず、一向に要求がやまないということです。

　このようなケースでは、どのように対応すべきでしょうか？

　今回のケースの、①聞く、②調べる、③判定する、④伝えるの各段階については、Q1およびQ4の4をご参照ください。また、⑤繰り返すの段階については、Q5の5をご参照ください。

3　最後に⑥「排除する」

　⑤繰り返し応じられない旨回答しているにもかかわらず、一向に要求がやまない場合には、最後に、⑥排除することとなります。⑤で繰り返しても止まらず、もはや業務妨害であると判断される場合には、法的手段で排除するということになります。

　業務妨害は、毅然として排除しましょう。会社には、円滑な業務や社員の安全を守る責任があるためです。

　悪質クレームに対する法的対応の詳細については、47頁（第1部V法的対応）もご参照ください。

(1)　内容証明郵便で警告する

　⑥排除する方法としては、まずは、内容証明郵便を送って、すでに④で伝えた内容を再度伝えたうえで、「今後も不当要求をやめないようであれば民事上、刑事上の法的手続をとります」などと警告することになります。

　この内容証明を送ることは、会社自身で行うこともできますし、弁護士に相談および依頼して、代理人の弁護士名で送ることもできます。

　一般的には、弁護士名で送られてきたほうがインパクトは大きいですし、

これにより不当要求が止まることも多いです。

　なお、弁護士への相談のタイミングとしましては、弁護士からの観点になりますが、「困ったときにはお気軽に相談していただく」のがよいと思います。

　依頼までされなくても、一度ご相談いただくという方法もありますので、早めにご相談いただけたら、トラブルが小さいうちに解決できることもあります。

　「こんな段階で相談してくるな」などと言う弁護士はまずいませんので、困ったときにはお早めに、お気軽にご相談ください。

　⑵　**民事の手続**

　内容証明郵便で警告しても止まらないときは、大きく分けて民事と刑事の手続が考えられます。

　まず、民事手続としては、民事保全の申立て、具体的には、面談の強要や、架電（電話をかけてくること）や、会社への立入りや、場合によっては街宣活動などの禁止の仮処分申立てをしたりすることが考えられます。

　また、「相手方が請求してきている債務などないんだ」ということで、債務不存在確認請求訴訟を提起することも考えられます。

　さらに、場合によっては、こちらに損害が生じているということで、損害賠償請求を行うこともあります。

　以上の民事手続の詳細については、48頁（第1部Ⅴ2民事手続）もご参照ください。

　⑶　**刑事の手続**

　次に、刑事手続としては、刑事告訴が考えられます。

　具体的には、脅迫、恐喝、威力業務妨害、偽計業務妨害、名誉毀損、信用毀損などで刑事告訴することを検討します。

　もっとも、いきなり告訴状を作成して刑事告訴をするのではなくて、まずは所轄の警察署に赴いて、相談するのがよいでしょう。赴く先の「所轄の警察署」は、被害を受けているお店や会社（事案によっては従業員の自宅）を管轄している警察署になります。また、担当部署は、事案によって異なりますが、明らかに犯罪被害を受けているといえる状況であれば刑事課、相手方の

属性が暴力団員などの反社会的勢力（と疑われる者）であれば組織犯罪対策課や暴力団対策課、その他であれば生活安全課がよいでしょう。

　なお、もしかすると、「明らかに犯罪の被害を受けているといえる場合でないと、警察に相談しても取り合ってもらえないのではないか」と考えている方もいらっしゃるかもしれませんが、悪質なクレーム等の不当要求を受け続け、本当に困っている場合（特に身の危険を少しでも感じる場合）には、一度警察に相談してみるのがよいように思われます。

　以上の刑事手続の詳細については、47頁（第1部Ⅴ1刑事手続）もご参照ください。

4　まとめ

　本件では、まずは（弁護士に相談や依頼をしたうえで）お客様に対し、内容証明郵便を送って、すでに④で伝えた内容を再度伝えたうえで、「今後も不当要求をやめないようであれば民事上、刑事上の法的手続をとります」などと警告し、それでも要求がやまないようでしたら、民事上の手続（来店禁止の仮処分等）や、刑事上の手続（警察署への相談、刑事告訴等）をとるのがよいでしょう。

　警察署への相談は、念のため、内容証明郵便発送前にしてもよいでしょう。

Ⅱ　クレーマーと面談する際の留意事項

Q7　面談でクレーム対応をする際にはどのような点に注意して対応すべきでしょうか

お客様が当社店舗を訪問してクレームを言い続けます。面談にてクレーム対応をする際の留意点はありますか。また、長時間居座る場合や何度も訪問してくる場合はどのように対応すべきでしょうか。

ポイント

1　クレーマー対応の「人数」については、複数対応が基本である。
2　クレーマー対応の「時間」については、自分が時間決定に関して主導権を握り、時間を限定することが重要である。
3　何度も訪問してくるクレーマーについては、弁護士や警察との連携が重要となる。

回　答

1　店舗（事務所）を訪問してきた場合の対応

クレーマーが突然に店舗や事務所を訪問してきてクレームを言い続けることがあります。その際の対応においては「場所」や「人数」などに留意すべきです。

まず問題となるのが、どこで対応するかという「場所」の問題です。

クレーマーが、窓口や受付など他の顧客も利用する場所で突如として大声で怒鳴り始めた場合には、まずは大声を出さないように注意すべきです。クレーマーは、他の顧客の注目を集めることで担当者を焦らせ、自己に有利に交渉を進めようとすることがあります。注意した結果、穏当に話ができるならば、その場で話を続けることも1つの方法です。なぜならば、そのクレー

マーは、少なくとも「大声を出すことは周囲の顧客に迷惑をかける」という意識をもっていますので、人の目を利用することでむしろ穏当に話合いができる可能性があるからです。

　逆に、注意をしても大声で怒鳴り続け、他の顧客に迷惑がかかるような場合には、別室に移動させるべきです。なぜならば、このようなクレーマーは、先ほど述べたとおり、他の顧客の注目を集めることで担当者を焦らせ、自己に有利に交渉を進めようとしている可能性があるからです。この点、クレーム対応の特に多い企業の中には、録音・録画設備が備えられたクレーム対応用の部屋を用意していることもあります。このような部屋がない場合でも、個室で対応する場合には、密室での暴言・暴力に対抗するために録音の準備はしておくべきです。

　次に、何名で対応するかという「人数」の問題があります。

　結論からいえば、クレーマー対応は複数対応が基本となります。さらにいえば、クレーマーが1人の場合にはこちらは2人、クレーマーが2人の場合にはこちらは3人、とできるだけこちらの人数が多くなるようにしたほうがいいでしょう。

　その理由は以下の2つです。

　まず1つ目は単純に「数の論理」には、心理的に重要な効果があるということです。クレーマー側の人数が多いと、クレーマー側はどんどん強気になってしまいます。特に、クレーマーは自分の要求が正しいと信じ込んでいますので、1対1の関係であれば「自分の言うことが絶対に正しい。自分の言うことを聞かないならば、この担当者がおかしいだけだ」と思い込んでしまいます。

　また2つ目の理由として、役割分担の問題があります。1人でクレーマー対応をすると、激怒するクレーマーの怒りをしずめることや対話をすることに集中する必要があり、肝心な対話内容を後になって正確に記憶・記録していないという問題が生じ得ます。したがって、2人で対応する場合には、1人はクレーマーとの対話役、もう1人は記録役、と役割分担をすべきです。また記録役の方は、冷静に話を聞くことができますので、話の流れがおかしな方向に行った際には元の話に戻すなど、ストッパーとしての役割も果たす

べきです。

2　長時間居座る場合の対応

　クレーマーが長時間居座りなかなか帰ってくれない、ということに悩んでいる担当者、企業は非常に多いと思われます。

　その場合に、一番重要なことは、自分（自社）が時間決定に関して主導権を握るという意識です。クレーマーの話を特に時間を限定することもなく、延々と聞き続ける担当者の方は多いのですが、お勧めできません。

　正当なクレームであっても、大抵の場合には30分、長くとも1時間も話をすれば、事実関係や相手の要求の確認はできます。

　したがって、できればあらかじめに、あらかじめ伝えることができない場合には話の途中でも、「社内ルールとしておひとり様との面談時間は1時間までとなっております」などと言い、時間がきたら「お時間になりましたので」と明確に伝えるべきです。

　いずれにせよ重要なことは、自分（自社）が時間決定に関して主導権を握り、時間を限定する、ということです。

　それでも居座る場合には、繰り返し退去を求めるとともにその状況をきちんと録音すべきです。繰り返し退去を求めたにもかかわらず、居座る場合には、警察を呼ぶことも検討すべきです。その際には、「何時何分頃に退去を求め、その後何度も退去を求めたにもかかわらず退去しない」ということをきちんと説明する必要があります。

3　何度も訪問してくる場合の対応

　クレーマーの中には、何度も繰り返し訪問してくる者もいます。そのような場合には、弁護士や警察との連携が重要となってきます。弁護士に依頼する場合には、まずは内容証明を発送することになりますが、それでも止まない場合には、面談禁止の仮処分を申し立てることも考えられます（Q34参照）。

　また、特に大声を出すクレーマーや素行の悪いクレーマーの場合には、最寄りの警察に相談しておくことも重要となります。警察に相談することに抵

抗感をもつ会社や店舗は多いのですが、真摯に説明すればきちんと協力して
くれる警察官の方も多く、次回以降クレーマーが来た際に連絡すれば、すぐ
に臨場してくれることもあります。また、何らかのトラブル（暴行や器物損
壊）が起きた時にも、こちらの言い分を理解してくれる可能性が高まりま
す。

　以上のとおり、何度も訪問してくるクレーマーについては弁護士や警察
との連携が重要となりますが、いずれにせよ、企業としてはクレーマーとの
対応経緯や対応状況をメモや録音録画で証拠として残しておくことが肝心で
す。

Q8　クレーム対応の電話を録音する際にはどのような注意が必要でしょうか

お客様から商品クレームの電話があった場合に、お客様との会話を無断で録音しても法律上問題はありませんか。また録音するにあたり、どのような点に注意すべきでしょうか。

ポイント

1　顧客の会話を録音するについては、まずは顧客の同意を得ることができる場合は同意を得たうえで録音すべきである。
2　しかし、同意を得られそうにないか、同意を得ることがためらわれる場合には、個人情報保護法に反しないよう、また、プライバシー権の侵害にならないよう留意すべきである。

回答

1　電話録音等の有用性と問題点

顧客のクレームへの対応において、後日、顧客との間で「言った言わない」のトラブルになったり、顧客の言動が脅迫罪・強要罪・恐喝罪等にあたるとして刑事告訴や民事訴訟に発展する場合もあります。そのような場合に備えて、顧客との会話を録音しておくと、その録音テープを証拠として利用することができます。

ただ顧客の同意や事前の通知なく顧客等との通話を録音した場合（無断録音）には、①無断録音は個人情報保護法に違反するか、②そのような無断録音は顧客等のプライバシー権侵害として違法となるか、③無断録音データに証拠能力は認められるか、ということが問題となります。以下、順次検討します。

2　無断録音と個人情報保護法との関係

(1)　無断録音は個人情報保護法に違反するか

　通話内容を録音したデータの中に氏名や顧客番号など特定の個人を識別できる内容が含まれていれば、個人情報保護法にいう「個人情報」に該当します。では、企業が顧客の同意や事前の通知なく顧客との通話を録音すること（無断録音）は個人情報保護法に違反するでしょうか。多くの企業は、個人情報保護法の適用対象である「個人情報取扱事業者」に該当すると思われるので問題となります。

　個人情報保護法は、利用目的を通知・公表する義務は定めているものの、書面により直接取得する場合以外は事後的な通知でもよいとされており（同法18条1項・2項）、同意を得て取得する義務までは定めていません。このことからすれば、無断録音をしても、録音した時点では録音が個人情報保護法に違反することにはなりません。

　ただし個人情報保護法によれば、「個人情報」に該当する顧客との通話内容を録音した場合は、「あらかじめその利用目的を公表している場合を除き、速やかに、その利用目的を、本人に通知し、又は公表しなければならない」（個人情報保護法18条4項）とされています。したがって、企業がウェブサイトや電話の自動音声などであらかじめその利用目的を公表していない場合には、無断録音後速やかに、その利用目的を当該顧客等に通知するか、または公表しなければなりません。

　もっとも個人情報保護法18条4項の適用除外事由に該当する場合には、上記「公表」も「通知」も不要です。

(2)　利用目的の公表・通知に対する考え方

　この点について、本書は、悪質なクレーマーばかりでなく、一般の顧客からのクレームがあった通話を録音する際であっても、個人情報保護法上の「公表」や「通知」をしなくてもよいと考えます（詳細は、藤川元編集代表『悪質クレーマー・反社会的勢力対応実務マニュアル』（民事法研究会・2018年）39頁以下参照）。ただし、後日、この録音をめぐって個人情報保護法の問題が生じないようにするため、社内において、録音はクレーム対応部署の従業員が

クレームを正確に把握するために行うものであること、この録音はクレームをめぐる対応の仕方を社内で協議するためにのみ使用するものであること、クレームの処理が終了した後は録音データを廃棄すること、などを内規（第3部【書式4】参照）で取り決めておくとよいと考えます。

　したがって、はじめは一般の顧客として対応していたところ、途中から悪質なクレーマーに変わってしまったような顧客の通話も、はじめの録音部分を含めて顧客に断ることなしに録音しても、個人情報保護法には抵触しないことになります。

　なお、本書は、上記の場合に個人情報保護法上の「公表」や「通知」をしなくてもよいという立場であって、「公表」や「通知」をすべきではないという立場ではありません。それゆえ各企業が、クレーム対応を含めた顧客等からの通話録音すべてについて個人情報保護法上の「公表」や「通知」をすることを各企業の判断として行うことは、個人情報保護法に関しては全く差し支えありません。

3　無断録音の適法性（プライバシー権との関係）

(1)　無断録音とプライバシー権

　顧客からクレームの電話があったときに、企業が顧客との通話を無断で録音すること（無断録音）が、プライバシー権侵害として違法となるか問題となります。

　プライバシー権の意味については、みだりに私生活（私的生活領域）に侵入されない権利とか、自己に関する情報をコントロールする権利などの見解が有力です。

　たとえば、収入、病歴、学歴、職歴、家族構成、住居、個人の容貌、指紋、声紋など、プライバシー権の保護という視点から考察をすべき個人情報は多々あります。

　プライバシー権は、本来は、個人の権利が国家から侵害されないためのもの、すなわち、個人対国家の関係において考えられるものですが、そのようにして論じられるところのものが私人間（会社と個人）においてもほぼ同様な内容の権利があるとして論じられることから、以下の論述は、私人間の関

係においても妥当するものとして進めます。

　ところで、個人情報を保護すべき要請は絶対的に無制約であるものではなく、これと対抗する他の権利を守ることとの対比によってその制約のあり方が決められるべきものです。そして、さまざまな個人情報でも、極めて厳格に守られるべきものから他人による入手が比較的容易なものまで、その保護の程度は一様ではありません。

　⑵　**プライバシー権の対象**

　では、無断録音は、どのように考えるべきでしょうか。個人の声、発言内容も個人情報の1つとしてプライバシー権の対象であるといえます。通話において相手方によって録音されると、個人の声紋を確保されてしまうことのほか通話中の発言が収録されると、あやふやな知識のまま発言したことや一時の感情的な発言が固定化されてしまい、その通話中の発言が本人の真意とは異なるように固定化されてしまうという不利益を受けることがあります。

　⑶　**通話録音データの管理と適法性**

　しかしながら、企業が顧客のクレームを録音する場面に限って考えてみると、まず、一般の顧客からのクレームを企業が録音することについては、企業としては、クレームを正確に把握したうえでクレームに対して適切に対応する必要があり、このことは顧客にとっても利益になることです。また、録音の目的は、あくまでもクレームに正しく対応するためにクレームを正確に把握するためです。さらに、録音を聞く人の範囲は、クレーム対応の部署の者に限るものとし、しかも半永久的に録音を保存するのではなく、クレーム処理が終了した場合には消去するとしておきます。このように限定された範囲でならば、無断録音したとしても個人のプライバシー権が不当に侵害されたことにはならず、無断録音は違法とはいえないでしょう。

　⑷　**企業防衛の観点からみた通話録音**

　次に、企業が悪質クレーマーとの通話を無断録音した場合はどうでしょうか。

　一般の顧客からのクレームとは異なり、企業としては企業防衛の必要があります。そのためには、悪質クレーマーからどのような発言がなされたかを正確に記録化し、もし後日訴訟にでもなった場合には録音に基づく客観性の

ある証拠が必要です。これに対し、悪質クレーマーのプライバシー保護の利益は小さいと考えられますので、無断録音は違法とはいえないでしょう。

4　関連問題

(1)　「この会話を録音しているのか」と質問されたときの対応

関連する問題として、無断録音しているときに、当該顧客等から「この会話を録音しているのか」と質問された場合にどのように対応すべきか、というものがあります。

この場合には録音していることを正直に認めたうえで、「相談対応の適正さを確保するため、通話内容を録音させていただいております」とか、「後日のトラブルを避けるため、お客様との会話内容を録音させていただいております」と回答し、当該顧客等から理解を得るよう努めるべきです。

(2)　「録音するな」と言われたときの対応

それにとどまらず顧客等から、「録音するな」と言われた場合には、どのように対応すべきでしょうか。

この場合にも、まず上記と同様に通話録音の目的を説明して、理解を得るよう努めるべきです。しかし上記説得にもかかわらず、顧客等が納得しない場合には、どうすべきでしょうか。

悪質クレーマーが相手の場合には、通話内容を録音しておく必要性が大きいといえます。そこで、会社としてはあくまで「録音させていただきます」として録音を継続することも1つの方法です。また、通話を打ち切ることも1つの方法です。これに対して一般の顧客との通話については、無理矢理録音しておくまでもないので録音を中止し、録音に関して顧客とトラブルを起こさないようにしたほうがよいと思われます。

(3)　「録音しない」という合意の効果

逆に顧客等との間で録音しないことについて明示的な約束をした場合は、契約の効果として録音することが禁止されますので、録音は違法と評価されることになります。

5　無断録音データの証拠能力

⑴　無断録音データの証拠能力

　訴訟において無断録音されたテープ等の録音データが証拠として提出された場合に、プライバシー権を侵害し違法に収集された証拠であるから、証拠能力（裁判所の証拠調べの対象となりうる資格）がないと争われることがあります。

⑵　民事事件の裁判例

　この点に関して民事事件では、無断録音データの証拠能力を認めた裁判例が多数存在します。

　裁判例の中では、無断録音データの証拠能力を判断する基準としては、著しく反社会的な手段を用いて収集されたか否か、というものが多いようです。

　裁判例の詳細については、前掲『悪質クレーマー・反社会的勢力対応実務マニュアル』43頁以下をご参照ください。

⑶　刑事事件の裁判例

　刑事事件の裁判例の多くは、会話当事者間では相手方は聞くことを容認されており、会話内容の秘密性は会話の相手方に委ねられているという前提に立ったうえで、無断録音の目的、対象となる会話内容の性質、方法等を考慮して、無断録音の適法性を判断しており、無断録音の適法性が認められた場合には、その無断録音データの証拠能力も認めています。

　裁判例の詳細については、前掲『悪質クレーマー・反社会的勢力対応実務マニュアル』44頁以下をご参照ください。

Q9 クレーム対応中に顧客が写真撮影や動画撮影をした場合にはどのように対応すべきでしょうか

当社の担当者がお客様のクレーム対応をしている際に、「証拠を残すためだ」などと言って、当社担当者を写真撮影や動画撮影するお客様がいます。どのように対応すべきでしょうか。

ポイント

1　肖像権または施設管理権を根拠として撮影行為の中止を要求する。

2　撮影行為が中止されない場合は、クレーム対応を打ち切ることも検討する。

3　撮影動画がインターネット上に投稿されてしまった場合には、削除請求や損害賠償請求を検討する。

回答

1　クレーマーはなぜ撮影を行うのか

悪質クレーマーが写真や動画の撮影を行う理由は多種多様ですが、大きく分けて、2つの視点から分類できるように思います。

1つは、撮影を行った結果としての、写真や動画を手に入れることが目的の場合です。たとえば、自らの「正しい」主張に対し、相手が「間違い」を認めたという証拠を残して精神的な満足感を得たい。相手による謝罪を映像として残し、謝罪の仕方が悪い、あるいは非を認めたとインターネット上で拡散して相手を貶めたいなど、愉快犯的な目的のクレーマーもいると考えられます。

もう1つは、撮影行為そのものが目的である場合です。カメラを向けることで相手を委縮させ、優位に立ちたい。撮影行為への反発を引き出し、さらなるクレームの契機としたいといったことが考えられます。

　現に相対しているクレーマーが、これらのいずれの目的をもって撮影行為を行っているのか見極めることは容易ではありません。以上にあげた中に含まれない目的をもっている可能性もありますし、複合的な目的があったり、または、目的といえるほどしっかりとした意識をもっていない場合も考えられます。したがって、「目的を問いただし、理がないことを論す」というアプローチは現実的ではありません。「目的が何であれ、撮影行為は許されない」という主張を行うべきです。

2　撮影を拒絶する権利

　撮影行為を行おうとするクレーマーに対しては、以下の根拠から撮影が認められないことを主張することが考えられます。

⑴　肖像権

　憲法13条は、個人がその承諾なしに容貌・姿態を撮影されない自由を保障しています（最大判昭和44・12・24判時577号18頁）。これは、いわゆる肖像権と呼ばれる権利であり、同意なく撮影を行うことは民事上の権利侵害となる場合があります（最判平成17・11・10判時1925号84頁）。

　撮影行為が違法な肖像権侵害となるかどうかについては、その撮影の目的や方法、場所等によって判断が分かれるところです。しかし一般的に、クレーマーが撮影を行うことには、目的の正当性がありません。さらに担当者の拒絶を押し切ってまで撮影を行う場合には、手段も度を越しているものとして、撮影行為が違法と判断される可能性が高いといえます。

　したがって、クレーマーに対しては、撮影行為が担当者の肖像権を違法に侵害するものであるとして、中止を求めることが考えられます。

⑵　施設管理権

　また、店舗や事務所内での撮影行為に対しては、施設管理権に基づいて撮影の中止を求めることも考えられます。

　施設管理権とは、物件に対する所有権または占有権の一内容であり、企業が当該施設を業務目的に適合するよう維持・管理する権限です。たとえば、動物園でフラッシュを用いた撮影を禁止したり、美術館や図書館等で「館内ではお静かに」という呼びかけを行ったりすることは、施設管理権が根拠と

されています。

　企業の店舗や施設内で写真撮影や録画撮影が行われてしまうと、社内の機密が漏れる可能性があります。担当者としては、その場に撮影されて困るものが存在しないか確認する必要がありますし、その作業自体に多大な労力を要することになるでしょう。したがって、撮影行為を一律に禁止することは業務を円滑に遂行するうえで必要かつ合理的な処置といえますから、施設管理権に基づいて撮影禁止を求めることが可能と考えられます。

3　撮影を継続された場合の対応

　以上のような対応にもかかわらず、強行的に撮影行為が継続されてしまった場合には、どのように対応すべきでしょうか。

　基本的には、あくまでも冷静な態度を崩さず、肖像権または施設管理権に基づく中止の求めを継続すべきです。相手方が撮影を行いつつ、具体的なクレーム内容の話に移ろうとしても、撮影行為が中止されない限りは対応すべきではありません。クレーマーが撮影行為に固執するようなら、対応を打ち切ることも視野に入れるべきです。このように適切な対応をとっていれば、動画が残ってしまっても裁判上では不利にならず、炎上リスクも高くはありません。むしろ、その映像から相手方の横暴な態度が浮き彫りになるでしょう。

　撮影動画がSNSや動画投稿サイトに投稿されてしまった場合には、直ちに、運営会社へ削除請求を行うことが必要です。場合によっては弁護士に相談し、クレーマーに対して、肖像権の侵害を理由とする損害賠償請求を行うことも検討すべきです。撮影動画がSNSや動画投稿サイトに投稿されてしまった場合の法的対応については、Q25、Q27をご参照ください。

Q10 顧客の代理人を名乗る者からのクレームに対してどのように対応すべきでしょうか

> 当社に寄せられるクレームの中には、お客様ご自身がクレームを言ってくる場合だけではなく、代理人の方がお客様の代わりにクレームを言ってくる場合もあります。その場合もお客様本人の場合と同様に対応してよいのでしょうか。

ポイント

1　会社として顧客の代理人として許す者の範囲をあらかじめ決めておく必要がある。
2　代理権の確認をおろそかにすると顧客の個人情報漏えいの問題が生じかねない。
3　相手方が代理人を名乗る場合には、顧客本人の場合よりも特に慎重な対応が必要である。

回　答

1　代理人として許す者の範囲の問題

クレームを言ってきた者が、顧客本人ではなく顧客の代理人を名乗る場合には、まず代理人として許す者の範囲が問題となります。具体的には、本人の配偶者や三親等内の親族など本人と一定の関係がある者に限って代理人と認めるのか、それともそのような限定をすることなく本人からの委任があれば代理人として認めるのか、などの問題です。

この点は、会社の業種やサービス内容によっても対応が変わってきます。扱う商品やサービスの財産的価値が大きい場合や、扱う情報が個人情報にかかわる場合などは、より慎重な対応が求められます。具体的には、銀行や保険会社など金融商品を扱う業種は、扱う商品の財産的価値が大きいため、代理人の範囲を限定しているケースが多いです。また、病院や介護施設など、

扱う情報が重大な個人情報にかかわる業種も代理人の範囲を限定している
ケースが多いです。

　一方、スーパーマーケットやアパレル関係などは、扱う商品の財産的価値
がそれほど大きくなく、かつ、個人情報もそれほど保有していないことが多
いため、特に代理人として許す者の範囲を限定していないケースが多いで
す。

　このように代理人として許す者の範囲をどこまで認めるかについては、会
社の業種やサービス内容に応じて決めるべきですが、大事なことは会社とし
てあらかじめその範囲を決めておき、従業員に周知しておく、ということで
す。たとえば、ある顧客対応では特に限定をすることなく代理人と認めて対
応したにもかかわらず、別の顧客対応では限定を付して代理人と認めず対応
しなかったなどのバラつきが生じてしまうと、そのこと自体がさらなるク
レームの火種となりかねません。

　したがって、会社として一律に代理人として許す者の範囲を決めて、従業
員に事前に周知しておくことが重要となります。もっとも、代理人として許
す者の範囲を制限することで、顧客の正当な権利行使が妨げられることのな
いように留意することも必要です。

2　代理権の確認方法

　代理人を名乗る人物が、真に代理権を有する者であるか否かをしっかりと
確認することも重要となります。なぜならば、代理人でない人物を代理人扱
いすることで顧客の個人情報を与えてしまえば、企業側の個人情報漏えいの
問題が生じてしまいます。また、代理人でない人物と損失補償の話を進めて
しまうと、真に損失補償されるべき顧客が損失補償されず、全く関係のない
人物に金銭が支払われてしまう、という事態も生じかねません。

　したがって、代理人を名乗る人物が代理権を有していることをしっかりと
確認する必要があります。

　代理権を確認する方法としてどこまで厳格な方法をとるかについても、会
社の業種やサービス内容によって変わってきます。

　銀行や保険会社などの扱う商品やサービスの財産的価値が大きい場合や、

病院や介護施設などの扱う情報が個人情報にかかわる場合などは、代理権の確認についてもより厳格な対応が求められます。具体的には、本人の実印が押印された委任状とともに本人の実印の印鑑登録証明書（３カ月以内に発行されたものの原本）を徴求するケースも多いです。さらに、本人と代理人それぞれの身分証明書を要求するケースもありますし、それに加え本人との関係を示す書類（住民票や戸籍謄本など）を要求するケースもあります。

　上記のような厳格な対応をとれば、代理人を名乗る人物が代理権を有していることを正確に確認することができます。一方で、上記のような厳格な対応のデメリットもあります。徴求する書類が多いため迅速な対応ができず結果としてクレームがエスカレートすることもありますし、徴求する書類自体に重要な個人情報が記載されているため、その保管や処分を適切に行う必要性が生じます。

　したがって、スーパーマーケットやアパレル関係など、扱う商品の財産的価値がそれほど大きくなく、かつ、個人情報もそれほど保有していない業種の場合には、上記のような厳格な対応をとることは適切ではないかもしれません。

　ただし、その場合でも委任状を徴求する、電話での本人確認を行うなど最低限の代理権の確認は行うべきです。

　代理人として許す者の範囲の問題と同様に、会社として代理権の確認方法についてもあらかじめ決めておき、従業員に事前に周知しておくことが重要となります。

3　代理人の場合は特に慎重な対応が求められること

　顧客本人ではなく代理人が苦情を言ってきた場合には、顧客本人の場合よりも特に慎重な対応が求められます。

　まず、そもそも軽微なクレームについては、代理人ではなく本人が直接クレームを述べるケースが多いといえます。なぜならば、顧客にとってもわざわざ代理人を介入させること自体が手間であり、単純に一言文句を言いたいなどの軽微な苦情に代理人を入れるケースはそれほど多くないからです。したがって、代理人が介入してきているクレームは、顧客本人からのクレーム

に比べて、類型的に厄介なケースが多いといえます。

　また、「本人と代理人との関係性」についても注意すべきです。たとえば、本人の配偶者や同居の親族などが代理人となっている場合は、それほど不自然ではありません。一方で本人の友人を名乗る者や、よくわからない団体を名乗る者が代理人となっている場合には注意が必要です。なぜならば、友人やよくわからない団体の者がわざわざ他人のクレームに介入する意味があるのか疑問がありますし、何らかの見返りを求めている可能性もないとはいえないからです。したがって、「本人と代理人との関係性」が不自然な場合には、金銭等を要求されるおそれが高まりますので、慎重に対応する必要があります。

　さらに「本人ではなく代理人が対応する理由」についても注意すべきです。たとえば、本人が病気で動けない、本人が仕事で忙しくて平日は対応できない、本人が遠方に転居したため訪問できないなどの理由であれば、一応の合理性はあります。しかし、「本人ではなく代理人が対応する理由」を聞いても、明確な理由を答えることができない場合や不合理な説明しかできない場合には、何らかの見返りを求めている可能性もないとはいえず、金銭等を要求されるおそれが高まりますので、慎重に対応する必要があります。

　とりわけ、先述した「本人と代理人との関係性」も不自然であり、かつ、「本人ではなく代理人が対応する理由」が不合理な場合には、金銭などの要求を目的とした悪質クレーマーが介入しているおそれが高まりますので、特に慎重な対応が必要となります。

Q11 書面による謝罪文や念書等を要求された場合にはどのように対応すべきでしょうか

クレーム対応をする中で、お客様の中には口頭の謝罪だけでは納得せず、書面による謝罪文や念書を執拗に要求してくる方もいます。そのような書面を作成してもよいのでしょうか。

ポイント

1　適切な謝罪をすることは悪いことではないが、謝罪文や念書などの書面は安易に作成するべきではなく、作成する際には十分な検討が必要である。

2　書面を作成する際には、二次クレームのリスクはないか、ネット炎上のリスクはないか、裁判で不利な証拠として扱われるリスクはないか、などを検討すべきである。

回　答

1　安易に文書を渡すことのリスク

交渉の初期段階で謝罪文や念書を安易に作成すべきではありません。これは悪質クレーマーの常套手段です。

もちろん、適切な謝罪をすることは、悪いことではありません。特にクレーム対応の初期段階においては、謝罪をすることで相手の怒りが和らぎ、冷静な話合いにつながるということもあるでしょう。

それでは、なぜ書面での謝罪を勧めないのか。それは、3つのリスクがあるからです。

⑴　二次クレームの契機となるリスク

1つ目のリスクは、クレーマーにさらなる怒りの契機を与えてしまうことです。悪質クレーマーはいったん謝罪を受けても、今度は「謝罪の仕方が悪い」というクレームを始めることが多々あります（これを、二次クレームといいま

す)。二次クレームのリスクは口頭での謝罪を行った場合にもあるのですが、書面を残してしまった場合は特に危険でしょう。悪質クレーマーは書面の些細な表現や内容を、目を皿にして確認し、「行き届いていない」点を探そうとするからです。書面を渡し、持ち帰らせることは、新たなクレームを検討する時間と材料を与えることになります。

(2)　SNS等で拡散してしまうリスク

2つ目のリスクは、SNS等での拡散の危険があることです。悪質クレーマーは、謝罪文や念書をインターネット上に掲載することがあります。書面の内容が適切なものであれば問題はないと考える方もいらっしゃるかもしれません。しかし、クレーマーはウソと真実を巧妙に織り交ぜたストーリーをつくりあげ、自らの正当性をアピールしようとします。また、いかにクレーマーの主張が無理筋なものでも、謝罪をしたという事実だけが広がり、批判が巻き起こることもあります。

もちろん、内容をよく読み、事実確認をして企業を擁護する人もいるでしょう。ですが、次は批判派と擁護派の間で争いが始まります。躍起になった批判派が企業にクレームを入れ始めるということもあるかもしれません。本来の当事者同士とは関係のないところで悪感情が燃え広がり、矛先が企業に向かう。これが、いわゆる「ネット炎上」の一側面です。

炎上が起こることによってダメージを受けるのは、企業と、他でもないクレーム対応担当者です。SNS対応全般にいえることですが、「まともな人はわかってくれる」という認識は危険でしょう。書面を渡すことで、目の前のクレーマーだけでなく、社会のさまざまな人がそれを目にする可能性がある、ということを頭においておくべきです。一番簡単な考え方はそもそも書面を渡さない、ということです。

(3)　裁判上のリスク

3つ目は、裁判上の争いにまで発展した場合のリスクです。謝罪文や念書が証拠として提出され、これにより、訴訟の情勢が不利になることがあります。もちろん、これらの書面の存在から、即座に責任があると判断されることはほとんどありません。問題なのは、事実がはっきりしない場合の「足がかり」に使われる可能性があるということです。

　裁判所は、両当事者の主張が食い違っている場合、書面等から判断される「はっきりとした事実」を足がかりとして事実の認定を行います。謝罪文や念書を証拠として提出すると、「企業側が○○という内容の書面を渡した」という、はっきりとした事実はあるのだから、クレーマー側の主張にも信用できる点がある、という判断がなされる可能性があります。敗訴リスクを少しでも減らすという観点からも、書面を渡すべきではありません。

2　書面作成上の留意点

　以上の３つのリスクを考慮してなお、書面を作成せざるを得ないという場面もあるかも知れません。そのような場合には、何を注意すべきなのでしょうか。

　冒頭で、「適切な」謝罪をすることは悪くないといいました。書面による謝罪をする場合にも、このことは変わりません。しかし、何が適切かというのはケースによって千差万別であり、明確に定義することはできないものです。少なくとも、書面を作成することによって事実を認めることにならないか、法的責任を認めることにならないか、などは必ず確認すべきです。その際には、担当者限りで判断するのではなく、企業として慎重な検討が求められます。

　悪質クレーマーは、常に企業側のミスを探し、自らが有利になるチャンスを狙っています。クレーマーが謝罪の言葉に飽き足らず、書面という「物」を求めているというからには、その点に何らかの意味があるのではないか、と警戒して対応することが重要です。

Ⅲ　クレーム対応の具体的な方法

Q12　出入禁止にした顧客が店の前で拡声器を使い騒いだ場合にはどのように対応すべきでしょうか

レストランを営んでおります。あるお客様が、何度か注意しても、しつこくウェイトレスに声をかけ、お尻を触るまでしたので、出入禁止にしました。そうしたところ、不定期ですが、その方が、店の前に来て、拡声器で店の料理や接客態度の悪口を言うようになりました。やめるように言っても1時間は続けます。警察官に話をしてもらったのですが、改まることはありません。当然、他のお客様の迷惑になりお店の売上げも落ちますし、ウェイトレスも怖がっています。何とかならないでしょうか。お客様のお名前は名字だけ伺っています。

ポイント

1　第1部で述べたような法的手続をとることを検討する。

2　事実の調査や証拠保全が必要です。

回　答

1　法的対応の必要性

ここまでに至ると後述するような法的手続をとらざるを得ないものと考えます。お店に実害が生じていますし、従業員も怖がっているのですから、毅然とした対応をとることが経営者としての責務です。

2　法的対応

とるべき法的な手続は、47頁（第1部Ⅴ法的対応）で述べているとおりです。

この事例にあてはめて検討します。

(1)　弁護士による警告

まず、弁護士が代理人として、クレーマーに、妨害行為は違法であり、やめるべきこと、やめない場合は妨害行為禁止の仮処分や損害賠償請求、刑事告訴などの法的手続に及ぶことを警告する内容証明郵便を送付する方法があります。

(2)　仮処分

民事上の法的手続の１つである仮処分は、妨害行為禁止の仮処分となります。

大要、「債務者（クレーマー）は、債権者の店舗の入口から半径○○m以内（別紙図面の円内）において、徘徊し、拡声器を使用したり大声を張り上げたりして、「～」などの文言を用い、債権者の営業を妨害し、または信用を毀損する一切の行為をしてはならない、これに違反した場合は債権者に対し１回あたり○○万円の金員を支払え」という仮処分命令を求めることになるでしょう。この金員（間接強制金）の額は個々の裁判所の判断になりますが、数十万円程度と思われます。

仮処分の申立てにおいては、クレーマーがどこでどのような妨害行為をしていたかを写真や報告書によって疎明する必要があります。これは仮処分の必要性に加え、防害行為を禁止する範囲を定める根拠にもなります。このためにも証拠保全が大切になります。妨害行為がなされたときはそのつど写真をとり、録音・録画をする、日時・内容を報告書などで記録するなどしてください。これは仮処分の場合に限った話ではなく、本案訴訟（通常の民事訴訟のことです）、刑事手続、これらに至る前に方針を検討するためにも必要なことです。

仮処分の発令には担保が必要になりますが、数十万円程度でしょう。10万円とする事例もあるようです。

仮処分発令の後に、クレーマーが禁止命令に違反した場合、クレーマーに対し間接強制金の強制執行ができますので、これが抑止力になります。

(3)　本案訴訟

本案訴訟でも、妨害行為を禁じる同趣旨の判決を求めて訴訟を進めること

になりますが、加えて損害賠償請求も行うことができます。これは間接強制金とは異なり、これまでクレーマーが行ってきた営業妨害により、お店に生じた逸失利益や毀損された信用を填補するための損害賠償請求です。

　本案訴訟は、あなたが進んで自ら行うことができますが、仮処分がなされている場合、クレーマーから、あなたに対し本案訴訟を一定期間内に起こせとの起訴命令の申立てがなされて、本案訴訟をしなければ仮処分が取り消されるため、訴訟提起をすることになることもあります。また、本案訴訟では、禁止判決違反に対する間接強制金を命じる判決ではないので、間接強制金を課すには判決取得後別途手続をとることになります。

(4)　刑事手続

　刑事手続としては、信用毀損・業務妨害（刑法233条）、威力業務妨害（刑法234条）として被害届や刑事告訴をすることになるでしょうが、設問の事案で、逮捕まして起訴に至ることは残念ながら多くはありません。しかし、その可能性はゼロではないこと、捜査の段階で警察からクレーマーに接触がなされ、これが抑止力になり得ることから、行うことを検討してもよいでしょう。妨害行為がなされているとき、警察に通報すれば、警察官が臨場することも期待できます。

　ただ、デメリットとしては、警察に働きかけたことがクレーマーに明らかになっても、クレーマーに不利益が及ばない場合、逆効果になることが考えられ、この点からの考慮は必要です。しかし、警察に相談すること自体にはデメリットはないと思います。

(5)　クレーマーの特定

　ところで、これらの手続をとるにあたり、顧客名簿などでこのクレーマーの住所・氏名が判明していればよいのですが、そうでない場合、クレーマーの氏名と住所を特定することが通常必要になり、そのための調査を行うことになります。

　店の前まで来ているのですから、暴行を受けるなどの不安がなければ本人に問いただしてみること、そこから探偵・興信所などに依頼して自宅まで尾行すること、過去の予約の際に電話番号を控えていたならば、また支払いの際にカードを使っていたならば（この場合、カード名義はわかるでしょう）、弁

護士会照会などで電話会社や信販会社に問い合わせをすること、警察に問い合わせてみること、ある程度の情報が得られたならば役所に行き住民票を取得するなどの方法が考えられます。尾行の是非はクレーマーのプライバシーの問題があると思いますが、このような場合であれば許されると考えます。ただし、安全上の見地からご自身でなされることは避けてください。

　もっとも、いずれの方法も確実な手段とは言い切れません。手を尽くしても判明しないこともあるでしょう。そうした場合でもある手がかりをもったうえで、訴訟提起を行い、裁判所からの調査嘱託で住所・氏名の特定を試みるという方法もあり得ます。裁判例では、だまされてＡという名の口座に送金した者が、調査を尽くしたけれども、だました者の住所・氏名がわからなかったときに、被告を住所不詳・Ａと表示して訴訟提起したことが例外的に適法とされたものがあります（名古屋高金沢支決平成16・12・28LEX/DBTKC法律情報データベース）。また、「民事訴訟の当事者は、判決の名宛人として判決の効力を受ける者であるから、他の者と識別することができる程度に特定する必要がある。自然人である当事者は、氏名および住所によって特定するのが通常であるが、氏名は、通称や芸名などでもよく、現住所が判明しないときは、居所または最後の住所等によって特定することも許されるものと解される」とする裁判例（東京高判平成21・12・25判タ1329号263頁）もありますので、まず手を尽くすことが大事ですが、クレーマーの住所・氏名が完全に明らかではないからといって直ちにあきらめる必要はありません。

　以上は民事手続の話です。刑事手続においては、住所・氏名不詳であっても、そのまま逮捕・起訴・裁判がなされていますので、しばしばクレーマーが店舗前に訪れている本件では、大きな問題ではないといえます。

Q13 過剰サービスを要求する顧客に対してどのように対応すべきでしょうか

　携帯電話のお客様窓口をしています。お客様は、年配の方が多く、LINEの使い方や、メルカリへの出品や購入の仕方などを相談してこられます。携帯電話窓口の本来の仕事ではないのですが、お店がすいているときにサービスでお教えしたことがあり、それ以来いろいろなアプリやサイトの利用の仕方を尋ねてこられるようになりました。窓口は、だいたい予約で一杯で、いちいち答えていては他のお客様に対応できなくなりますし、世間話もしてくるので、従業員としても負担は大きいです。そこで、一度お断りをしたのですが、「いままでは教えてくれていたじゃないか」、「孫に連絡できなくなる。どうしてくれるんだ」、「年寄りをいたわるという気持はないのか」などと怒鳴り、順番待ちをしていた（用事もないのにいらっしゃる方もいます）他の年配の方も、この人に同調して従業員に詰め寄ってきました。このようなことでも教えて差し上げなければならないのでしょうか。今後、どのようにすれば業務を円滑に進めることができるでしょうか。

ポイント

1　企業が組織として、方針や対応を決定し実行しなければならない。
2　過剰サービスの要求に対する断り方の社員研修やマニュアル作りを行う。

回答

1　組織的対応の必要性

お客様窓口ということであれば、ある程度の人員があり会社の一部署、あるいは会社そのものとしての営業であろうと思われます。そのような場合、末端の従業員に顧客対応をすべて任せてしまうと、多くの負担を与えること

になりますし、間違った対応をしてしまうことにつながります（28頁以下（第1部Ⅵ1(1)はじめに）参照）。会社として、組織としての対応が必要です。

2 サービスの限定

まず、前提として、御社が提供するサービスは何なのか確定し限定しましょう。サービス業として若干違和感を感じるかもしれませんが、過剰サービスをやめるのであれば、それを超えたサービスは提供しないと決め、徹底してほしいと思います。「法的には、御社で提供しようと決めたサービス提供をすれば足り、それ以上のことを求められても、応じてもよいが、過去にそのようなサービスを行っていたとしても、応じずとも責任は問われず、逆に不当クレームとして排除できる」と言いたいところですが、好意であっても、一度それを超えた対応をしてしまうと、顧客にあらぬ期待をさせてしまい、また、他の顧客に提供したサービスを提供しないとなると（顧客平等の要請に反することにもなります）トラブルの元になりますし、法的な義務があると主張され、あるいはそのように裁判所が認めかねませんので、割り切ってください。

3 対応の実践

そして、それを実践するわけですが、企業として提供する・しないサービスの線引きとともに、従業員に断り方を示しましょう。たとえば、範囲外のサポートを求められたときには、「残念ですが、その点につきましては対応いたしかねますこと、会社から指導されております」、世間話やプライベートの話題をふられたときには、「そのようなことにつきましてはお話を控えるように会社から指導されております」、以前は対応していたではないかとの訴えには、「今後は、対応いたしかねますと、会社から指導されております」のように応対をマニュアルにしてもよいと思います。いずれも企業が決めたことを示しています。それをすべてのお客様に一律に実行してください（Q21の5参照）。

そのような回答をすることで、一時的には、かえってやり取りが増えてしまうかもしれませんが、将来的には効率化が進むでしょう。マニュアルでの

回答をしても、対応に窮するお客様が現れた場合は、速やかに上席が対応できる体制を構築しておきましょう。

　また、あらかじめ、「多くのお客様に円滑なサービスを提供するため、○月○日以降は無償サポートを以下のものに限らせていただきますので、ご理解ください。○○株式会社」との旨を店頭や受付に掲示しておいてもよいと思います。

4　まとめ

　本設問は、最近、大手携帯電話ショップにおいて、店舗での一部サポートを有料化すると発表したことを題材としています。全店舗でサポート内容を統一し、当該店舗外で購入した端末については有料サービスとするようです。受けられるサービスが制限されるようにも思えますが、業者としては、本来携帯電話ショップにおいてなされるべきサービスに集中できるわけで、会社・従業員だけでなく、待ち時間が減るなどお客様にも有益な効果がもたらされることが期待されます。

Q14　トイレの使用についてLGBTの顧客からのクレームにはどのように対応すべきでしょうか

クリニックを経営しています。クライアントに性同一性障害の方がいらっしゃいまして、見た目は中年の男性で性転換手術はされていないようですが、女性の格好をして来院されます。当クリニックには男性用と女性用のトイレがあるのですが、ある日このクライアントが女性用のトイレを使ったのを、他の女性のクライアントがいやがって、当院に苦情を申し入れたので、女性従業員の意見も聞き、その方に女性用トイレを使うことをやめてもらいたいと伝えました。するとそのクライアントは、「LGBTを差別するんですか！」と怒鳴って、その日以降、しばしば、支援者と称する人を数人連れて来て、女性用トイレを使わせることと謝罪と賠償を求めて大騒ぎするようになりました。また、そのクライアントが来ないときでも、入れ替わりいろいろな支援者と称する方が来て、同じ要求をしています。他のクライアントや女性従業員が怖がり、クリニックの運営にも迷惑なのですが、どのように対応すればいいですか。事が収まるなら謝罪くらいはしてもいいですが、賠償はいくらが妥当なのでしょうか。余談ですが、行きつけの居酒屋はトイレが男女共用の１つしかありませんが、このようなトラブルはないそうです。

ポイント

1　要求が一概に不当とも言い切れないようであっても、毅然と対応すべきである。

2　要求の内容や態様によっては法的対応も検討する。

回　答

1　正当・不当の判断が困難なとき

近時、性同一性障害などいわゆるLGBTの話題が増えました。種々の立

場や考え方がある問題であり、本件を考える前提としての、トイレ使用の是非の問題でも断定的な判断は難しいと思います。

　参考までに裁判例をみますと、本件のように顧客との関係ではありませんが、職員との関係で、経済産業省が、女性職員への配慮などを理由に、戸籍上は男性・性自認は女性であって性別適合手術前の職員の女性トイレ使用を一部制限した事案において、この制限を違法とするものが出ています（東京地判令和元・12・12LLI/DB判例秘書）。この裁判例では、他の事情も考慮されていますが、120万円の慰謝料が認められました。企業においては、性別を問わず、誰もが利用できる「だれでもトイレ」や多目的トイレを設置している例もみられ、社会的にLGBTへの配慮が現れています。

　他方で、これまで社会において長年にわたって生物学的な性別に基づき男女の区別がなされていて、必ずしも自認する性別によるトイレ等の利用が画一的に認められているとまではいいがたいところです（上記裁判例参照）。労働安全衛生法に基づく規則などでは、トイレは男女別とすることが求められています。本件の女性クライアントや女性看護師の求めも首肯できる点もあり、不快・不安と感じる女性従業員がいるならば、職場環境配慮義務の問題も出ます。かといって、生物学的に性別が女性でない者に、女性トイレの使用を禁じるならば、性の多様性に対する配慮を欠くとの批判が出て、難しい対立の調整を求められます。

　どのような要件を満たせば、生物学上の性別と異にする性として対応すべきか、本人の主張だけで足りるのか、診断書・治療行為・性転換手術・戸籍上の性別変更まで求めるのかという問題もあります。

　この種の問題は、スポーツジムなどの更衣室・公衆浴場・カプセルホテル・シェアハウス・学校・学生寮・留置場・刑務所などでも生じていると思われますが、複数の者が利用する場について、万人が納得する解決は現時点では難しいと思われます。

　さらには、現実問題として、トイレを改修するとしても建物の構造やスペース、規約や契約による制約があります。

　本件も判断に悩ましいところですが、設問のような状況を甘受しなければならないのでしょうか。

2　毅然とした対応

(1)　毅然とした対応の必要性

上記裁判例などに鑑みれば、本件の要求はその内容自体に一定の正当性があるようにも思えます。とはいえ、他のクライアントや看護師が怖がっているというのですから、内容が正当に思えるクレームであっても、数人でしばしばやってきて大騒ぎをするなど態様において相当性を逸脱する要求には毅然とした対応をとらなければなりません。

(2)　対応の限定

本件では、相手方が、単に妨害的な行為を行うだけではなく、トイレ使用や謝罪と賠償などを求めてきていますので、弁護士に依頼して、妨害行為をやめるよう求めることに加えて「本件に関する一切の事項については、クリニックから依頼を受けた弁護士が交渉を担当するので、以後の交渉はクリニックではなく当該弁護士になされるよう」の旨を内容証明郵便等により通知することが有効と思われます。この場合、以後仮に相手方から直接の連絡や要求があっても、すべて当該弁護士に一任しているので対応しない旨告げて、実際にもこれを貫いてください。

弁護士に依頼しないにしても、アポイントなしの来訪には対応しない、対応するにしても複数対応、時間・場所の限定など（43頁（第1部Ⅳ5(2)面談対応の方法）参照）に留意して対応してください。また、本件では、支援者と称する人が来訪するとのことですが、交渉相手は相手方本人か、せいぜい特定の支援者のみに限定しましょう。これらのことは、院長本人だけではなく、従業員含め統一した対応にしてください。

このような対応は、要求内容が明らかに不当とまではいえず、相手方の主張内容に一定の正当性があるようにみられる場合でもとり得るものです。要求態様が相当であってもとることができます。

(3)　法的手続

このようにして交渉ができて双方折り合いがつけば、それで解決ですし、折り合いがつかず、相手方らがなお同様の行為を繰り返すのであれば、47頁以下（第1部Ⅴ法的対応）やQ12で述べたような警告・妨害行為禁止の仮

処分・訴訟、刑事手続などの対応を検討・実施することになります。証拠保全もしておいてください。

(4)　債務不存在確認訴訟

　さらに本件では、相手方が謝罪・賠償などを要求していることから、債務不存在確認訴訟を提起し、紛争を裁判所の土俵に乗せてもよいでしょう。通常の訴訟は、こちらから相手方に対してなにがしかの請求をするのですが、この訴訟は、逆に相手方から要求を受けているときに、そのような要求に応じる義務がないことを裁判によって確認する訴訟手続になります。裁判手続によることで、裁判外での交渉を拒否しやすくなること、裁判所による争点整理・和解手続による合理的な交渉ができること、判決という公の判断を得ることなどが期待できます。仮に敗訴し相手方の要求が一部認められたとしても、それ以上の要求に応じる必要がないことが公に確認されます。損害賠償責任が認められたとしてもその金額が限定されます。

3　まとめ

　本件のように事実関係が明白であっても、相手方の要求が正しいのか否か、要求に応じるとしてもどこまでか判断に迷うことはあり得ることです。そうではあっても、講じるべき対応はあります。

Q15 無断キャンセルした顧客にキャンセル料の請求をするにはどのような対応をすればよいでしょうか

20名程度のお客様が入れる居酒屋を個人経営しています。忘年会シーズンで貸し切り・コースでの予約が入りましたが、何の連絡もなく、予定の時間を過ぎてもお客様はお一人もいらっしゃいませんでした。用意しておいた食材も多くを廃棄することになりました。予約を受けた際に聞いていた電話番号に連絡をしたのですが、予約した覚えはないとの一点張りでした。キャンセル料の請求をしたいのですが、キャンセル料の約束はなく、ウェブサイトにも掲載していません。どのように対応すればいいでしょうか。

ポイント

1　無断キャンセルによる損害は大きく、他の予約を受けられなければ、予約ができなかった他の客の被害ともいえる。
2　キャンセル料の取り決めがなくとも損害賠償請求はできる。
3　無断キャンセルを防止するための対策を講じるべきである。

回　答

1　無断キャンセルの損害

飲食店を予約しておきながら、連絡なく、または店からの連絡を無視して来店しないこと（これを「No Show」と呼ぶそうです）が、飲食業界に与えている損害は年間2000億円、1～2日前のキャンセルも含めれば年1.6兆円にも及ぶとの推計があります（経済産業省ウェブサイト「No Show（飲食店における無断キャンセル）対策レポート」〈https://www.meti.go.jp/press/2018/11/20181101002/20181101002-1.pdf〉）。

キャンセル料を請求する飲食店は少数にとどまっているようですが、法的

にはどのような対応ができるでしょうか。

2　民事手続

⑴　損害賠償請求

まず、予約がなされたことをもって、飲食の提供予約契約が成立し、これを客が一方的にキャンセルしたことをもって、同予約契約の債務不履行責任としての損害賠償請求をなすことが考えられます。仮に予約契約が成立していないと解されたとしても、不法行為による損害賠償請求が成り立つでしょう。

⑵　損害の額

請求できる金額はいくらなのでしょうか。まずは、事前にキャンセル料の取り決めがない場合を考えてみます。損害賠償の額は、原則として、無断キャンセルにより通常生ずべき賠償となります。具体的には、転用不可能な原材料費・食材廃棄費・人件費・逸失利益などの合計と考えられますが、これらの合計は必ずしも予約されたコース代金そのものではありません。

客と店の間にキャンセル料の取り決めがあった場合は、民法の原則では損害賠償の予定（民法420条）としてその金額が損害額となりそうですが、消費者契約法により、キャンセル料は無断キャンセルにより当該事業者に生じる「平均的な損害の額」に制限され、それを超える部分は無効とされます（消費者契約法9条1号）ので、結局は、上記損害額に限定されるでしょう。

また、たとえばウェブサイトやパンフレットにキャンセル料を記載するなど、店側であらかじめこれを定めて客に開示していたとしても、客がこれを認識して了承していたことを立証する必要があり、仮にこれが立証できたとしても上記消費者契約法による制限を受けます。キャンセル料の規定が定型約款（民法548条の2）であるとしても、合理的な内容であることが求められます。

したがって、キャンセル料の取り決めの有無にかかわらず、請求できる損害額に大差はないと思われます。

⑶　請求する場合の対応

そして、この損害額を、裁判内外で請求します。

　その前提として、そもそも予約があったか、電話による予約であればその通話録音、着信履歴の保管、最低限メモ書きで残す、後述4の確認などの証拠保全をしておいてください。損害については、通常作成している帳簿により平均的な損害を立証することになります。

　相手方の電話番号しかわからない場合には、弁護士会照会や裁判所の調査嘱託（Q12参照）による調査を検討します。

3　刑事手続

　刑事的には、そもそも来店する意思がないのに予約をして来店しなかった場合には、偽計業務妨害罪（刑法233条）の成立が考えられ、現に逮捕された事例もみられます。予約時に来店する意思がそもそもなかったことが「故意」として同罪の成立に必要になりますが、同一人物により同種事案が発生していると思われる、予約時に偽名が用いられていたなど悪質な場合には、これが認められる可能性があり、警察への相談・被害届・刑事告訴などが考えられます。

4　防止措置

　以上は無断キャンセルが発生した場合の法的措置ですが、無断キャンセルを防止するため、次のような対策があります。

　まず、予約時に本人確認を行ってください。

　携帯電話の番号を確認し、ここに予約内容の確認を内容とする電話をするか、ショートメールを送ってください。他人の番号であれば身に覚えのない旨の回答があるか反応がなく、存在しない番号であれば電話や送信ができませんので、当該番号が予約した者のものであるかの確認になります。

　お店のウェブサイトの予約フォームなどからの予約であっても、携帯番号の登録を求めて同じ方法で確認してください。メールアドレスでは、必ずしも本人確認のうえ与えられるものではないので、留意が必要です。なお、インターネット上からの予約は、「不特定の者」に送信されるものではないので、プロバイダ責任制限法に基づいては、予約した者の情報の開示を受けることはできません。

　予約をしようとする者が、過去にキャンセルを繰り返したり、無断キャンセルをした者であれば、予約自体を断りましょう。

　ウェブサイトやパンフレットに、キャンセル料金や注意事項を内容とするキャンセルポリシーを記載することも抑止になると思われます。ただし、すでに述べたように、キャンセル料は平均的な損害に限定されますので、それを下回る金額に設定することが、損害額の争いに備える観点からも、相当であると考えます。

　予約時に事前決済や一部料金の前払いを受けていれば、被害回復が図れます。クレジットカード番号の登録を求めて、キャンセルがあった場合にキャンセル料を徴収する方法もあるでしょうが、その方法がとられる旨をキャンセルポリシーに明記したり、予約時に告知するなどして不意打ちにならないようにしてください。

Q16 従業員に個人的な好意や恨みの感情をもつ顧客に対してどのように対応すべきでしょうか

　お客様から女性従業員の接客について苦情があり対応をしていたのですが、現在は弁護士に依頼して裁判になっています。しかし、その女性従業員に個人的な好意や恨みの感情をもったようで、弁護士に依頼後も、当店に電話してきて担当と会わせろとしつこく要求してきます。すでに弁護士にも頼み、裁判にもなっているのでお話しすることはできませんと回答し、弁護士からも警告してもらっているのですが、つい先ほどの電話で、「今から会社に行ってやる、どうなるか覚悟しておけ」と語気鋭く叫ばれて電話を切られました。まさか来ることはないと思うのですが、何かすべきことはあるでしょうか。

ポイント

1　クレーマーが暴行・傷害・殺人行為に及ぶことは十分にあり得るので留意する。
2　その認識のもとで万全な対策を講じなければならない。

回　答

1　生命・身体の現実的危険

　「殺してやる」などの明確な脅迫がなくとも、設問のような言動があれば、クレーマーが従業員等の生命・身体を害そうとしている、その可能性があるものと考えるべきで、まさか実際に暴行に及ぶことはないだろうと高をくくってはなりません。裁判が継続しており、弁護士からの警告もあるのに、このような言動をなすクレーマーは尋常ではありません。

　クレーマーの迷惑行為には種々の類型がありますが、あるアンケートでは、クレーマーによる迷惑行為約 3 万5000件の内、暴力行為が4.2％、1679件に及んでいるという調査結果があります。

　現に、客に雑炊の作り方で因縁をつけられ、店主が殺害された事件があり
ました。飲食店従業員に謝罪に来いと呼び出し、後頭部を蹴るなどして全治
２週間の傷害を負わせた事件、市役所で「行政は不手際を認めない」などと
常習的にクレームをつけていた者が、市の職員に胸を押し付け転倒させ足な
どに軽傷を与えた事件、男性が区役所職員の対応を不服として消火器を噴射
した事件などもあります。

　また、妄想による被害者意識・逆恨みを動機にした殺人・傷害事件はしば
しば報道されるところです。

　クレーマーが従業員等の生命・身体を害するに至ることも十分に考えら
れ、現にその可能性がみられるときにはどのように対応すべきでしょうか。
法的に企業には、従業員の生命・身体の安全を確保すべき義務（安全配慮義
務）があることは他で述べているとおりです。何よりも従業員の生命・身体
の安全を最優先にしなければなりません。そのためになすべきことは以下の
とおりです。

2　生命・身体を守るために

(1)　日常の体制構築

　まず、前提として、本件のようなクレーマーが現れなくとも、後述する防
止体制に加えて、証拠保全の体制を構築しておくべきで、たとえば通話録音
をしておけばクレーマーの脅迫行為が、録画できるカメラ付きインターホン
や設置しておけばクレーマーの来訪が、監視カメラで撮影しておけばそこで
行われた暴行行為が証拠化できます。

　さらに、避難経路の確保、緊急ボタンを押せばガードマンが駆けつけるな
どの警備保障会社との契約、防犯ブザーの設置、避難訓練等の体制構築をし
ておくべきです。

(2)　危険性のあるクレーマーが現れたら

　危険性のあるクレーマーが現れたならば、その氏名や容貌・口調等につい
て情報共有を行い、当該クレーマーによる加害行為がありうること、当該ク
レーマーからと思われる送付物が送られた場合、電話があった場合、訪問が
あった場合、どのように対応すべきか、上記証拠保全をなすことも含めて、

複数で対応する、なるべく直接面談を避けるなど会社全体で方針を決めておきましょう。

　設問のようなクレーマーの場合、押しかける旨の電話がなくとも、弁護士に依頼して訴訟継続しているのに直接の接触を求めてきている時点で、高い危険性が想定されます。非常に不安を感じる従業員もいるはずで、心理的負担の解消のためにも、たとえば次のような対策をとってください。

　クレーマーがこの女性従業員と接触することのないよう、バックオフィスや他の事業所に配置換えをする、可能であれば在宅勤務としてください。

　事前に警察に相談しておけば、警察の速やかな対応が期待できます。犯罪被害防止等即時対応システムといって警察に即時対応すべき対象として登録されれば、緊急時に110番通報をすると、警察に相談の内容が表示され、警察官の現場到着時間がより短縮されます。

　費用はかさみますが、襲撃が高く想定される場合、警備員を配置することもありえます。

　さらに、可能であれば、このような電話がなくとも、危険性のあるクレーマーのターゲットとなったと把握した段階、さらにいえばその段階に至らずとも、事業所を常時施錠、アポなしの訪問には応じないことも検討してください。

　無論、会社・店舗によっては、不特定の者の来訪を許容しなくてはならないため、かかる対応は困難かと思われます。そうであるのならば、なおさら施錠以外の上記体制構築をしておかなければなりません。

　⑶　**前ぶれがあったら**

　そして、本件のような電話があった場合には、事業所を施錠して、迷わず直ちに110番通報をすべきで、これをルール化しておくべきです。現実に、クレーマーが来訪することがなくとも、本件のような電話での発言は脅迫罪を構成すると考えられますし、来訪があったとしても、警察官の臨場が間に合えば被害は最小限にとどまるでしょう。また、この女性従業員が、その場にいるなら事業者内の最も安全な場所や外部に避難させてください。

3 攻撃を受けたときは

以上を整えたうえでも、クレーマーが暴行に及んだ場合はどうするか。

ともかくも、逃げることで生命・身体の安全を確保すべきです。脅迫のうえ来訪するクレーマーは、強固な加害意思とともに凶器を持つ者もいると考えるべきです。これを取り押さえる、説得することは極めて困難で、被害の拡大をもたらしかねません。まずは逃げること、このルールを共有しておきましょう。

あわせて、逃げながら大声をあげる、防犯ブザーをならすなどして、回りに危険を知らせ避難や救護を求めることも必要です。110番通報する、警備会社に連絡できれば、より望ましいと考えます。

もし、直ちに逃げられない、警察等が間に合わないときには、最後の手段として防犯グッズ等による抵抗を試みるほかありません。あくまで最後の手段ですが、催涙スプレー・スタンガン・特殊警棒・さすまたなどがあります。導入する場合は、使用の訓練を行います。

4 まとめ

本件のような事態は万が一と思われるかもしれませんが、失われるのは従業員らの命ですので、十分に対策してください。

Ⅳ　不当要求への対処法

Q17 高額な慰謝料の要求にはどのように対応すべきでしょうか

　私は街の小さなブティックの店長をしています。先日、当店で購入された洋服にほつれがあったとのことで、お客様が当店に再度来られました。私は丁寧に謝罪し、ほつれについては新しい商品と取り替えることで納得いただけましたが、「大切なパーティーに着て行くつもりだったのに着られなかった。どうしてくれるんだ。それに、あんたのその言葉遣いはなんだ。こんな屈辱はない。慰謝料として1億円払え」などと要求されてしまいました。

　言葉遣いが不適切であったと思われる点は何度も謝罪しているのですが、「慰謝料1億円を払え」の一点張りです。どう対応したらよいでしょうか。

ポイント

1　事実確認と法的判断（クレームの原因となっている事実の有無の確認と、それに見合った要求内容となっているか否かの判断）が重要である。
2　こちらに非があれば謝罪し、それによる損害があれば、それに見合った相当な範囲で賠償するが、それ以上は拒絶する。
3　それでも要求がやまないような場合は、債務不存在確認請求訴訟などの法的対応も検討する。

回　答

1　高額な慰謝料の要求

顧客から、商品やサービスの不良等を理由に、慰謝料を要求されることが

あります。

　しかし、この事例のように、買った服にほつれがあった、対応した社員の言葉遣いが気に障るものだった、といったことを理由に、「慰謝料（または迷惑料など）として1億円払え」と要求してくるような場合は、「不当クレーム」と言わざるを得ません。これは、クレームの原因となっている事実が存在したとしても、それに見合った内容の要求となっていないからです。

　また、理由もなくただ単に難癖をつけて高額な慰謝料を要求してくるような場合には、そもそも慰謝料が発生すべき根拠となる事実が存在しない場合の「不当クレーム」ということになります。

2　事実確認と法的判断

　慰謝料の要求があった場合には、クレームの原因となっている事実の有無の確認を行うとともに、相手方からの要求が、それに見合った要求内容となっているか否かの判断が重要になります。

　こちらに落ち度があったか否かの確認とともに、損害の有無や内容の確定のために、要求者から根拠資料や裏付け資料を入手することも必要になってきます。

　この事例でいえば、たとえば、洋服のほつれにいつ気づいたのか、大切なパーティーとはいつ・どこで行われる予定だったどのようなものだったのか、などを確認するとともに、ほつれがあった洋服の現物や実際のパーティーの招待状などを確認する必要があります。具体的なクレーム対応の流れや法的検討については、33頁（第1部Ⅳ4クレーム対応のプロセス（流れ）を意識する）およびQ1～Q6をご参照ください。

3　損害賠償の範囲

　法的検討を行ったうえで、クレームの原因となった事実が存在し、そのクレームの原因についてこちらに非がある場合には、きちんと謝罪し、それに見合った賠償を行う必要があります。ここでいう「それに見合った賠償」とは、法的責任のある範囲内での必要な賠償を行うことをいいます。

　法的責任に基づいて損害賠償しなければならない範囲は、損害が発生して

いることを前提に、行った行為と「相当因果関係」にある範囲内の損害に限られます。この「相当因果関係」とは、「風が吹けば桶屋が儲かる」といったように、ある原因行為があった際に、それによって発生したあらゆる損害をすべて賠償させるというのではなく、原因行為により発生した損害のうち、通常生ずべき損害と、当事者が予見すべきであった特別の事情によって生じた損害について、原因行為を行った者に責任を負わせるという考え方です（民法416条）。

　したがって、何らの理由もなくただ単に難癖をつけて高額な慰謝料を要求してくるような場合には、そもそも慰謝料が発生すべき根拠となる事実（原因）が存在しないため、慰謝料を支払うべき義務はなく、相手方からの慰謝料の要求は拒絶することになります。

　他方で、慰謝料が発生すべき根拠となる事実（原因）が存在し、それに対しこちらに非がある場合には、それに見合った賠償を行うことになります。相手方からの要求額があまりに過大であり、不当要求である場合であっても、そのことによって直ちにこちらの法的責任がなくなるわけではありませんので、必要に応じた賠償は行う必要があります。

　ただし、当然ながら、法的な責任の範囲を超えて、相手方の要求するままに過大な慰謝料を支払う必要はありません。仮に相手方からの強硬で悪質な要求を早く終わらせようとして、安易に相手方の法外な要求に応じた場合には、むしろ、慰謝料をふんだくれると思われ、さらなる不当要求（慰謝料の増額や、異なる損害賠償の要求など）を誘発することになりかねません。あくまでも、責任の範囲内にある要求だけに応じ、それを超える要求には一切応じないことが重要です。

4　事例の具体的な検討

　この事例では、まず、洋服自体のほつれについては新しい商品と取り替えることで話がついています。顧客の話から、売買の目的物である洋服を購入した時点ですでにほつれがあったと思われる場合には、代替物を引き渡すことは適切な対応といえます（民法562条）。

　他方で、物的な被害が生じた場合であっても、特別の事情がない限り、物

的被害に伴う慰謝料は原則として認めないのが裁判所の考え方です。

　また、仮に大切なパーティーが実際に行われていたとしても、売主側のほうで顧客がそのパーティーに着て行くことを具体的に認識していることはほとんどないと思われますので、売主がそのような特別の事情を予見すべきであった場合でなければ、相当因果関係がありませんので、その意味からも、売主は賠償責任を負う必要はありません（民法416条）。

　顧客は、店側（店長）の言葉遣いも問題にしています。この事例では店側の具体的な言動はわかりませんが、顧客が仮に不快感を覚えたとしても、言葉遣いの不適切さや事後対応の不誠実さが少しでもあれば、何でもかんでも慰謝料が認められるわけではありません。

　たとえば、顧客が販売店に電子手帳の電池交換を依頼したところ、電池交換の際に電子手帳内の記憶データを消失させられ、その際の店員の対応も不誠実だったとして、顧客が200万円の慰謝料を求めた事案では、電子手帳に示された方法で電池交換をした店員に過失はなく、また、店員の態度やデーター消滅後の会社の応対に適切さを欠いた点があり、その点につき不法行為を論ずる余地があるとしても、会社が顧客に陳謝の意を表明していることに鑑みてその点は慰謝されたと解するのが相当であるとして、顧客の慰謝料請求を棄却しています（神戸地判平成2・8・8判時1375号124頁）。

　また、顧客が百貨店でクレジットカードを利用して買い物をし、その後、顧客の財布に他人のカードが混入していることに気づいたので、百貨店に連絡をしたところ、百貨店の従業員の不誠実な応対などにより精神的損害を被ったとして、100万円の慰謝料を請求した事案でも、裁判所は、百貨店の従業員の行動が違法であると認めることはできず、消費者保護基本法（現在は消費者基本法）に反するとも認められないとして、顧客の慰謝料請求を棄却しています（東京地判平成16・4・26LLI/DB判例秘書）。

　以上から考えると、この事例では、店側が申し出た洋服の交換（代替物の引渡し）以上に、店側の責任として慰謝料を支払う義務は発生しない可能性が高いと考えられます。

5　「顧客サービス」として積極的な対応をする場合の留意点

　前述のとおり、この事例では、法的にみれば、店側の責任として慰謝料を支払う義務は発生しない可能性が高いと考えられますが、たとえそうだとしても、自社のファンである顧客に対して、あくまでも「顧客サービス」の一環として、何らかの積極的な対応をしたいと考えることもあるかもしれません。たとえば、菓子折りや自己の店舗で使えるサービス券・商品券等で対応することなども選択肢としては一応あり得るところです。

　ただし、一度ある顧客にそのようなサービスを行った場合には、他の顧客にも同様のサービスをしなければならなくなってしまいます。仮に他の顧客と対応が違えば、そのこと自体で顧客の新たな不満やクレームを招く結果にもなりかねませんし、一部であれ不当要求が通ったと考える悪質クレーマーによるさらなる不当要求に拡大していく可能性も十分にあります（悪質クレーマーは、常にそのようなチャンスを狙っています）。事前にルールを明確に定めたうえで、前提事情が同じであれば対応も一律にすべきであり、損害賠償義務を認めて金銭を支払う場合以外には、「顧客サービス」の一環としてであれ、金銭の支払いを行うことは、原則として厳に慎むべきでしょう。

　その他、「顧客サービス」として積極的な対応をする場合の留意点は、Q18で詳述してありますので、そちらもご参照ください。

6　合意書等の作成

　最終的に賠償額や支払条件がまとまった場合には、金額が小さくとも、可能であれば相手方との間で合意書や示談書を取り交わしておくことが望ましいです。

　この合意書等には、具体的な原因となった事実、賠償額やその支払方法を記載するとともに、支払義務があることを明示した金銭のほかには何らの債権債務がないことを確認する清算条項や、今後一切請求をしないことを確約する条項を必ず設けておくべきです。一度要求に応じてもらえたことに味をしめたクレーマー側が、示談成立後に、さらに損害賠償などを要求してくる可能性がありますので、清算条項等により、これを防止する必要があるから

です。

7　その他の法的な対応

　こちらが適切な範囲での賠償を申し出ているにもかかわらず、相手方が、自ら申し出た不当に過大な慰謝料の要求にこだわり続ける場合には、こちらから相手方に対して債務不存在確認請求訴訟を起こすなどの法的対応も検討すべきです。

　債務不存在確認請求訴訟とは、債務を負担すべきとされている側（この事例ではお店側）が、債権があるとして要求してくる側（この事例では過大な慰謝料を請求している客側）に対して、一切債務が存在しないこと、または一定額以上の額を支払う義務がないことを裁判所に確認してもらうために起こす訴訟のことをいいます（51頁（第1部Ⅴ2⑶債務不存在確認請求訴訟）参照）。

　また、こちらが法的な責任の範囲を超えて賠償する意思がないことを明確にしているにもかかわらず、電話や来訪による悪質な要求が繰り返されるような場合には、それを防ぐために、架電・面談強要禁止の仮処分等を申し立てることも考えられます。詳しくは、49頁（第1部Ⅴ2⑴仮処分手続）およびQ34～Q37をご参照ください。

Q18　正当な理由のない交換・返金要求にはどのように対応すべきでしょうか

> 　私は家電量販店の店員をしています。先日当店で電子レンジを購入されたお客様から、「すぐに壊れてしまったので、交換するか、返品するので代金を返してほしい」との要求がありました。詳しくお話を聞いてみると、電子レンジで金属製の食器を使って加熱した結果、火花が発生し、電子レンジが故障してしまったようです。
>
> 　付属の取扱説明書には、火花や発火、故障の原因となるため、禁止事項として金属製の容器は使用しないようにと注意書きがあるのですが、それを読まずに使用されたようです。お客様にそのことをお話ししても、「売るときにそんな説明はしなかったじゃないか。説明しなかったお前が悪い」などと言って、どうしても納得していただけません。どのように対応したらよいでしょうか。

ポイント

1　まずは原因の確認（商品の欠陥やこちらの落ち度によるものか否か）が重要となる。
2　商品の欠陥やこちらの落ち度によるものではないことが判明した場合は、その旨を丁寧に説明して拒絶する。
3　「顧客サービス」の一環として積極的な対応をする場合であっても、ルールにのっとって行い、過剰対応にならないよう留意する。

回　答

1　正当な理由のない交換・返金等の要求

　顧客から、商品やサービスの不良等を理由に、商品の交換や返金などを要求されることがあります。

　しかし、この事例のように、商品やサービスには全く問題がなく、購入者

の落ち度で商品が壊れてしまったにもかかわらず、商品の交換や支払った代金の返還などを要求してくるような場合は、「不当クレーム」といわざるを得ません。これは、こちらに落ち度がなく、そもそも交換や返金等の根拠がないからです。

　また、衣料品店など、お店によっては、一定期間は理由がなくても返品を認めていることもありますが、顧客が、特に合理的な理由もないまま、返品可能期間経過後に返品して無理やり返金を要求してくるような場合には、これも同様に「不当クレーム」ということになります。

2　事実確認と法的判断

　商品の交換や返金等の要求があった場合には、クレームの原因となっている事実の有無の確認を行うとともに、こちらに落ち度があったか否かの判断が重要になります。

　この事例では、すでに詳しく事情を聞いているようですが、実際の場面では、まずは、本当に当店で購入したものか否か、初めて使った際には正常に作動したか否か、どのような状況で使用して故障に至ったのか、故障後の作動状況、事前に取扱説明書を読んだか否かなどを詳しく確認していくことになります（具体的なクレーム対応の流れや法的検討については、33頁（第1部Ⅳ4クレーム対応のプロセス（流れ）を意識する）およびQ1～Q6をご参照ください）。

　なお、仮にこちらに落ち度があった場合には債務不履行による損害賠償義務が生じ得ますし、顧客が契約を解除することも可能です。また、仮にこちらに落ち度がなくとも、商品に欠陥があった場合には、商品の修補や代替物の引渡し、代金の減額等で対応する必要があり（民法562条以下）、製造物責任として生命・身体・財産の損害に対する賠償義務が生じる場合もあります（製造物責任法3条）。

3　正当な理由のない交換・返金要求への対応

(1)　原則として拒絶すべき

　この事例のように、商品やサービスには全く問題がなく、購入者の落ち度で商品が壊れてしまったにもかかわらず無償で新しい商品との交換を要求し

てくる場合や、特に理由もなく返品可能期間経過後に返品して返金を要求してくるような場合には、このような要求には応じるべきではありません。理由を丁寧に説明したうえで、「申し訳ありませんが、そのような対応（交換、返金）はいたしかねます」と述べ、要求を拒絶すれば足ります。

　「お客様は神様である」という誤った顧客至上主義のもと、顧客の要求にすべて応じることが「顧客サービス」ではないことをきちんと理解しておきましょう。

⑵　「顧客サービス」として積極的な対応をする場合の留意点

　ただし、企業によっては、店長の裁量の範囲内である程度の対応をすることを認めているところもあるかもしれません。上記のとおり、企業として、この事例で交換や返金要求に応じることはあり得ないといえますが、顧客からの交換や返金要求等の理由や状況はさまざまですし、現場で法的責任を適切に判断することが難しい場合もありますから、杓子定規に、すべての場合に顧客からの交換・返金要求等を突っぱねるべきだというつもりはありません。企業にとって顧客は大切にしなければならない存在ですから、顧客やリピーター（いわば「企業のファン」）を獲得するために、顧客対応に割かれる時間や労力等との兼ね合いで、企業には法的責任がない（ない可能性がある）にもかかわらず、あくまでも「顧客サービス」の一環として、一定程度の範囲で交換や返金等に応じることは、選択肢としてすべて否定されるものではないように思います（たとえば、衣料品店などで、返品可能期間経過後であっても、サイズ違いであれば交換に応じている場合もあるのではないでしょうか）。

　しかし、「顧客サービス」の一環として積極的な対応をする場合であっても、その裁量の範囲を事前にルール化したうえで、その範囲内でのサービスにとどめるべきですし、安易にこの例外的な対応を行うべきではありません。たとえ「顧客サービス」の一環として企業がよかれと思って対応した場合であっても、悪質なクレーマーであればそれに付け込んでさらなる不当要求をしてくることが考えられます。そうでなくとも、いったんある顧客に対して積極的な「顧客サービス」を行った場合には、他の顧客からも同様の要求があった場合には応じざるを得なくなりますので（特に昨今は、インターネットやSNSで情報が拡散される可能性があります）、「顧客平等の原則」を踏まえ、

他の顧客に対しても同様の対応が可能か否かという観点からの検討も必要になってきます。

　なお、ルール化された裁量の範囲を超えた過剰で特別な対応をすることは、組織に不利益を与えるものであり、また、悪質なクレーマーを呼び寄せることにつながりますので、決してそのような対応はすべきではありません。

　その場を収めようとして安易にクレーマーの要求に応じることは厳に慎むべきであり、「顧客サービス」の一環であれ、事前にルール化されたものがない場合には、やはり、原則どおり拒絶すべきと考えます。

Q19　土下座を要求された場合にはどのように対応すべきでしょうか

当社はレストランを経営していますが、ウェイトレスの手が滑り、料理をテーブルの上にこぼしてしまいました。幸いお客様の洋服を汚すことはありませんでしたので、すぐに不手際を謝罪し、新しく料理を作り直す旨を伝えましたが、腹を立てたお客様がウェイトレスに対して大声で罵詈雑言をあびせたうえ、土下座をして謝れと要求してきました。いくら丁寧に謝っても許してくれないお客様に対して、どのように対応すればよいのでしょうか。

ポイント

1　店員や従業員に非があった場合、それに見合った謝罪は必要である。
2　ただし、土下座による謝罪が相応と思われる場面は通常想定されないため、土下座の要求は拒否すべきである。
3　相応の謝罪をしてもなおも土下座を強要された場合には、警察に通報するとともに、民事と刑事での対応も検討すべきである。

回　答

1　顧客からの土下座要求

　この事例のように、店員や従業員に非があった場合には、それに見合った謝罪をすることは当然ですし、顧客からしても、誰しもまずは謝ってほしいと思うことはある意味当然といえます。しかし、謝罪の方法として「土下座」を要求することは、たとえクレームの原因となっている事実が存在する場合であっても、要求内容がそれに見合っていない場合が多く、「不当クレーム」といわざるを得ない場合が多いと思います。

　しかし、近時、クレーマーが、衣料品店やボーリング場、コンビニエンスストアなどにおいて、店員に土下座を強要し、一部では、店員が土下座する

姿を撮影してインターネット上に掲載したという事例が報道されています。

　UAゼンセン流通部門が2017年6月～7月に行ったアンケート調査（本書巻末参照）では、接客対応をしている流通サービス業の従業員5万878人中、3万6002人（73.9％）が暴言・悪質クレーム等の迷惑行為を経験し、内1580件もの土下座強要事案があったとのことです。また、同じアンケート調査では、悪質クレーム等の迷惑行為を経験した人の約9割がストレスを感じ、その内359人が精神疾患になったことがあると回答しています。

　このような現実を受け、厚生労働省も顧客からの不当クレーム対策の検討に着手し、同省が2020年1月に定めた「事業主が職場における優越的な関係を背景とした言動に起因する問題に関して雇用管理上講ずべき措置等についての指針」（令和2年厚生労働省告示第5号。同年6月1日から適用）の中で「事業主が顧客等からの著しい迷惑行為に関し行うことが望ましい取組の内容」にも触れられたところです。

　土下座を要求するクレーマーは決して珍しいものとはいえませんので、このような場合に備えて対策をしておくことが必要です。

2　土下座要求への対応

　後に説明するように、土下座を強要するクレーマーの行為は、民事上は不法行為、刑事上は強要罪等の犯罪を構成しうるものであり、土下座を強要された店員や従業員は民事上・刑事上の被害者です。土下座の強要は強要される人に対する人格攻撃であり、高度に違法性の高いもので、土下座による謝罪が相応と思われる場面は通常想定されませんので、真摯に謝罪したいとして真に自発的に行う場合は別として、通常は、土下座の要求に応じる必要はなく、断固拒否すべきです。

　すなわち、相応の謝罪をしてもクレーマーが収まらず、罵詈雑言を続け、土下座を強要してくる場合には、それ以上の謝罪や説明をして解決しようとするのではなく、「ご不満のことについて、私どもができる謝罪は以上がすべてです。土下座のご要求には応じかねます。他のお客様へのご迷惑になり、私どもの仕事にも支障が出ますので、お引き取りください。お引き取りいた

1　〈https://www.mhlw.go.jp/content/11900000/000584512.pdf〉

だけない場合には、警察を呼ばせていただくことになります」と告げるのが
よいでしょう。それでも、なおもクレーマーが退去しない場合には、後述す
る犯罪が現に行われているとして、警察に通報し、警察官による警告や逮捕
を求めるべきです。もちろん、緊急性がある場合には、この告知をすること
なく警察に直ちに通報してよいでしょう。

　クレーマーが警察への通報を妨害するようであれば、防犯ブザーを押した
り、他の店員や客にこれを求めたりし、それらもできない場合には、店舗外
に出て警察に駆け込むか、誰かに警察を呼んでほしいと助けを求めるべきで
す。

　土下座を要求するクレーマーは、少なくとも行為時には自己の行為に非が
あると考えていない場合が多く、謝罪以上の不当な利得を得ようと画策して
いる場合もあります。合理的な謝罪や説得に納得することはありませんの
で、被害を回避するには、警察の対応を求めることが最善です。

3　土下座要求への対応のルール化

　罵詈雑言を加えられて土下座を要求された店員は、相当のストレスを感じ
て困惑し、パニックに陥ってしまうこともありますので、土下座要求に対す
る対応は、その都度の現場の判断に委ねるのではなく、他の不当クレーム対
応と同様に、店舗や社内においてあらかじめ対応をルール化しておくべきで
す。

　たとえば、複数で対応して、証拠を保全し、謝罪は店員の落ち度がある部
分に限定してすること、必要に応じて警察に通報することなどをルール化し
ておき、実際に土下座の要求をされた場合には、現場でこのルールに沿った
対応を実行していくことが有効です。

　もっとも、複数対応については、その対応者のうち少なくとも1人はクレ
ーマー対策に相当長けていなければ、有効な対策として機能せず、かえって
被害を受ける店員が増えてしまうだけということにもなりかねません。後述
する事例では、対応した複数の店員が土下座をさせられてしまっています。
むしろ店員のうちの1人が警察に連絡したほうが対策として有効である場合
があります。

　証拠保全については、クレーマーとのやり取りが店舗の防犯カメラで撮影されていれば、それが証拠の１つになります。防犯カメラは、コンビニエンスストアの店舗など、万引きや強盗等の犯罪の防止・証拠保全の必要性・相当性がある場所に設置されていますが、飲食店においても、たとえば、深夜営業を少人数で行う店舗などで導入されている例があります。

　さらにいえば、脅迫を受け強要・恐喝された、あるいは退去を求めたが応じてもらえなかったなどの事実は、発言の有無・内容も重要であり、音声を録音することが望ましいといえます。この事例のような状況に他の店員が駆けつける場合には、客が悪質クレーマー化しそうだと予想された段階から、ICレコーダー等によってやり取りを録音すべきです。その際、クレーマーの承諾を得ることなく、無断で密かに録音をすることも許されると考えます。

4　土下座要求をする悪質クレーマーの法的責任

　土下座要求をする悪質クレーマーには、次のような法的責任が考えられます。

　この事例のようなクレーマーの言動は違法といえますので、悪質な場合には、クレーマーに対して積極的に民事上（損害賠償請求）または刑事上（警察への通報、被害届の提出、刑事告訴等）の責任追及を検討すべきです。会社や店舗として、悪質なクレーマーに対しては毅然とした対応をとることで、今後の悪質クレームからの被害を防止することにもなり得ます。

⑴　民事上の責任

　この事例のようなクレーマーの行為は、店員に対する不法行為、店舗の営業が害されるに至れば店舗に対する不法行為となり得ます。

　前者に関し、東京地判平成28・11・10LLI/DB判例秘書の事例があります。

　この裁判例の事例では、スーパーマーケットにおいて、常連客と店員が商品の陳列の仕方などについて言い争いになり、店員が客に「帰れ」と怒鳴って追い返しました。後日、怒鳴って追い返したことについて、店員から客への謝罪の場が設けられましたが、店員からの謝罪に対し、客が「君がどんな

に頭にきたってどこの企業だって通じないからな、お前」と言ったことで店員は興奮し、警察を呼びました。そのため、客が怒り強い口調で、「俺は客なんだよ」、「警察官なんて呼んで、お前自分が正しいと思ってんの」と文句を言い、警察官が来てからも、店員に対し「なんでてめえなんかに対して謝らなきゃいけないと思ってるんだろ、てめえ」、「謝って済むことじゃねえか」、「お客さんに喜んでもらうのが仕事だろう」、「この仕事辞めろよ」などと少し声を荒げて文句を言い続けたり、店員を両手で押しのけたりし、その後も、「てめえ、いい加減にしろよ」と声を荒げたり、「馬鹿かお前は」と罵倒したり、「悪いこと言ったなとは思わなかったのかよ」、「なんでマネージャーが頭下げないといけないんだよ」、「土下座しろよ」などと10分以上にわたり文句を言ったりして謝罪を求めました。

　このような事案で、店員は、客の行為が不法行為であるとして、損害賠償請求の訴えを起こし、一審で勝訴しました。

　控訴審である上記東京地方裁判所も、客の行為を全く理解できないものではないとしつつ、社会生活上の受忍限度を超えたものといわざるを得ないとし、客のこれらの発言が10分以上にわたり繰り返されていること、声を荒げて店員を罵倒し土下座を要求していること、店員を両手で押しのけたことなどを考慮して、慰謝料10万円を認めた一審判決を維持しました。

　この裁判例は、店員に落ち度があったとしても、土下座の要求等が不法行為に該当するとして、店員からの慰謝料の請求を認めたものです。

⑵　刑事上の責任

　この事例のクレーマーの行為や、これに関連して、以下のような犯罪が成立する可能性があります。

㋐　脅迫罪（刑法222条）

　クレーマーが店員の生命・身体等に害悪を加える旨を告知して脅迫すれば脅迫罪が成立します。クレーマーからの脅迫的な土下座の要求に対して、仮に店員が土下座をせずに済んだ場合でも、同罪あるいは強要未遂罪となります。

㋑　強要罪（刑法223条）

　暴行または脅迫して、土下座など義務のないことを行わせれば強要罪が成

立します。

　たとえば、大津地判平成27・3・18LLI/DB判例秘書は、深夜のボーリング場で、店員が未成年者の年齢確認を求めたところ、一緒に来ていた成年者の客が、接客態度が悪いとして因縁を付け、手に持った財布を店員の顔に近付け振りながら、「なんで今さら言ってくるねん」、「未成年やってわかってたやろ」、「わかってて受付をしたんやろ」、「土下座して謝れ」、「土下座せえへんのやったら、店のもん壊したろか」、「めちゃくちゃにしたるで」などと怒鳴りつけ、未成年者の客も「はよやりぃさ」などと言い、店員に土下座して謝罪させたとして、強要罪の成立を認めています。

(ウ)　恐喝罪（刑法249条）

　暴行または脅迫によって人を畏怖させ財物を交付させれば恐喝罪（刑法249条1項）が、代金の請求を断念させるなど、財産上不法の利益を得た場合には、恐喝利得罪（同条2項）が成立します。

　たとえば、大阪地判平成26・11・20LLI/DB判例秘書は、深夜のコンビニエンスストアにおいて、4名が共謀して、店長と同店の経営者に「誰に口聞いてるんや、われ」、「お前殴るで」、「○○（コンビニエンスストア名）に車突っ込む言うてるで」、「手ぶらで行きまんのか、おたく、謝りに行く時」、「これやて、タバコ」、「潰してしまいや」、「お前ら、何時間な、ここおらす気やねん」、「3カートンずつ持っといで。早よ」などと言って、タバコ6カートン（販売価格合計2万6700円）を脅し取った事案で、恐喝罪の成立を認めています。

　また、判決の中で直接言及されてはいませんが、報道によれば、加害者らは店長らに土下座をさせ、その姿を動画で撮影し、動画投稿サイトに掲載したようです。

(エ)　名誉毀損罪（刑法230条1項）

　店員の姿をインターネット等で公表し、店員の社会的評価を害する書き込みをするなどして店員の名誉を毀損すれば、名誉毀損罪が成立します。

　たとえば、衣料品店で、顧客が、購入した商品が不良品であるとクレームをつけて店員2名を土下座させ、土下座する店員の写真を、「従業員の商品管理の悪さのために損害を与えたとして謝罪する○○店の店長代理○○と平

社員〇〇。土下座させるお客様凄い凄過ぎる怖い怖過ぎる」と添えて Twitter
に掲載したような場合には、名誉毀損罪の成立が認められることになりま
す。

㈒　威力業務妨害罪（刑法234条）

罵詈雑言や土下座の要求等により、店舗の業務が害された場合には、店舗
に対する威力業務妨害罪が成立します。

㈓　不退去罪（刑法130条後段）

退去の要求を受けたにもかかわらず、正当な理由なく店舗から退去しなけ
れば、不退去罪が成立します。

㈔　その他

この事例のような言葉での要求行為を超えて、クレーマーが店員を突き飛
ばすなど、身体への不法な有形力の行使をすれば、暴行罪（刑法208条）が成
立し、それによって店員がけがをすれば傷害罪（刑法204条）が成立します。

5　土下座の様子がインターネットに掲載された場合の対応

万一、店員や従業員が土下座に応じてしまった場合、クレーマーがそれを
撮影し、その写真や動画をインターネットに掲載することがあります。

このような場合の対応については、45頁（第１部Ⅳ5⑸写真撮影や動画撮影
された場合の対応）およびＱ25をご参照ください。

Q20　社長や上司による謝罪を要求された場合には どのように対応すべきでしょうか

　　私は家電量販店の店員をしています。先日当店で大型のマッサージチェアを購入されたお客様から、商品に不具合があるとのことでご連絡がありました。そこで担当者である私がお客様のご自宅に伺ったところ、部品の一部に不良があったようで、その場で謝罪をしたうえで、その部品を交換することで対応することになりました。

　　しかし、お客様から「高いマッサージチェアを購入して楽しみにしていたのに、また何日も待たされるなんてたまったもんじゃない。社長直々に謝りに来い」、「お前では話にならん。上司を出せ、上司に謝罪させろ」などと執拗に要求してきます。

　　私としては丁寧に対応しているつもりなのですが、どのように対応したらよいでしょうか。

ポイント

1　本来の担当者が引き続き対応するのが基本である。

2　ただし、必要に応じて、担当者を上司に変更したり（エスカレーション）、複数の担当者で対応することも検討すべきである。

3　担当者が変わる場合には、きちんと情報の引継ぎを行い、組織で情報が共有できるようにする。

4　原則として社長には対応させず、日頃からその方針を社内で徹底しておく。

回　答

1　社長や上司による謝罪の要求

　この事例は、自社が販売したマッサージチェアに不具合があり、担当者が顧客の自宅に訪問して原因を確認したところ、部品の一部に不良があったと

のことですので、会社に落ち度がある事例ということになります。

したがって、このような不具合の申し入れ自体は極めて正当なクレームといえますし、その不具合によって商品を購入した顧客に無駄な手間をとらせており、またすぐに使いたかったという顧客の期待にも反する結果になってしまっていますので、会社として、そのことに対して謝罪すべきは当然で、このような場合に、謝罪を要求することそれ自体は正当な要求といえそうです。

しかし、この事例のように、商品に少しの不具合があり、部品を交換するだけで修繕可能であるにもかかわらず、担当者による謝罪を超えて、上司や、さらには、その商品を販売した会社のトップである社長自身が出ていって謝らなければならないものでしょうか。社長や上司による不必要な謝罪要求は、たとえクレームの原因となっている事実が存在する場合であっても、要求内容がそれに見合っていない場合には「不当クレーム」といわざるを得ないでしょう。

2　担当者が責任をもって対応する

この事例は、すでに担当者から謝罪し、部品の交換という適切な補償を行うことを約束しており、事案の解決方法としては極めて適切な対応と考えられますので、本来であれば、誠実な謝罪と適切な補償でクレームが収束すべきものといえます。

このような場合、基本的には、これまでの担当者が引き続き対応すればよく、「私が担当者ですので、これからも私が責任をもって対応させていただきます」とし、続けて、「上席の者には（会社には）私から報告しておりますので、私の対応が会社の対応とお考えいただいて結構です」と答えればそれで足ります。

3　担当者を変更する場合の対応

この事例では担当者自身のミスは見受けられませんし、担当者を変更したり上司が対応する必要はありません。

しかし、担当者自身の対応にミスがあったことを理由にクレームを悪質化

してしまったような場合など、クレーム対応の過程で、担当者を上司（あるいは上席の社員）に変更すべきと考えられる場合には、担当者を変更することもあり得ます。これをクレーム対応の現場では「エスカレーション」といったりします。

　また、上司や上席の者への引継ぎではなく、事案に応じて、従前の担当者と同じ部署の他の従業員に担当を切り替えたり、従前の担当者に別の担当者を加えて複数で対応するということも考えられます。

　この点、2020年1月に厚生労働省により「事業主が職場における優越的な関係を背景とした言動に起因する問題に関して雇用管理上講ずべき措置等についての指針1」（令和2年厚生労働省告示第5号）が定められ、同年6月から適用されました。この中で「事業主が顧客等からの著しい迷惑行為に関し行うことが望ましい取組の内容」も定められ、事業主には、顧客等からのいわゆる「カスタマーハラスメント」に関する労働者からの相談に対し適切かつ柔軟に対応するために必要な体制の整備や、被害者への配慮のための取組み（被害者のメンタルヘルス不調への相談対応や1人で対応させない等の取組みを行うこと）などが求められましたので、企業には、この指針も踏まえた適切な対応が求められます。

　なお、上司など別の担当者や責任者に引き継ぐ場合に、きちんと情報が引き継がれていなければ、「そんなことも聞いていないのか！」と更なるクレームを誘発することになりますし、「お前では話にならん。もっと上の者を出せ」というようにさらに別の担当者や上司による対応を要求されることになり、クレーマーに振り回されることになってしまいます。そこで、担当者が変わる場合には、次の担当者が適切に対応できるように、きちんと情報の引継ぎを行い、組織で情報が共有できるようにする必要があります。

4　社長に対応を委ねることは避ける

　では、このようなクレームに対して、社長が直接対応してもよいでしょうか。

　確かに、クレーマーの最終的な要求は「社長に謝罪させること」ですか

1　〈https://www.mhlw.go.jp/content/11900000/000584512.pdf〉

ら、社長が直接出向いて行って謝罪すれば収束するのではないか、と考えがちです。しかし、実際には期待どおりにいかない可能性のほうが極めて高く、社長が直接対応することは避けるべきです。その理由は以下のとおりです。

(1)　社長は会社に関する最終的な判断をする立場にあること

社長は会社の代表者ですので、社長が外部に伝えたことは、その一言一句が、対外的には会社の決定と受け止められる可能性があります。したがって、社長には直接クレーム対応をさせず、対応方針の検討結果の報告や相談をするにとどめておくべきです。

(2)　要求がさらにエスカレートする可能性が高いこと

クレーマーからの「社長直々に謝りに来い」という要求をのんで社長に対応させることは、クレーマーの要求に従ったということにほかなりません。そうすると、クレーマーは味をしめ、次なる要求を社長に突き付けてくることが容易に想像できます。特に社長は最終的な判断権者ですから、それをわかっているクレーマーから、直接、具体的な約束をするよう迫られる可能性が極めて高いといえます。つまり、社長が出てきて謝罪してくれたからそれで納得して引き下がるというのは到底期待できない、ということです。その結果、このクレーマーへの対応は終わりがみえなくなってしまうことになりかねません。

したがって、大原則として、基本的にはどのような場合であっても絶対に社長にクレーム対応をさせないという方針を日頃から社内で徹底しておく必要があります。

ただし、会社の規模によっては従業員数名と社長しかいないような会社もありますし、顧客の生命にかかわるなどの極めて重大な事案が発生した際には、社長自身が対応しなければならない場合や、むしろ社長自身が対応することが適切な場合もあり得ます。その場合でも、上記の点を念頭においた慎重な対応を心がけましょう。

Q21 「誠意をみせろ」との要求にはどのように対応すべきでしょうか

> 私はファミリーレストランの店長をしています。
>
> ある日、注文を受けたホールスタッフに聞き間違いがあったのか、お客様から「注文した料理と違う」とのクレームが入りました。そこで、すぐに丁寧に謝罪するとともに、直ちにお客様の希望される料理を作り直してご提供することを提案しましたが、お客様から、「そんなことで済ませられると思っているのか。誠意が足りない。誠意をみせろ」と要求されました。
>
> 私としては誠意をもって謝罪しているのですが、どのように対応したらよいでしょうか。

ポイント

1 「誠意をみせろ」は金品等の不当要求の常套句である。

2 「誠意をみせろとはどのようなことでしょうか。具体的に教えていただけますか」と相手に要求内容を具体化させる。

3 具体的な要求が出てくれば、それを前提に具体的な検討を行う。

4 具体的な要求が出てこない場合には、誠意を尽くして対応しているとして、それ以上は対応しない。

5 「誠意をみせろ」と言われた場合の対応を社内でマニュアル化し共有しておく。

回答

1 「誠意をみせろ」は金品等の不当要求

対応に納得しないクレーマーが「誠意をみせろ」、「誠意を示せ」などと言ってくることがあります。

誠意をもって対応し、誠意をもって謝罪することも「誠意をみせる」こと

の1つではありますが、クレーマーが「誠意をみせろ」と言ってくる場合には、往々にして、こちらが適切な対応と考えている範囲を超えた対応（より高額な賠償金の支払いや、土下座、過剰なサービスなど）を暗に要求している場合があります。

　もちろん、会社が誠意を欠いた不誠実な対応をすれば誰しもが「誠意が足りない」と怒りたくなるものですから、すべてが不当要求というわけではありません。しかし、実際には、たとえクレームの原因となっている事実が存在する場合であっても、要求内容がそれに見合っていない「不当クレーム」といえる場合が多く、これは、刑事犯罪の疑いをかけられずに自己の過大な要求を押し通そうとするクレーマーの常套句の1つです。

2　「誠意をみせろ」と言われたら相手に要求内容を具体化させる

　暴力的な言動とともに金品を要求したり、土下座を強要したりすれば、それは恐喝罪や強要罪などの刑事犯罪に該当する可能性があること（Q19参照）はクレーマーもよくわかっていますので、そのような疑いをかけられないようにしつつ、企業側から金品提供を引き出すことを意図して多用されるのが、この「誠意をみせろ」というフレーズです。

　この事例では、スタッフが顧客の注文を聞き間違えた可能性があり、それがもし本当であれば、これは会社の対応ミスといえます。そこで、丁寧に謝罪するとともに、直ちに料理を作り直して提供することを提案していますので、会社としての対応は適切で、それ以上の要求に応じる必要はありません。

　そこで、このようなクレーマーを撃退するためには、このようなフレーズが出てきたら、このクレーマーの弱点を突くこと、すなわち、クレーマーの口から、クレーマーが本来言いたくないことを引き出すことが有効です。

　たとえば、「誠意をみせろとはどのようなことでしょうか。具体的に教えていただけますか」とクレーマーに聞くことで、クレーマー自身に「誠意」の内容を具体化させるのです。そして、金品の要求だというのであれば、それは具体的に何に対するどのような名目（慰謝料、修理代、通院費等）で金額

はいくらなのか、どのような物品（代わりの商品や、慰謝を表すお詫びの品等）を要求するのか、金品以外というのであれば、具体的にどのようなこと（土下座や過剰なサービス等）を求めているのか、をより具体化させることが重要です。

3 具体的な要求が出てきた場合

クレーマーが求める「誠意」について、クレーマーから具体的な要求が出てくれば、会社として、それを前提に具体的な検討を進めればよいことになります。

要求内容が具体化されたからといって、当然ながら、クレーマーの要求する内容にすべて応えなければならないわけではありません。33頁（第1部Ⅳ4 クレーム対応のプロセス（流れ）を意識する）およびQ1〜Q6で詳述したとおり、事実関係の調査と法的検討を通して、必要な範囲での対応を行い、それ以上の過剰な要求（不当に高額な慰謝料の請求や、土下座の要求など）は拒絶することになります。

4 具体的な要求が出てこない場合

他方で、何度聞いても「誠意」が何かについて具体的な要求が出てこない場合もありますし、「金の問題じゃない！」、「そんなことは自分で考えろ！」、「そんなことを聞くこと自体、全く誠意がないことの表れだ！」などと言ってくることもあります。

クレーマーがこのように言ってきて、なおも具体的な要求を明らかにしない場合には、こちらで「誠意」が何かを考えてあげればよいのです。会社としてクレーマーの言い分をきちんと聞き取ったうえで事実関係を調査し、その結果に見合った法的な対応をすること、これがクレームが入った際に会社がとるべき「誠意」のある対応です。したがって、会社として、社の方針に従った対応を行い、「これが当社の考える誠意をもった対応です。これ以上の要求には応じられません」と回答すればよいのです。

5　「誠意をみせろ」と言われた場合の対応のマニュアル化

　冒頭で述べたように、「誠意をみせろ」とは、クレーマー自身が刑事犯罪に該当することを回避しつつ、暗に過剰な金品等を会社に要求し、その「誠意」の内容を担当者自身に考えさせ困惑させることで、自己に有利な金品等の提供を担当者から引き出すことが目的です。

　このようなフレーズが使われた場合、対応を心得ておかないと、無駄にクレーム対応が長引いてしまったり、担当者がクレーマーの術中にはまって「誠意とは何か」と自ら考え悩んでしまったり、担当者が誤って不必要な金品等の提供を約束してしまったりすることにもなりかねません（それは場合によっては担当者が個人の立場で約束してしまう場合もあり得ます）。

　そこで、クレーマーの常套句である「誠意をみせろ」の術中にはまらず、早期に適切に対応するためには、このように言われた場合の対応をマニュアル化し、社内で共有しておくことが望ましいといえます。そして、このマニュアルに従って対応することを社内で周知徹底し、クレーマーがその対応に文句を言うのであれば「当社では、『誠意をみせろ』と言われた場合にはこのように対応するよう指示されております。このご質問に具体的にお答えいただけないのであれば、これ以上当社としては対応することができません」と答えることができれば、このような難クレームに対しても、社員は臆することなく対応することができるようになり、担当者のストレスも随分小さくなるのではないでしょうか。

Q22　対応した従業員の解雇を要求された場合には どのように対応すべきでしょうか

当社の従業員がお客様からのクレームに対応していたところ、その従業員の態度が気に入らないなどといってさらにクレームが激しくなってしまいました。

そこで、上司である私が代わって対応したのですが、お客様は、当初対応した従業員の対応が悪かったことに酷くお怒りで「あんな従業員は辞めさせろ。もしまたあの従業員を見ることがあったら、ただじゃおかないからな！」などと執拗に従業員の解雇を要求してきます。どのように対応したらよいでしょうか。

ポイント

1　顧客には、従業員の解雇や処分に関して何らの権限もない。

2　貴重な意見として承ったうえで、必要な調査を行い、処分を検討する。

3　ただし、クレーマーの一方的な言い分を鵜呑みにした安直な処分は禁物である。企業には従業員を守る義務があることにも留意する。

4　調査結果や処分内容をクレーマーに開示する場合には、概要にとどめ、従業員のプライバシーにも配慮し、不当な要求は拒絶する。

回答

1　従業員の解雇要求

この事例のように、担当者の対応が悪かったことなどを理由に、顧客から従業員の解雇を要求されることも考えられます。

しかし、担当者の対応が悪かったという、クレームの原因となっている事実が仮に存在する場合であっても、従業員を解雇するか否かは雇用主である企業自身が判断すべきことであって、第三者である顧客には、従業員の解雇に関して何らの権限もありませんし、顧客との権利関係に直接かかわるもの

でもありません。顧客が、自分の意見や要望を企業に伝えることは自由です。しかし、自らに何らの権限もないにもかかわらず第三者に対応を強要することは、法的な裏付けのない「不当クレーム」といわざるを得ません。

2 事実確認

顧客から従業員の対応の悪さを指摘された場合には、その内容があまりにも荒唐無稽なものでない限り、内部通報等の他の方法で端緒を得た場合と同様に、企業としては、事実関係の調査をする必要があります。

そこで、まずは、クレーマーに対し、具体的な事実と裏付けを示してもらうように申し入れ、就業規則上の解雇事由等に該当する事実が存在するか否かを調査することになります。

そのうえで、クレーマーに対しては「不快な思いをさせてしまい申し訳ありませんでした。また、貴重なご意見を誠にありがとうございました。社内調査を進めたうえで、適切に対処いたします」と対応すれば足ります。

3 社内での対象従業員への対応

顧客からこの事例のようなクレームが入った場合には、対象となった従業員からも事情を聞く必要があります。

そのうえで、調査結果を踏まえて、必要に応じて対象従業員に対する適切な処分や対応を行うことになります。

従業員のミスで顧客や企業自身に大きな損害が発生したり、企業の信用を大きく毀損するような非違行為があった場合には、解雇がやむを得ない場合もあるかもしれませんが、顧客の一方的な言い分を鵜呑みにして、顧客が解雇を要求したから対象の従業員を解雇するといった安直な対応はすべきではありません。

担当者は強度のストレスの中で必死にクレーマーに対応していますから、むしろ大変なクレーム対応を頑張っていることは褒められるべきであって、仮に少しのミスでクレームを悪質化させてしまうようなことがあった場合に、それを糾弾するような職場環境では、担当者はますます孤立する一方です。担当者の努力を顧みず、担当者が困っているにもかかわらず誰も手を差

し伸べなければ、担当者は孤立してますます誰にも相談しづらくなり、この担当者だけがクレーマーのターゲットとなって、担当者が心を病んでしまうとともに、組織で情報が共有されなくなってしまうことにもなりかねません。

　会社には「安全配慮義務」があり、社員にとって安全で適切な職場環境にする必要があります。担当者は、顧客からの執拗なクレーム対応に疲弊してしまっている場合もありますので、必要に応じて担当からはずし、心身をリフレッシュさせるなどの対処をすることも必要です。

4　調査・処分後のクレーマーへの対応

　調査結果に基づいて対象従業員に対し処分を行ったか否かをクレーマーに伝えるかどうかは、従業員のプライバシーの問題もあり、難しい問題です。もちろん、クレーマーから特に要求されていないのであれば、企業の側からあえて積極的にそれを伝える必要はありません。

　しかし、顧客に対するセクハラ事案など従業員側の落ち度が大きい場合や結果が重大である場合には、被害者である顧客に対して適切な社内処分を行ったことを伝えてきちんと謝罪することが必要になりますし、そのことは企業としての自浄作用を顧客に示すことにもなります。

　他方で、従業員に落ち度がないにもかかわらず、それでも従業員の処分を執拗に要求し、処分結果の開示を求める顧客に対しては、調査の結果、従業員に落ち度は認められず処分をしなかったことをあえて顧客に伝えることで、企業としての毅然とした態度を顧客に示すとともに、従業員を守ることにもなります。

　ただし、従業員のプライバシーにも配慮する必要がありますので、顧客に対して調査結果や処分内容を伝えるとしても、概要にとどめ、あまり詳細に開示する必要はありませんし、顧客から求められていない場合には、顧客が知らない情報（たとえば、従業員のフルネームなど）をあえて開示すべきではありません。また、事前に、対象の従業員に対して、顧客に概要を開示する旨伝えておくほうがよいでしょう。

　開示の方法は、基本的には口頭による開示にとどめておくべきであり、そ

れで足りる場合が多いと思われます。仮に書面で開示する場合には、書面が独り歩きするリスク（SNS等での拡散など）や、後々の裁判で不利な証拠として扱われるリスクなども念頭に、概要にとどめたうえで記載文言や表現に十分留意するなど、より慎重に対応するように心がけましょう（相手方に書面を交付する場合の留意点の詳細については、Q11をご参照ください）。

　なお、顧客が望むような処分になっていないとして、それを理由に顧客がさらにクレームを付けてくることも考えられますが、従業員の解雇や処分等はあくまでも企業内部で判断して対処すべき問題ですので、部外者（第三者）である顧客に対してはそれ以上の対応はできないことを明確に伝え、その要求は拒絶することになります。

　それでもなおクレームが続くような場合には、Q34〜Q37などをご参照のうえ対応いただきたいと思います。

Q23 実現不可能な要求をされた場合にはどのように対応すべきでしょうか

当社は、お菓子の企画・販売を行っており、販売している複数のお菓子に応募番号を付けて、購入者特典のプレゼントとして懸賞を行っています。

先日、あるお客様から電話があり、「何度も何度も懸賞に応募しているのに全然当たらないとは何事だ」、「プレゼントも安いものばかりだ。オレは旅行が好きだから、20万円分の旅行券を用意しろ」などと要求されました。

そこで、抽選は厳正に行っていること、法律によって景品の上限額が決まっていることなどを時間をかけて丁寧に説明したところ、お客様から「そんな法律、オレは知らない。だったら、そんな法律を変えろ」、「お前のせいで無駄な時間をとられて、予定が狂った。時間を返せ」などと要求されてしまいました。このような場合、どのように対応したらよいでしょうか。

ポイント

1 実現不可能な要求は、不当要求を押し通そうとする一手段である。

2 クレーマーも無理な要求であることは認識している。対応できない旨回答したうえで、相手に要求内容を具体化させる。

3 その後の対応は、「誠意をみせろ」と要求された場合（Q21参照）と同じである。

4 実現不可能な要求がされた場合の対応を社内でマニュアル化し共有するようにする。

回　答

1　実現不可能な要求

　対応に納得しないクレーマーが「そんな法律、オレは知らない。だったら、そんな法律を変えろ」、「お前のせいで無駄な時間をとられて、予定が狂った。時間を返せ」、「(損壊した物品を) 壊れる前の状態に戻せ」などと言ってくることがあります。

　このような要求は、たとえクレームの原因となっている事実が存在する場合であっても、その要求内容は実現不可能ですので、内容が不当な「不当クレーム」の一種ということができます。

2　実現不可能な要求の意図

　「法律を変えろ」、「時間を返せ」、「(損壊した物品を) 壊れる前の状態に戻せ」というような実現不可能な要求をクレーマーがしてくるような場合には、往々にして、こちらが適切な対応と考えている範囲を超えた対応 (より高額な賠償金の支払いや、土下座、過剰なサービスなど) を暗に要求している場合があります。

　クレーマーも、それが実現不可能で無理な要求であることは当然わかっています。わかっていてそのような要求をあえてしているのです。

　この要求は当然実現不可能ですから、企業としては「申し訳ございませんが、そのような要求には応じかねます」と回答せざるを得ないのですが、クレーマーも、そのような回答が返ってくることは百も承知です。クレーマーは実現不可能な無理難題をあえて吹っかけて企業の担当者を困惑させておいて、担当者が「無理」と答えるのを待ったうえで、「それが無理というんだったら、何かもっと方法があるだろ。誠意をみせろ」と畳みかけてきます。

　あえてハードルの高い (企業自身の努力では到底実現不可能な) 要求を掲げておいて、本来、それとは引き換えになるはずもないよりハードルの低いと一見思わせる (企業自身の努力で実現・対応が不可能ではないが、本来は対応不

要な）要求を通そうとするのです。

3　実現不可能な要求への対応

　この事例のような購入者限定の懸賞（これを「一般懸賞」といいます）については、景品表示法および関連する告示で景品類の上限額が定めており、商品が税込み5000円未満の場合には取引価格の20倍まで、商品が税込み5000円以上のものであっても、最高で10万円までの景品しか認められていません。したがって、この事例で顧客が要求している「20万円分の旅行券」は景品にすることはできませんし、時間を戻すことも不可能です。

　そこで、クレーマーからこのような要求がされた場合、企業としては、クレーマーがこのような答えを待っているとわかっていても、当然ながら「申し訳ございませんが、そのような要求には応じかねます」と回答せざるを得ませんが、それで問題ありません。

　当然、それで引き下がるクレーマーなどいませんが、そのうえで、クレーマーから「それが無理というんだったら、何かもっと他に方法があるだろ。誠意をみせろ」と言わせればよいのです。または、「それが無理というなら、○○しろ」と、相手方から具体的な要求を引き出せれば、それでよいのです。

4　「もっと他に方法があるだろ。誠意をみせろ」と言われたら

　「誠意をみせろ」もクレーマーの常套句です。クレーマーが「誠意をみせろ」と言ってくる場合には、上記のような実現不可能な要求を吹っかけてくる場合と同様に、こちらが適切な対応と考えている範囲を超えた過剰な対応を暗に要求している場合が往々にしてあります。

　このように「誠意をみせろ」と要求された場合の具体的な対応方法は、Q21をご参照いただきたいと思いますが、クレーマー自身に「誠意」の内容を具体化させたうえで、その回答に従って次なる対応をしていくことになります。

5　「それが無理というなら、〇〇しろ」と言われたら

　クレーマーからの実現不可能な要求に対して、応じられない旨回答したところ、クレーマーから具体的な要求が出てくることがあります。

　この場合は、「誠意をみせろ」と言われて「誠意」の具体的な内容を問うたところ、具体的な要求内容が出てきた場合の対応（Q21参照）と同様に、会社として、具体的な要求内容を前提に対応を検討していけばよいことになります。

　なお、新たな要求がなおも実現不可能な要求である場合には、上記同様に応じられない旨を回答して、具体的な要求が出てくるまで同様の対応を繰り返せば足ります。

6　実現不可能な要求がされた場合の対応のマニュアル化

　実現不可能な要求がされた場合の対応を心得ておかないと、現場で困惑してしまい、無駄にクレーム対応が長引いてしまったり、担当者がクレーマーの術中にはまってしまったりすることにもなりかねません。

　そこで、「誠意をみせろ」と言われたときの対応（Q21参照）と同様に、このような要求がされた場合の対応をマニュアル化し、社内で共有しておくことが望ましいでしょう。

Q24　謝罪文や謝罪広告の要求にはどのように対応すべきでしょうか

　当社が販売した商品に欠陥があったとのクレームに対応していたところ、お客様から「この場で謝罪文を書け」、「謝罪文を会社の公式サイトに載せろ」、「謝罪広告を新聞に掲載しろ」などと言われてしまいました。どのように対応したらよいでしょうか。

ポイント

1　こちらに非がなければ謝罪は不要である。

2　こちらに非があっても、通常は口頭での謝罪と必要な範囲での金銭賠償で足りる。

3　その場での謝罪文の作成は、会社としても個人としても拒否する。

4　事案に応じて謝罪文や説明文書を相手方に提示する必要がある場合でも、法律の専門家等も交えて検討し、会社として事後的に回答する。

5　社会的な影響が大きな事案や会社の信用にかかわるような重大な事案が発生したような場合には、クレーマーからの要求とは関係なく、会社としての謝罪や再発防止策などを公表することを検討すべきである。

回　答

1　謝罪文や謝罪広告の要求

　この事例のように、顧客から、謝罪文や謝罪広告を要求されることがあります。

　法的にも、たとえば、名誉を毀損された場合や、著作者人格権等が侵害された場合には、その被害者は、加害者に対して、名誉等を回復するために適当な処分や措置を請求することができるとされており（民法723条、著作権法115条）、この「適当な処分・措置」の具体的な内容として、裁判例上、被害者本人に対する謝罪文の交付や企業の公式サイトへの謝罪文の掲載、全国紙

（新聞）への謝罪広告の掲載等が認められています。したがって、謝罪文や謝罪広告の要求が、すべて「不当クレーム」というわけではありません。

　しかし、理由もなくただ単に難癖をつけて謝罪文等を要求してくるような場合や、極めて軽微なミスをことさらに取り上げて謝罪文等を要求してくるような場合には、「不当クレーム」ということができます。そもそも謝罪すべき根拠となる事実が存在しないか、要求内容がそれに見合っていないからです。

　また、「不当クレーム」というべきかは別としても、単なる商品の欠陥や予定していたサービスの不履行のような場合には、謝罪文や謝罪広告等の要求は、少なくとも法律の明文に基づき裁判例上確立された請求ではないことになります。

2　謝罪文等を要求された場合の対応

⑴　こちらに非がない場合

　実際には商品に欠陥はなく、単に顧客の使い方が悪かっただけであった場合など、こちらに一切非がない場合には、当然ながら、謝罪文や謝罪広告の要求に応じる必要はありませんので、これを拒絶すれば足ります。

　なお、クレーム対応の中では、こちらには何ら非がない場合であっても、交渉をスムーズに進めるために、あえて、不快な思いをさせたことや手間をとらせたことに対して口頭などで謝罪することはあり得るかもしれません。ただし、悪質クレーマーは常に揚げ足取りを狙っており、「謝罪したということは責任を認めたということだな」などと言って、さらに不当な要求をしてくる可能性がありますから、自社に非があることや損害賠償責任があることを認めたと誤解されないように、「不快な思いをさせてしまい申し訳ございません」、「お手間を取らせてしまいましたことをお詫び申し上げます」というように、あくまでも謝罪の対象を限定することが必要です。

⑵　こちらに非がある場合

　必要な事実関係の確認と法的検討を行った結果、販売した商品にもともと欠陥があったことが判明した場合など、こちらに非がある場合には、適切な謝罪を行うべきです。

　ただし、こちらに非がある場合であっても、通常は口頭での謝罪と必要な範囲での金銭賠償や商品の交換等で足り、謝罪文や謝罪広告が必須というわけではありません。名誉毀損や著作者人格権等の侵害の場合には、法的にも、謝罪文や謝罪広告が認められ得ることは冒頭で述べましたが、実際の裁判でも、金銭賠償は認められつつも、被害者の受けた損害は金銭賠償で慰謝されるとして、謝罪広告までは必要ないとされる場合もあります（東京地判平成18・3・27判タ1244号229頁等）。

　他方で、単なる商品の欠陥やサービスの不履行のような場合には、謝罪文や謝罪広告等の要求は、少なくとも法的な請求権として裁判例上確立されているわけではありませんが、顧客の怒りを早期に静め、交渉をスムーズに進めるために、あえて企業の側から積極的に謝罪文を交付するという対応を行うことも一応あり得るところです。商品の不具合によってけがをしたり、担当者の対応が悪いために不快な思いをしたような場合には、誰しもまずは謝ってほしいと思うことは、ある意味当然といえますし、「金銭の問題ではない。謝ってくれればいいんだ」という場合もありますから、企業の判断として積極的に謝罪し、場合によっては謝罪文言を記載した書面を交付するという対応をすることも、選択肢としてすべて否定されるものではないように思います。

　ただし、後述するような社会的な影響が大きな事案や会社の信用にかかわるような重大な事案が発生した場合は別として、単にその顧客に販売した商品だけたまたま小さな欠陥があったというように、個別的で軽微な場合のすべてに、謝罪広告の掲載や公式サイトへの謝罪文の掲載をすることまでは不必要・不適切といえますので、たとえこちらに非がある場合であっても、そのような過大な要求に対しては拒絶すべきですし、さらなる不当要求に発展するおそれもありますので、口頭での謝罪を超えて安易に謝罪文まで交付することのないよう十分に留意すべきです。

　他方で、名誉毀損や著作者人格権等の侵害の場合でなくとも、景品表示法に基づく措置命令が出された場合や、商品の欠陥によるリコール（製品回収）を行う場合など、社会的な影響が大きな事案や会社の信用にかかわるような重大な事案が発生した場合には、クレーマーからの要求の有無とは関係なく、

自社の公式サイトに謝罪文を掲載したり、新聞に謝罪広告を掲載するなどの方法で、会社としての謝罪や再発防止策などを積極的に公表することを検討すべきでしょう。

3　謝罪文等を作成する場合の留意点

　事案に応じて謝罪文や説明文書を相手方に提示する場合には、慎重な対応が必要です。謝罪文等を相手方に交付すると、クレーマーにさらなる怒りの契機を与えてしまったり、SNS等で拡散されてしまったりするリスクや、後々の裁判で不利な証拠として扱われるリスクなどがあるからです（詳細は、Q11をご参照ください）。

　クレーマーから、交渉の場で直ちに謝罪文を作成して交付するよう要求される場合がありますが、その場での謝罪文の作成には応じるべきではありません。その場では、どこまでこちらに非があり、どこまでこちらに法的な責任があるかは判断しづらいからです。また、その謝罪文言に対してさらにクレーマーが難癖をつけてくることや、こちらが想定していない文言を付加されることも考えられます。

　そこで、会社としては、交渉の場で謝罪文や念書を書かないよう日頃から社員に対して指導を徹底しておき、実際の交渉の場では「会社から、その場で謝罪文や念書を書かないように指導されておりますので、そのようなご要望があったことは社に持ち帰り、上司に報告いたします」として拒絶するようにしましょう。この場合、クレーマーから畳みかけるように「だったら、お前個人として書け」と迫られる場合もありますが、「個人としても対応しないルールになっています」と回答して拒絶します。

　そのうえで、法律の専門家等も交えて、法的責任を認める範囲や謝罪文言も含めて検討し、会社の見解として、事後的に提示・回答すべきです。相手方と交渉が可能な場合には、事後の紛争拡大を防止するためにも、単に謝罪文を一方的に交付するのではなく、謝罪文言も入れた示談書形式にして、金銭賠償の有無を明確にするとともに、他に債権債務がないことを確認する清算条項を盛り込むことなども検討すべきでしょう。

　また、重大な事案として公式サイトや新聞に謝罪文や謝罪広告を掲載する

場合は、より多くの人の目に触れることになり、会社に対する社会的な評価を左右することにもなり得ますので、公表前に、法律の専門家や広報担当者を交えて十分な検討を行い、無用な社会的批判を浴びないよう留意する必要があります。

　なお、会社の最終的な判断権者である社長が現場で直接対応していると、謝罪要求にもその場で対応することを迫られることになりかねませんので、その意味からも、社長には直接対応させず、その方針を社内で徹底しておくべきなのです（詳細は、Q20をご参照ください）。

Ⅴ　ウェブサイトやSNSの投稿に関するトラブルへの対処法

Q25　**顧客に土下座させられた様子を動画サイトにアップされた場合にはどのように対応すべきでしょうか**

> 当社が運営している店舗から連絡があり、販売した商品が壊れていたことに怒ったお客様が店舗に押しかけ、商品代金と交通費を求めるだけでなく、店長に無理やり土下座させて、その様子を撮影して動画サイトにアップしてしまったようです。インターネット上の動画を削除することはできないのでしょうか。

ポイント

1　肖像権侵害などを理由に動画の削除を求める。

2　投稿者に対して動画の削除を求める。

3　動画サイトに対して動画の削除を求める。

4　被害が大きく広がってしまった場合などは検索結果の削除を検討する。

回　答

1　動画の違法性を理由とした削除請求

　強要され土下座をしている様子を撮影した動画を投稿することは、肖像権侵害になる可能性があります。そこで、このような動画の違法性を理由として、インターネット上の動画の削除を求めていくことが考えられます。

　また、動画の削除を求める場合には、会社や個人の自身の権利が侵害されたといえることが必要であり、削除を求める際にそのことが問題になることがあります。そのため、第三者からみて動画が自社や従業員に関する動画とわかるかどうかについても、削除請求を検討する際には確認しておくとよい

でしょう。

　自分が土下座している動画がアップされたことを知ったとき、店長の立場からは、それが業務に関連するものであれば会社が安全配慮義務を負っていること、会社や個人へのさらなる被害の拡大のおそれがあることを考慮し、速やかに会社に相談する必要があります。投稿の内容や被害の状況によっては、安全配慮義務の内容として、会社が動画の削除請求等を行い、または従業員が行う削除請求等に協力する必要が出てくる場合もあるでしょう。

2　投稿者に対する動画削除請求の検討

　インターネット上に土下座の動画が掲載されてしまった場合、投稿者に対して動画の削除を求めることが考えられます。

　もっとも、土下座の様子を撮影した動画をインターネット上に投稿する人物が、削除請求に応じてくれるとは限りません。むしろ、削除請求がきたことを面白がって、削除請求がきたこと自体をインターネット上にアップしてしまうことも考えられますので、注意が必要です。土下座の動画に関するものではありませんが、これまでに、削除請求をしたこと自体をインターネット上に投稿されて被害が広がってしまったという事例もあります。

　なお、裁判手続で投稿者に削除が命じられたにもかかわらず、投稿者が削除に応じない場合には、間接強制という手続を用いることが考えられます。間接強制は、削除に応じない投稿者に対し金銭の支払いを命じる不利益を課すことで心理的に圧迫し、義務の履行を強制する手続です。悪質かつ執拗な投稿者に対しては、このような手続も検討する必要があるでしょう。

3　動画サイトに対して動画の削除を求める

　投稿者がわかっていれば、基本的に投稿者に対する削除請求を検討することになりますが、投稿者の住所・氏名がわからない場合などは、動画が掲載されているウェブサイト等に対して動画の削除請求を求めることを検討します（【書式15】参照）。

　注意が必要なのは、動画が掲載されたウェブサイト等に対して削除を求める場合であっても、ウェブサイト等から投稿者に対して削除してよいか意見

照会が行われることがあるという点です。このような意見照会は、ウェブサイトが動画を削除したことについて投稿者から責任追及されることを防ぐために行われるものです。そのため、意見照会を防ぐことができない可能性もありますが、削除を請求する際に被害が拡大する可能性があることを伝え、意見照会を行わないよう求めることで、意見照会を控えてくれるウェブサイトもあります。

　また、拡散された動画に関しては、基本的に誰が投稿したのかわからないことも多くあります。拡散されたウェブサイトから拡散した人物やウェブサイトの連絡先を探して削除請求を行っても任意の削除に応じてもらえない場合は、仮処分という裁判上の手続によって削除を求めていくことになります。裁判で削除を求める場合には、仮処分手続と通常の訴訟手続が考えられますが、動画がまさに公開されている状況では削除に緊急性が認められることが多いので、短期間のうちに審理が進められる仮処分の手続がとられることが一般的です（第3部【書式17】参照）。

4　検索結果を削除する

　土下座の動画が投稿された場合、これまでの同様の例から考えると、土下座の動画が第三者によって拡散されてしまい、インターネット上に大量の土下座の画像や動画が残ってしまうこともあります。この場合、動画が掲載されたサイトに削除を求めるほかに、Googleなどの検索エンジンに対して削除を求めることが考えられます。

　Googleなどの検索エンジンでは、投稿自体の検索のほかに、画像や動画の検索も行うことができるようになっています。そのため、検索結果の削除を検討する際には、投稿自体の検索結果のほかに、画像検索や動画検索の結果の中に違法なものがないかどうか確認して、それに対する対応もあわせて検討していくとよいでしょう。

5　その他の民事上・刑事上の問題点

　土下座を強要された場合には、土下座を強要してきた顧客に対して、土下座を強要したこと自体の民事上・刑事上の責任を追及することも考えられま

す。

　その他の民事上・刑事上の問題点については、Q19をご参照ください。

　なお、民事上の損害賠償請求に関しては、土下座を強要したことに対する損害賠償請求のほかに、インターネットに動画をアップしたことに対する損害賠償請求を行うことも考えられます。もし動画を投稿した人物の住所・氏名がわからず、損害賠償請求ができないときは、発信者情報開示請求を行うことによって、動画の投稿者の住所・氏名を特定していくことになります。発信者情報開示請求については、Q26をご参照ください。

Q26 会社の公式SNSへの大量のクレームを削除したら炎上してしまったのですがどう対応すべきでしょうか

当社の公式SNSに、同一人物と思われる複数のアカウントから商品に対する過激なクレームのコメントが大量に投稿されてしまいました。公式SNSの担当者が嫌がらせだと思って削除したら、削除したことに怒った人たちからの批判が殺到して炎上してしまったようです。どう対応したらよいでしょうか。

ポイント

1　クレームに関する事実関係の調査を迅速かつ慎重に行う。
2　クレームの削除は、炎上を招く可能性があることに留意し慎重に対応する。
3　クレームの内容が虚偽である場合には、投稿者の発信者情報開示請求等を検討する。

回　答

1　事実関係の調査と初期対応

　会社の公式SNSに対するクレームのコメントを削除したことで炎上した場合には、削除したクレームが会社において保存され内容を把握できるのか、削除したクレームの内容が正しいのかどうか、なぜ削除するに至ったのかなどについて、迅速かつ慎重に事実関係の調査をする必要があります。この場合、従業員などの関係者から聞き取りを行うことが重要ですが、不用意に削除してしまった当事者は処分を免れるために虚偽の事実を述べてしまうことも珍しいことではありませんので、聞き取った事実が客観的事実との整合性があるのかどうか慎重に検討する必要があります。

　事実関係のすべてが明らかになっていないことも多い炎上の初期段階で会

社の見解を外部に公表する場合には、基本的に客観的に明らかな事実のみを公表し、事実関係があいまいな部分について安易に事実の有無を判断して公表することは控えるべきです。公表した事実が後に誤りであったことによってさらなる炎上を招くこともあります。

　クレームの内容が正しい場合やクレームの削除が不適切だった場合など、炎上したことについて会社に落ち度の有無を早期に判断することも重要です。落ち度がある場合には、早期に謝罪の態度を明らかにすることで炎上が収束に向かうこともあります。

　一方で、会社に落ち度があるかどうか明らかでない場合には、安易な謝罪自体が批判を招くことや、安易に謝罪することにより会社に落ち度がなかった場合の説明が困難になることもあるため、注意が必要です。

　仮に、調査の結果、クレームの内容が正しい場合には、真摯な態度で謝罪することで炎上の収束を図るほかありません。

　公式アカウントが発端となって炎上した場合には、炎上を沈静化させる観点から公式アカウントによりその後の発信を行うことが効果的かどうかも検討する必要があります。公式アカウントでは詳細の掲載が難しい場合、ホームページ等に詳細を掲載して公式アカウントにホームページのリンクを掲載して誘導する方法もあります。

2　クレームの削除のリスク

　会社の公式SNSへクレームのコメントが大量に投稿されている状況では、クレームのコメントしている人たちが会社の公式SNSの対応やコメントが削除されているかどうかを含むコメントの状況をこまめにチェックしているというケースも少なくありません。SNSによっては会社がコメントを削除できることもありますが、会社がコメントを削除したという事実自体が拡散されてしまうこともあります。会社によるコメントの削除は、会社に不都合なことが書かれていたのではないかとの疑念を抱かせる可能性があることをよく理解しておかなければなりません。

　会社としては、公式SNSへ大量のコメントを見つけた場合、対応が見られていることを前提に、動揺することなく冷静に対処する必要があります。

　もっとも、クレームのコメントが根拠のない明らかな嫌がらせである場合には、積極的に削除すべきケースもあります（削除基準のルール化について下記4参照）。会社自身がコメントを削除できないSNSの場合の削除請求については、Q27をご参照ください。

3　虚偽の書き込みに対する発信者情報開示請求の対応

⑴　プロバイダ責任制限法に基づく開示請求

　匿名で虚偽の書き込みがあり、発信者（投稿者）に対して損害賠償請求の裁判をしたり、同様の書き込みをさせないように対処したりする場合には、プロバイダ責任制限法に基づき、発信者の住所・氏名などを特定する発信者情報開示請求を必要があります。

　後に対応を検討しやすいように、投稿を確認した段階で、悪質なクレームの投稿に対しては投稿内容をプリントアウトしたり、スクリーンショットで記録に残したりしておくことも重要でしょう。

⑵　任意の発信者情報開示請求

　サイト管理者等に任意の発信者情報開示請求を行う手段としては、オンラインフォームやメール等によることが考えられます。まずは問題の投稿があったサイトに発信者情報開示請求をどのように行うのか、請求先はどこかなどについての案内の有無を確認することが必要です。そして、書面で発信者情報開示請求を行う場合には、テレコムサービス協会が発信者情報開示請求書の書式を用意していることから、それを利用するとよいでしょう（第3部【書式16】参照）。

⑶　従来の発信者情報開示に関する裁判手続

　これまでは、サイト管理者等からIPアドレスとタイムスタンプの任意の開示を受けられない場合、第1段階としてサイト管理者等にIPアドレスとタイムスタンプの開示を求める仮処分という裁判手続を行い（第3部【書式18】参照）、第2段階としてインターネットサービスプロバイダ等（プロバイダ）に住所・氏名の開示を求める発信者情報開示請求訴訟を提起するという少なくとも2回の裁判手続を踏むことが一般的でした。

　プロバイダは、IPアドレスおよびタイムスタンプと契約者を結びつける

情報を永久に保存していくわけではなく、これらのアクセスログの保存期間は、「2週間ないし3週間とする文献もあるが、実際にはおおむね3か月程度であることが多い[1]」とされていることから、通常の裁判ではなく仮処分という迅速な手続を利用します。匿名の投稿が行われたときから遅くとも3カ月以内に発信者がどのプロバイダを利用していたのかを明らかにし、アクセスログを削除させないための措置をとっていなければ、発信者の特定が難しくなります。そのため、投稿後できるだけ早く発信者情報開示の手続を開始することが求められます。

　サイト管理者等から発信者が利用していたIPアドレスが開示されると、whois（フーイズ）というIPアドレスの情報をユーザーが参照できるインターネットサービスを用いることで、発信者が契約し利用しているプロバイダを特定し、プロバイダに対して発信者情報開示請求訴訟を提起することになります（第3部【書式19】参照）。そして、発信者情報開示請求は、発信者情報開示請求を行ったことは発信者に伝わるものの、裁判をしても発信者を特定できない場合もあるので、それを念頭において手続を行うかどうかを検討する必要があります。

⑷　改正プロバイダ責任制限法により新設された裁判手続

　令和4年10月1日に施行された改正プロバイダ責任制限法では、「発信者情報開示命令事件」という新たな裁判手続が創設されました。これにより、従来の発信者情報開示に関する裁判手続とは別に、新たな裁判手続を選択できることになります。

　これまで2段階に分けて行われていた手続を1つの裁判手続で行うというもので、1つの裁判手続の中で、発信者情報開示命令に加え、提供命令（改正プロバイダ責任制限法15条）、消去禁止命令（同法16条）を求めることができることに特徴があります。裁判所のウェブサイトに、申立てに必要な書類やどのような内容の申立てを行えばよいかが整理されていますので[2]、申立てをする場合は事前に確認しておくとよいでしょう。

　この手続では、まず、サイト管理者等に対する発信者情報開示命令の申立

1　八木一洋＝関述之編著『民事保全の実務〔第3版増補版〕（上）』（きんざい・2015年）358頁。
2　〈https://www.courts.go.jp/tokyo/saiban/minzi_section09/hassinnsya_kaiji/index.html〉

てを行う際、提供命令の申立てをあわせて行います。提供命令は、サイト管理者等に対する開示命令が発令される前の段階で、裁判所の命令により、IPアドレスやタイムスタンプなどの情報を申立人に開示することなく、①サイト管理者等により発信者が契約し利用しているプロバイダを特定し、申立人にプロバイダの名称等の情報を提供します。申立人がプロバイダに対して発信者情報開示命令の申立てを行い、そのことをサイト管理者等に通知すると、②サイト管理者等がプロバイダにIPアドレスやタイムスタンプなどの情報が提供されます。そして、プロバイダに対して発信者情報開示命令の申立てを行う段階で、同一の手続の中でプロバイダに対してアクセスログの消去禁止命令の申立てを行うことができます。これにより、発信者情報の開示についての判断より前の早い段階でアクセスログを保全することができ、時間の経過により発信者が特定できないというケースが少なくなると考えられます。

　もっとも、まだ運用が始まったばかりの手続ですので、発信者の特定の必要性の程度やサイト管理者等にどこまで対応してもらえるかなどの状況に応じて、従来の発信者情報開示に関する裁判手続を活用したほうがよいケースもあると考えられます。当面は手続の選択について慎重に検討を行うことが必要でしょう。

　ほかにも、改正プロバイダ責任制限法では、アカウントのログイン情報のみを保存するいわゆるログイン型のウェブサイトのログイン情報が一定の要件の下、開示対象となることが明確となったほか、提供命令によりプロバイダの氏名等の提供を受け、同一の手続の中でプロバイダに対して発信者情報開示命令の申立てをする場合、同一の裁判所が管轄裁判所になるなど、管轄に関する改正も行われました。従前は、第1段階と第2段階の手続の裁判所がそれぞれ別の離れた裁判所となることもありましたので、今回の改正は、特定のためのコストを抑えることにもつながります。

　また、令和2年8月の省令改正により開示の対象として電話番号が明記されており、新たな裁判制度をあわせて活用することで、住所・氏名の特定に至るケースが増えてくると考えられます。

⑸　海外法人登記の取得

　発信者情報開示に関して着目すべき近時の動きとして、一部の海外法人について日本での登記が行われたことがあげられます。たとえば、Google、Twitter、Facebook、Instagram などを運営する会社などの日本での登記が完了し、これまで海外法人に対する裁判で海外登記の取得や翻訳などのコストがかかっていたものが、一部の海外法人に対しては基本的に日本の法人に対する手続と同じように進めることができるようになってきました。

　これによって、発信者情報開示等のハードルが相当程度下がると考えられ、悪質なネットクレームの被害が救済されるケースも増えるでしょう。

4　予防としての公式 SNS の運用ルールの策定

　近年では、会社の公式 SNS の利用の拡大やその影響力の大きさを考慮し、公式 SNS の運用のルールを定めている会社も出てきています。運用のルールには、会社の内部に向けたルールと会社の外部に向けたルールが考えられます。

　この事例に関連していえば、内部に向けたルールとして、コメントの削除はそれに対する批判を招くおそれがあることを踏まえ、削除の際には複数人による判断または上司の判断を仰ぐなどのルールを定める方法があります。炎上してしまった際の対応のルールを定めておくことも効果的です。公式 SNS へ投稿する機器を限定しておくことや、炎上しやすいテーマを投稿してはならない内容として定めておくことも有効でしょう。

　外部に向けたルールは、たとえば、削除についてのルールを公表しておくことで、会社に都合が悪いから削除したのではなく、ルールに従って削除したということを説明できるようになります。会社がどの SNS を利用しているかを外部に示しておくことで、会社のなりすまし SNS アカウントが作成された際の対策を行うことも可能です。

Q27 クレーム対応した担当者の写真を氏名と一緒にインターネット掲示板に公開されてしまったのですがどう対応すべきでしょうか

　　商品に対するお客様のクレームの対応を社内で検討していたら、回答が遅いと怒ったお客様が、対応したスタッフの写真や氏名をインターネット掲示板に公開して誹謗中傷しているのですが、どう対応したらよいでしょうか。

ポイント

1　肖像権侵害を理由に投稿者に対して削除を求める。

2　サイトや検索エンジンに対して削除を求める。

3　投稿者に対する損害賠償請求を行う。

回　答

1　投稿者に対する削除請求

　投稿者の連絡先がわかっている場合には、肖像権侵害を理由として投稿者に対して投稿の削除を求めることが考えられます。投稿者本人に対する削除請求の場合、弁護士から法律の根拠を示して削除請求を行うことで削除に至るケースもありますが、スタッフの写真や氏名を公開されて誹謗中傷されているようなケースでは、投稿者本人に削除請求をすることでさらに被害が広がってしまうことも考えられます。具体的なリスクとして、投稿者が削除請求をされたことを掲示板に公開することや、場合によっては、削除請求を行ったメールなどを公開されてしまうこともあります。このようなリスクも踏まえつつ、投稿者本人に削除請求を行うかどうかを検討する必要があります。

2　サイト管理者等に対する任意の削除請求

　投稿者本人に削除依頼を行わなくても、サイト管理者等に任意の削除を求めることによって削除に至ることもあります。サイト管理者等に任意の削除を求める手段としては、オンラインフォームやメール等による削除依頼が考えられます。投稿が行われた掲示板のインターネットページ内を探せば、オンラインフォームや連絡先のメールアドレス、電話番号などが見つかることがあります。書面による削除請求を行う際には、プロバイダなどの事業者を会員とする一般社団法人テレコムサービス協会の書式[1]を利用するとよいでしょう。

　注意すべきは、サイト管理者等に削除請求をした場合でも、サイト管理者等から発信者に対し、削除に同意するかどうかについて意見照会が行われる場合があるということです。これは、プロバイダ責任制限法3条2項2号が、サイト管理者等が発信者に対して削除に同意するかどうかを照会し、照会を受けた日から7日を経過しても削除に同意しない旨の申し出がない場合には、削除したとしても損害賠償の責任を負わないとされていることに起因します。もっとも、サイト管理者等によっては、意見照会が行われないまま削除に至ることもあり、投稿者本人に削除依頼をする場合と比較すれば、削除請求をすることによって被害が広がるリスクは相対的に小さくなるといえるでしょう。

　また投稿自体が削除されたとしても、検索結果にはマイナスの情報が一定期間残ることもあります。「Google」ウェブマスターツール[2]を利用することで、削除された投稿が検索結果に表示されないようにリクエストすることができます。

3　サイト管理者等に対する削除の仮処分

　サイト管理者等に対する任意の削除請求により対応がなされない場合には、裁判で削除を求めることが考えられます。この場合、通常の裁判ではな

1　〈http://www.isplaw.jp/p_form.pdf〉

2　〈https://www.google.com/webmasters/tools/removals?hl=ja〉

く、迅速に手続が行われる仮処分という裁判手続を利用することが一般的です。

　仮処分を利用する場合には、法的な権利侵害の有無について任意の削除請求の場合と比べてより慎重な検討が必要となり、裁判官が投稿内容が違法であると判断するための証拠とともに権利侵害を主張していくことになります。任意の削除請求によって削除に至らず、仮処分手続に進む場合には、弁護士と相談しながら手続を進めていくのがよいでしょう。

4　検索結果の削除

　投稿記事そのものを削除できない場合や、会社の権利を侵害する投稿が大量にあり、１つひとつ対応していた場合にはコストが膨大となる場合などは、検索結果の削除を検討することも考えられます。

　検索結果の削除とは、検索エンジンにより表示されるタイトル、URL、スニペットとよばれる短い説明文が権利を侵害していることを理由として削除を求めるものです。仮に会社の権利を侵害する投稿がインターネット上に残っていたとしても、GoogleやYahoo! などの検索エンジンの検索結果の上位に投稿が表示されなければ企業活動への影響は小さくなりますので、検索結果の削除を検討する意味があります。Yahoo! の検索エンジンは、Googleの検索エンジンを利用していることから、Googleの検索結果を削除すれば、Yahoo! からも削除されるといわれています。

　検索エンジンを運営する会社への削除依頼は、一見して明らかに違法な投稿がある場合はともかく、任意の削除依頼では削除に至らないことも少なくありません。その場合、通常の投稿記事の削除の場合と同じように、検索エンジンを運営する会社を相手に削除の仮処分の裁判を申し立てることになります。

　Googleに対して削除の仮処分を申し立てる場合、Googleが海外の会社ということもあり、日本の会社を相手にする場合と比較して裁判をするためにかかる時間も費用も大きくなります。このような検索結果の削除にかかるコストも踏まえて対応を検討する必要があるでしょう。

　検索結果の削除は、投稿記事そのものを削除するわけではないので、投稿

記事そのものの削除請求などと比較して、手続の途中で個々の投稿記事の発信者に手続を行っていることを知られるリスクは小さいと考えられます。この点も、どのような対応を選択するかを検討するにあたって考慮すべき事項となります。

5　投稿者に対する損害賠償請求

　肖像権等を侵害された場合には、投稿者に対して損害賠償請求を行うことが考えられます。損害賠償請求を行う場合には、ただ違法な投稿があったというだけでは損害の賠償が認められる金額は小さいものになってしまうこともあります。

　そこで、損害賠償請求を検討する場合には、どのような掲示板に書かれているのか、どれだけの人がその投稿を見ているのか、どれだけの人がその投稿に対してコメントなどのリアクションをしているのか、実際にどのような被害が発生したのかなどについて記録に残しておくことが重要です。

Q28 顧客が女性社員のブログやSNSに大量のクレームの投稿を行った場合にはどのように対応すべきでしょうか

当社の社員の女性の接客が良くなかったといって、女性のブログや
SNSに接客態度を改めろというクレームが大量に届いているようです。
実際に当社の店舗に来店したことのあるお客様による投稿であることが
わかりました。ただ、事実関係をよく確認すると、その女性の接客態度
には問題がなく、女性に交際を申し込んだお客様がふられた腹いせに投
稿を行っている可能性があるかもしれないのですが、どう対応したらよ
いでしょうか。

ポイント

1　被害拡大のリスクに配慮した対応を行う。

2　迅速に正確な事実関係を確認する。

3　投稿の削除を求める。

4　住所特定等による現実の被害を予防する。

5　現実での被害に対する対策を検討する。

回　答

1　被害拡大のリスクへの配慮

　この事例では、社員の女性のブログやSNSにクレームが大量に届いてい
るとのことですが、労働契約法5条では、「使用者は、労働契約に伴い、労
働者がその生命、身体等の安全を確保しつつ労働ができるよう、必要な配慮
をするものとする」とされ、いわゆる安全配慮義務が定められています。

　クレームの中には労働者に大きなストレスを与える悪質なものがあります
ので、安全配慮義務を負う会社としては、「必要な配慮」を行う必要がある
場合が出てきます。この「必要な配慮」とは、一律に何かをしなければなら

ないわけではありませんが、職種、業務の内容、職場の場所等の具体的な状況に応じた配慮をすることが求められます。

　社員の女性との完全なプライベートなトラブルであれば、それは女性自身が対応すべき問題であり会社が踏み込みすぎないほうがよいこともありますが、この事例は、来店したことのあるお客様による投稿になりますので、社員の女性からの相談を受け付ける体制の構築や状況に応じて配置転換を行うなど、社員の心身の健康も含めた生命、身体等の安全への配慮が求められることが多いでしょう。

　投稿されたクレームの内容が事実とは異なるだけでなく、ふられた腹いせに大量の投稿を行っている可能性があるとのことですので、インターネットを通じてストーカーを行うネットストーカーに該当することも考えられます。ネットストーカーによる被害は、インターネット上の投稿がエスカレートして自宅などを特定され、現実の被害に発展するケースもあります。被害拡大のリスクにも配慮しながら、迅速に対応を検討していく必要があります。

2　事実関係の確認

　クレームの内容となっている接客態度には問題がなく、ふられた腹いせに投稿を行っている可能性があるのであれば、迅速に関係者から詳細の聞き取りを行い、事実関係や時系列などの確認をする必要があります。

　状況により法的手続や警察への相談を検討する必要が出てくることもありますので、事実関係を確認する際には、投稿の内容が事実ではないことや交際を申し込まれそれを断ったことからインターネット上に投稿されていることの裏付けとなるものはないかについて整理しておくことも必要です。

3　投稿を削除する

　投稿が社員のSNSやブログに行われ、管理者として自ら削除が可能な場合には、社員自らが削除することも考えられます。もっとも、実際に接客態度が悪いのに削除するのはおかしいなどと、後でトラブルにならないよう、一定の事実関係の確認を終えた後に対応するほうがよいこともあります。

　2017年1月に改正法が施行されたストーカー規制法では、男女関係のもつ

れによる SNS やブログなどのインターネット上の執拗な付きまといも規制の対象となっています。削除する場合でも、警察にストーカーとして相談することを想定し、クレームの内容をプリントしたりPDF にしたりすることも必要です。投稿者を特定するために、削除前に警察に相談したほうがよい場合もあります。

　社員自らが削除できないインターネットサイトに書き込みがある場合でも、投稿されている接客に関するクレームの具体的内容が事実とは異なる場合には、名誉毀損などを理由に削除請求が認められることもあります。

　インターネット上の投稿の削除に関しては、Q27などもあわせてご参照ください。

4　SNSからの住所特定等による現実の被害を予防する

　近年のインターネットにおける状況では、SNSやブログの情報や投稿された内容から、自宅・出身校などを特定されてしまうことが少なくありません。いわゆるネット炎上をした際に住所・氏名などを特定されるケースはよく目にしますが、ふられた腹いせなど男女関係のトラブルの際にも同様に個人情報が特定されてしまうことは珍しくありません。

　2019年には、SNSに投稿された顔写真の瞳に映った景色を手がかりに、インターネット上の画像と比較して最寄り駅が特定され、駅で待ち伏せ、尾行されたというケースも発生しています。

　社員がストーカー等の被害に遭った場合には、会社から社員に対し、SNSやブログに掲載された情報から個人情報が特定されるリスクについてアドバイスすることも考えられます。会社の規模、業種によっては、クレーマーやストーカーなどの被害を拡大させないために、社員に対するSNS教育などを実施することが求められることもあるでしょう。

　この事例では、ふられた腹いせに大量の投稿を行っている可能性があるとのことですので、被害を拡大させないために、SNSやブログに住所等を特定する情報がないかどうかなどを確認し、必要に応じて公開範囲を変更することや個人情報を削除しておくことも重要なポイントです。

　なお、この事例に限らず、社員がお客様とトラブルになりインターネット

上にクレームを書き込まれるケースでは、クレームとともに社員の個人情報が投稿されることが考えられます。個人情報が特定される原因として、社員の名前をもとにSNSやブログを検索し、記載された情報から個人情報が割り出されてしまうことがありますので、会社と個人の両方の立場から、SNSの利用には十分な注意が必要となってくるでしょう。

5　現実での被害に対する対策を検討する

インターネットにクレームが書かれていることは、クレームを直接言うために現実に店舗に訪れる可能性があることも意味します。店舗に来るだけでなく、この事例のクレーマーがストーカーとしての要素をもつことからすれば、店舗外で社員の生命・身体に危害を加えられることも考えられます。

　対策の方法は数多く考えられますが、クレーマーの写真等を社内で共有するなど、クレーマーが訪れた際に情報を共有できる体制を構築しておくことが重要です。そして、具体的な状況に応じ、警備保障会社との契約、社員への防犯ブザーの貸与、通勤時の送迎などの検討が必要になる場合もあります。警察に被害を相談し、いざというときにすぐ駆けつけてもらえるようにするなど、警察と連携できるようにしておくことが有効な場合もあります。

　クレーマーが襲撃を予告してきた場合などの対応については、Q16などもあわせてご参照ください。

　インターネットで大量のクレームを書かれることや、クレーマーが会社から自宅まで後を付けてくるのではといった状況があることは、社員にとって非常に大きな精神的負担になります。上記にあげた個別の具体的対策を検討することはもちろんですが、社員の不安に対する精神的なフォローも、クレーマー対策として検討していかなければならない重要なポイントといえます。

Q29 商品に対する誤解からインターネット上で炎上に発展してしまったのですがどう対応すべきでしょうか

> 当社が管理しているブログに、当社の商品が「原材料を偽って実際は身体に悪いものを使っている、詐欺だ」といった内容の投稿がありました。これを見たたくさんの人たちが、インターネット上で当社を批判しているようなのですが、実際は商品の原材料を偽っているということはありません。どう対応したらよいでしょうか。

ポイント

1　迅速に正確な事実関係を確認する。
2　反論してよいケースか検討し、反論する場合には炎上を収束させるためにどのような反論が適切かを慎重に検討する。
3　反論の発信の方法を検討する。

回答

1　事実関係の確認

　この事例のように、ブログへの他者の投稿を発端としてたくさんの人たちがインターネット上で会社を批判している場合には、少し対応を間違えてしまうだけでより大きな被害に発展してしまうことが少なくありません。

　そのため、どのような対応を選択するにせよ、迅速に正確な事実関係を把握することが重要となってきます。このような事例では、どのような対応をするかを検討する前提として、投稿の内容が正しいのかどうかを検討することのほか、批判の投稿が誰により何を根拠としてなされているのかをできる限り把握することが重要となります。

　投稿の内容が正しいかどうかについては、まず、投稿の内容を正確に把握する必要があります。ここでは、どの商品に対する批判か、原材料が何と表

記されているものについて、実際はどのような原材料が使われているといっているのか、投稿者が誰か、投稿者の属性（顧客か、取引先か、第三者かなど）、なぜそのような投稿がなされたのか、どのような根拠に基づいて投稿されているかなどを整理します。そのうえで、指摘されている原材料と実際の原材料とは違うのかどうか、違う場合には違うことを客観的に示す資料として何があるのか、それを公開することは可能なのかなどについて検討していくことになります。

　インターネット上で炎上してしまった場合、それに対する会社の投稿に事実とは異なる部分があることが後に発覚すると、会社を批判していた投稿の内容に誤りがあり会社に落ち度がない場合であっても大きなダメージを受けてしまうことがありますので、注意が必要です。

2　反論してよいケースかどうかの検討

　会社がインターネット上で炎上してしまった場合の対応としては、①放置する、②反論する、③謝罪するという大きく３つが考えられます。

　炎上しているときには、会社に何らかの落ち度がある場合が少なくないため、③謝罪の対応を選択すべき場合も多いと思われます。もっとも、会社への影響が小さい場合には①放置を、炎上のもととなった投稿が事実とは異なっており、かつ、それによる会社への影響が大きい場合には②反論の検討をすべき場合があります。

　注意が必要なのは、インターネット上で反論することは、インターネット以外で反論する場合と比べても、うまく対応ができなかったときに被害がさらに広がってしまうリスクが大きいということです。これは、インターネット上では、一方的に批判されている場合に何を言っても聞き入れてもらえない状況が生じやすいこと、細かい言葉遣いなどの小さな対応のミスも強く批判されやすいことなどが原因と考えられます。適切に対応ができなければ、反論が功を奏さないことも少なくないのです。

　とはいえ、インターネット上で炎上した場合に、反論により炎上が収束したケースもないわけではありません。たとえば、2013年に署名募集サイトで起きた「無印良品：フカヒレスープの販売を中止して下さい！」とのキャン

ペーンがあります。このケースでは、株式会社良品計画が、具体的な根拠を
示した反論のリリース¹を配信し、炎上が収束しました。

　この良品計画の事案で反論が功を奏した理由を分析すると、根拠を示して
具体的に反論していること、その反論が炎上参加者を説得可能な内容であっ
たこと、世論を味方につけることができたことがあげられます。反論してよ
いケースかどうかの判断は、これらの要素を考慮して行う必要がありますの
で、事実調査の段階で投稿の内容が事実とは異なることを客観的に示す資料
があるかどうかを明らかにしておくことが重要となります。

　このケースでは、商品が原材料を偽って実際は身体に悪いものを使ってい
るという内容ですので、それが虚偽である場合には、信頼回復のために反論
をする必要があるといえるでしょう。

　実際には、投稿の数や検索結果の上位に表示されているかどうかなど、顧
客への影響を踏まえて反論等の対応をすべきか検討することになります。

3　反論の発信方法の検討

　会社として反論すると決めた場合も、反論をどのような方法で発信するか
ということも重要なポイントとなります。

　多く利用される方法は、会社のウェブサイトのトップページに反論のリ
リースを掲載するという方法です。ウェブサイトに掲載することで、それが
会社の公式見解であることを示すことができますし、ウェブサイトは会社名
を検索した際の検索結果で上位に表示されることが多いため、多くの人の目
に触れるという意味でも重要なツールです。ウェブサイトは、平時の情報発
信のツールとして使えるだけでなく、インターネット上のトラブルに巻き込
まれてしまったときの有効な情報発信のツールにもなりますので、会社が
ウェブサイトをもっておくことにはこのような観点からのメリットもありま
す。

　このケースでは、ブログへの投稿が発端となっていますので、ブログの
トップページに反論のリリースを掲載することや、ブログで投稿し、可能で
あればそれをトップページに固定しておくことも有効です。

1　〈https://ryohin-keikaku.jp/news/2013_0618.html〉

　注意すべきは、Twitter などの SNS で反論する場合です。会社の公式ア
カウントであっても、短文の投稿しかできないツールでは断片的な情報しか
伝えられませんので、反論には適していないことが多いです。SNS の短文
の投稿だけで反論することは情報量の少なさから慎重に行うべきですし、仮
に SNS で反論をする場合には、会社のウェブサイトのリンクを貼っておく
ことで詳細な反論が記載されたページへ誘導することも検討するとよいでし
ょう。

　反論をした後も、一度反論して終わりとするのではなく、それに対するイ
ンターネット上の反応を注視し、反論が無用な誤解を招いている場合には適
宜追加のリリースを発信するなどして誤解を解いていくことも重要となりま
す。

Ⅵ　ウェブサイト等にサイバー攻撃を受けた場合の対処法

Q30　ウェブサイトが改ざんされた場合にはどのように対処すべきでしょうか

当社株式会社Ｘは、自社の製品・サービスを宣伝するためにウェブサイトを運営しています。

ある日、当社のウェブサイトが乗っ取られ、トップページが以下のような文言に改ざんされてしまいました。なお、Ａ社は当社の重要な取引先であり、ＢさんはＡ社の担当者の名前です。

「当社Ｘは、パワハラを行ったＡ社のＢさんを許さない！」

ウェブサイトが改ざんされた場合、当社はどのように対処すべきでしょうか。

ポイント

1　改ざん内容の対象となっているウェブページを保存し、Ａ社へ報告する。

2　管理会社等に連絡し、ウェブサイトを停止して証拠を保存する。

3　警察への被害相談や同じ被害が発生しないように再発防止を行う。

回　答

1　被害取引先への報告

まず、改ざんされたウェブサイトの状況を、保存した日付とURLがわかるようにスクリーンショットの画像データとして保存したり、PDFにて保存したりして取引先であるＡ社に送付し、ご迷惑をおかけしている旨の報告をします。Ａ社にこの報告をしないことによって、もしＡ社が当該ウェブサイトに気がついた場合には、「なぜ、もっと早く教えてくれなかったのか」

などとクレームを入れられかねず、信頼関係が壊れる可能性があります。改ざんされた内容の被害者であるＡ社にも、改ざんされた内容を見られていると想定した対応をとる必要がありますので、自ら報告することが望ましいでしょう。

2　ウェブサイトの管理会社や管理担当者への連絡

　改ざんされたウェブサイトをそのまま放置しておくと、多くの人の目に触れる機会が生じ、Ａ社とは無関係な者がSNS等へ誹謗中傷の内容を投稿するなど、さらなる問題に発展しかねず、被害が拡大するおそれがあります。また、不正アクセスが行われて改ざんされた場合は、再度不正アクセスが行われ、ウェブサイトに不正なプログラム（コンピュータウイルス）が埋め込まれれば、貴社のウェブサイトを閲覧した方々が不正なプログラムに感染するなど、より悪質な改ざんをされるおそれもあります。

　そのため、上記１において被害者であるＡ社に報告するとともに、ウェブサイトの管理を専門企業に依頼している場合は管理会社に、自社で管理している場合は管理担当者に連絡し、ウェブサイトを停止する措置を講じるよう指示します。ウェブサイトを停止するのではなく、改ざんされたページを元に戻すことでよいのではないかと考える方もいるかもしれませんが、改ざんされた方法が不明な場合は、元のウェブページに戻したとしても再度改ざんされるおそれがあるため、可能であればウェブサイトを停止する措置を講じましょう。

　次に、ウェブサイトの管理会社または自社の管理担当者（以下、「管理者等」といいます）に対して、データ等の保存を行うよう指示します。保存対象は、ウェブサイトを構築しているサーバ上のデータやウェブサイトにアクセスした履歴であるアクセスログ等を保存します。保存には、ウェブサイトを構成しているすべてのプログラムやアクセスログ、FTP（File Transfer Protocol）やSFTP（SSH File Transfer Protocol）などによってファイルを管理・更新している場合には、これらのアクセスログの保存も行います。

　ウェブサイトのサーバ上において、ウェブサイトを構成しているプログラムだけではなく、データベースも利用している場合は、データベースのデー

タが窃取、改ざん、削除されている可能性があります。そのため、データベースに保存されているデータもすべて保存するとよいでしょう。できるだけ改ざんされたウェブサイトの現状をそのまま確保できるように、多くのデータを保存しておくことが望ましいといえます。

　続いて、管理者等に対し、ウェブサイトの改ざんがどのような方法で行われたかを調査するよう指示します。管理者等では調査が困難な場合は、インシデント対応事業者に依頼することも検討しましょう[1]。改ざんの方法には、ウェブサイトの脆弱性を攻撃するもの、SQLインジェクション[2]攻撃を行うもの、管理者のIDおよびパスワードを窃取や推測して不正アクセスを行うなどの方法があります。

3　被害状況の公表

　改ざんされたウェブサイトを閲覧した方々は、なぜこのような文言が表示されたのかを知ろうとする傾向にあります。そのため、対応状況を公表することがよいでしょう。ただし、ウェブサイトの安全性が確認できるまでは、当該ウェブサイトに対応状況を公表したとしても、前述のように原因が判明していなければ、すぐに再度改ざんされてしまうおそれがあるため、別のウェブサイトがあるならばそのウェブサイトを、TwitterやFacebookなどのSNSアカウントがあるならば、これらのサービスを利用するとよいでしょう。企業としてSNSアカウントを取得していない場合は、被害に遭う前からあらかじめ取得しておき、このようなSNSを利用して対応状況等の情報発信を行うことが望ましいといえます。

　対応状況の公表には、改ざんされた日時、改ざんされた理由（原因）、他

1　「情報セキュリティサービス基準審査登録委員会」〈https://sss-erc.org/digital〉のウェブサイトに事業者一覧があり、参考になります。
2　SQLとは、データベースを操作するためのプログラミング言語のことをいいます。SQLインジェクションとは、インターネットのウェブサイトなどの入力画面に対して、直接SQL命令文の文字列を入力することで、データベースに不正アクセスを行い、情報の入手や、データベースの破壊、ウェブページの改ざんなどを行うことをいいます。これはウェブアプリケーションにおけるエスケープ処理が適切に行われていない脆弱性を狙った攻撃で、最近では、SQLインジェクションによる情報漏洩事件や、ウェブページの改ざんにより正規のウェブサイトにウイルスを埋め込まれる事件が増加しています（総務省ウェブサイト〈https://www.soumu.go.jp/main_sosiki/joho_tsusin/security/glossary/11.html#s05〉参照）。

にも情報窃取の被害が発生しているのか、警察への届出の有無、再発防止策の提案などを記載するとよいでしょう。

4　警察への相談

ウェブサイトが改ざんされた場合、不正アクセスであれば、不正アクセス禁止法違反が、ウェブサイトの改ざんは電子計算機損壊等業務妨害罪（刑法234条1項）がそれぞれ成立し得ます。そのため、改ざんされたウェブサイトの会社を管轄する警察署へ被害相談や被害届を提出するとよいでしょう。

被害相談をする場合は、現在把握している状況を説明できる資料を作成し、上記1および2で保存したデータとともに持参して説明することで、捜査担当者の理解につながることが期待できます。

5　再発防止

ウェブサイトが改ざんされた原因をなくし、再度同じ方法によるウェブサイトの改ざんが行われないように再発防止措置を講じる必要があります。脆弱性が存在し、これを放置したためにウェブサイトの改ざんが行われた場合には、当該脆弱性を修復するために、プログラム等のバージョンアップが必要になります。

また、ウェブサイトのセキュリティを強化し、他のサイバー攻撃にも耐えうる対策を講じることも有効です。どのような対策を講じることができるかは、ウェブサイトを管理しているサーバやサービスごとに異なりますので、サービス提供事業者に確認するとよいでしょう。たとえば、管理者等によるウェブサイトの管理をする場合に、パスワードの他にSMS（ショートメッセージサービス）や指紋認証を活用した2要素認証を導入したり、特定のIPアドレスからしかアクセスできないようにIPアドレス制限を施したり、ウェブサイトの改ざんを早期に検知するシステムを導入したりすることが考えられます。

また、前述しましたように、改ざんされたウェブサイトの被害状況を報告するために、企業としてのSNSアカウントを作成しておくとよいでしょう。

Q31 顧客からウイルス付きのメールが送られてくる場合にはどのように対処すべきでしょうか

当社の製品を購入したお客様が、製品を気に入らなかったようで、お客様相談室のメールアドレスに対して、ウイルス付きのメールが毎日送られてきます。ウイルス付きのメールが送られてくる場合、当社はどのように対処すべきでしょうか。

ポイント

1　添付ファイルは開かず、メールの本文に相談・質問があれば、内容を確認して回答する。

2　送信者が顧客であると判断できるのであれば、ウイルスが添付されていたことを指摘する。

3　ウイルスが添付されたメールは、添付ファイルを開かない限り保存したり、コピーしたりしても問題ない。

回　答

1　メールの削除および警告

　顧客のメールアドレスからウイルスが添付されたメールを受信した場合、「これはウイルス付きメールです」などとウイルス対策ソフトからのメッセージを受信することがあります。この場合は、ウイルスを駆除（添付ファイルを削除）したメッセージなので感染の心配はありません。ウイルス対策ソフトが駆除せず、「ウイルスのおそれがあります」などの表示がされて添付ファイルが削除されなかった場合であっても、メールに添付されているファイルは開かないようにしましょう。

　また、ウイルス対策ソフトが何ら動作しなかったとしても、安心できません。ウイルス対策ソフトでは検知・駆除できないウイルスも多々存在するからです。添付ファイルがウイルスであっても、メールの本文を読むだけで

は、ウイルスに感染することはまずありません。

　添付されたウイルスが高度なプログラムの場合は、ウイルス対策ソフトでは検知できず、特に注意する必要がありますが、添付されたウイルスが高度なプログラムかどうかは一見して判断できません。このような高度なプログラムは、たとえば、海外の怪しいウェブサイトからウイルスを入手してメールに添付して送りつける場合や、独自のウイルスを作成してウイルス対策ソフトでは検知できないようなウイルスをメールに添付して送りつける場合もあります。お客様相談室あてのメールに添付されたファイルなのに、拡張子が「○○.exe」や「○○.src」の場合はウイルスの可能性がありますので、添付ファイルを開かないようにしましょう。他にも、「○○.pdf」や「○○.xls」、「○○.doc」、「○○.xlsx」、「○○.docx」などの拡張子で送信される添付ファイルもウイルスの可能性があります。不審な文章が本文に記載されているメールに添付されたファイルや、本文の内容からファイルが添付される必要がないにもかかわらずファイルが添付されていた場合には、特に注意し、絶対に開かないようにしましょう。

　また、ウイルスが添付されたメールを送信したメールアドレスが、過去にやり取りをしたことのある顧客であれば、この顧客がウイルスに感染し、遠隔操作によって、顧客が過去にやり取りした方々に対してウイルスが添付されたメールを送信している可能性もあります。そこで、「送信されたメールにはウイルスが添付されていました」と注意喚起のメールを返信するか、電話番号がわかっている場合には、電話にてこの顧客に連絡しましょう。

　さらに、昨今流行しているパソコンを乗っ取って犯罪者の銀行口座に勝手に送金する不正送金事件等、犯罪被害につながるウイルスが添付されたメールの場合もありますので、明らかに顧客からのメールアドレスではない場合や、お客様相談室へ送信されるものとは異なるメール本文の内容であると判断した場合には、このようなメールに添付されているファイルは絶対に開かないようにしましょう。また、このような場合には、送信元メールアドレスに対しては返信しないようにしましょう。

1　「不正送金等の犯罪被害につながるメールに注意」日本サイバー犯罪対策センター（JC 3）：〈https://www.jc3.or.jp/topics/virusmail.html〉

　ただし、メール本文の内容などから、顧客がわざとメールにウイルスを添付して嫌がらせをしていると判断できる場合は、警告メールを送信することも有効です。

2　メールの保存

　ウイルスが添付されたメールを受信した場合は、このメールを削除することが最善の対処方法ではありますが、証拠として保存しておきたい場合は、削除する前にウイルスが添付されたメールをすべて保存しておきます。なお、添付されたファイルを開かなければ、ウイルスは実行されることはありませんので、保存するだけであれば基本的に感染しません。

　メールの保存方法は、使用しているメールソフトによって異なりますが、保存したいメールを選択してデスクトップにドラッグ＆ドロップすることやメールソフト上の「エクスポート」、「名前を付けて保存」などによって保存します。²保存したメールのファイルは、誤って開いてしまい、感染しないように、すぐに隔離して保管しましょう。

3　警察への相談

　顧客がわざとウイルスが添付されたメールを送信していた場合、不正指令電磁的記録供用罪（刑法168条の２第２項）が成立し得ます。また、毎日このようなウイルスが添付されたメールを送りつけてくる行為は、業務を妨害するおそれがあるといえますので、威力業務妨害罪（刑法234条）や電子計算機損壊等業務妨害罪（刑法234条の２）が成立し得ます。そのため、ウイルスが添付されたメールを受領した会社を管轄する警察署に被害相談や被害届を提出することも有効です。

　警察署へ被害相談をする場合は、上記２で保存したメールをCD-RやDVD-R等の記録メディアに保存して持参します。

2　メールをファイルとして保存する際に、ウイルス対策ソフトが検知してファイルを削除してしまう場合がありますので、保存する場合は、ウイルス対策ソフトを無効化するなどして慎重に取り扱う必要があります。そのため、管理者等がメールをファイルとして保存し、すぐに隔離された場所に保管することが望ましいでしょう。

4　ウイルスに感染した場合

万が一、顧客から送信されたメールに添付されていたウイルスであるファイルを開いてしまい、感染した場合には、即座にパソコンの電源を落としましょう。そして、ネットワークに接続されているのであれば、LANケーブルを抜き、無線LANやWi-Fiに接続しているのであれば、無線LAN機能を無効化します。その状態で、パソコンの保守業者に連絡するか、管理担当者に連絡を行い、業務に必要なパソコンのデータのうち、ウイルスによって感染していないことを確認するため、ウイルス対策ソフトでチェックしたうえですべて抽出し、その後、パソコンを初期の状態に戻すためにクリーンインストール（購入時や安全が確認されたバックアップデータから復元すること）をしてください。

クリーンインストールをせずに使い続けた場合、パソコンが遠隔操作され、パソコン内のデータやパソコンにつながっている社内のネットワーク、メール、ファイル、画像といった会社にとっての機密情報が、すべてウイルスに感染させた犯罪者に盗まれてしまうおそれもあります。

5　メール禁止の仮処分

メール本文の内容などから顧客が嫌がらせのためにわざとメールにウイルスを添付して送信してきたと判断し、こちらから警告のメールを出したにもかかわらず、このようなメールの送信を止めない場合には、メール禁止の仮処分を裁判所から発令してもらい、メールを送信してきた場合には、金員を支払ってもらう間接強制を行うことも有効です。

間接強制については、Q37を参照してください。

3　ノートパソコンの側面に無線LANのスイッチが付いている機種も存在しますので、このような機種の場合は、スイッチによって無線LANをオフにします。

Q32 DDoS攻撃を受けた場合にはどのように対処すべきでしょうか

　当社は、デザイナーの方々が製作したジュエリーをウェブサイト上で販売するショッピングサイトを運営しています。

　ある日、当社宛てにメールが届き、ショッピングサイトに対して「DDoS攻撃を仕掛けてウェブサイトを停止させてやる。DDoS攻撃をされたくなければお金を払え」と脅されました。専門業者の方にメールの調査をしていただきましたが、海外から送信されたメールであり、送信者を特定できませんでした。ウェブサイトを停止させられたら、ジュエリーを購入したいお客様やデザイナーの方々からクレームを受けてしまいます。このような脅迫を受けた場合、当社はどのように対処したらよいでしょうか。

ポイント

1　DDoS攻撃は、ウェブサイトのサービスを停止させられる攻撃のことである。
2　DDoS攻撃への対策は、ウェブサイトの処理能力の増強やインターネット回線の容量の増強などがある。
3　恐喝行為に対してはお金を支払ってはならない。

回　答

1　DDoS攻撃

　DDoS攻撃は分散サービス妨害（Distributed Denial of Service）攻撃の略称であり、多数のコンピュータからのアクセス要求に応答できない状態にされてしまうことをいいます。たとえば、ウェブサイトに対して想定以上の多数のコンピュータから接続されると、ウェブサイトが処理できる能力を大幅に超えてしまい、ウェブサイトが停止してしまうことがあります。また、回線

契約を、たとえば100Mbps として契約していた場合、この 2 倍である200Mbps のアクセス要求があれば、回線が輻輳してしまい、本来のお客様がウェブサイトにアクセスして閲覧できないこともこの攻撃の 1 つと考えられています。

　このような DDoS 攻撃は、どのようにして攻撃が可能になるのかを解説し、取りうる対策を紹介します。

⑴　IoT（Internet of Things）機器の悪用

　DDoS 攻撃が可能となった理由の 1 つに IoT 機器の促進があげられます。IoT とは、さまざまな物がインターネットに接続されること、または、インターネットに接続可能なさまざまな物のことをいいます。昨今、各家庭や各企業において導入が進んでいるリモートによる監視カメラやインターネットに接続するためのルータが、不正アクセスによって乗っ取られ、遠隔から操作されるように改変されている可能性があります。このような IoT 機器を大量に乗っ取って遠隔操作を行い、攻撃対象のウェブサイトに対して、DDoS 攻撃を仕掛けることが可能になります。

⑵　IP アドレスを偽装した攻撃

　攻撃者のパソコンや上記⑴で説明しました IoT 機器等から「通常のウェブサイト」にアクセスする際、自身の IP アドレスを「攻撃対象となるウェブサイト」の IP アドレスに偽装してアクセスを行い、インターネット上のサービスを提供している「通常のウェブサイト」に送信すると、アクセスを受けた「通常のウェブサイト」は、「攻撃対象となるウェブサイト」の IP アドレスからの接続であると勘違いして、「攻撃対象となるウェブサイト」あてに返答を行います。このような IP アドレスの送信元偽装を攻撃者のパソコンや上記⑴で乗っ取った大量の IoT 機器から行われることによって、送信していないにもかかわらず大量の返答を受け取った「攻撃対象となるウェブサイト」は、処理能力が追い付かず、処理しきれなくなり、本来のお客様に対してもサービスの提供ができなくなってしまいます。

1　2016年に実施されたリオデジャネイロでのオリンピックでは、オリンピックの公式ウェブサイトや関連組織に対して540Gbps（540,000Mbps）の大規模な DDoS 攻撃が継続的に行われました。

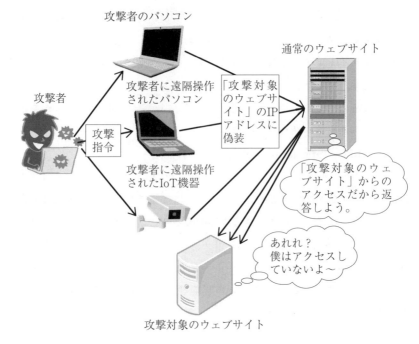

攻撃者のパソコン

通常のウェブサイト

攻撃者

攻撃者に遠隔操作
されたパソコン

攻撃
指令

「攻撃対象
のウェブサイ
ト」のIP
アドレスに
偽装

攻撃者に遠隔操作
されたIoT機器

「攻撃対象のウェ
ブサイト」からの
アクセスだから返
答しよう。

あれれ？
僕はアクセスし
ていないよ〜

攻撃対象のウェブサイト

⑶　DDoS攻撃の代行サービスの悪用

　海外の怪しいウェブサイトの情報交換を行う掲示板では、DDoS攻撃を遠
隔操作で実行するシステムを構築し、これを1時間数千円にて貸し出すサー
ビスを提供している悪質な事業者も存在します。このようなサービスを悪用
し、「攻撃対象となるウェブサイト」に対して、DDoS攻撃を行うことが可
能になります。DDoS攻撃の代行サービスを利用することで、専門的な技術
がなくても、誰でも手軽にDDoS攻撃を行うことできるのです。

2　DDoS攻撃の脅威

　このようなDDoS攻撃によるサービスの停止は、情報処理推進機構（IPA）
が毎年公開している情報セキュリティ10大脅威においても10位以内にランク
インしています。2019年は6位[2]でしたが、2020年は10位[3]になり、ランキング
順位は下がっていますが、依然大きな脅威であることに違いありません。

2　〈https://www.ipa.go.jp/security/vuln/10threats2019.html〉

3　〈https://www.ipa.go.jp/security/vuln/10threats2020.html〉

　DDoS攻撃は、サービスの提供を妨害する攻撃であるため、情報漏えいなどの被害は発生しませんが、サービスを提供することができなくなるため、サービスを提供することで利益を得ている企業にとっては死活問題になります。たとえば、洋服をデザイナーから委託を受けて販売するショッピングサイトを運営していた場合、DDoS攻撃を受け続ければ、ショッピングサイトに本来のお客様がアクセスできず、販売の機会を逃してしまうため、デザイナーの方々は、他のショッピングサイトに移行してしまうおそれもあります。

　2016年9月頃、大手家電量販店が運営するインターネット公式通販サイトに対して、DDoS攻撃が行われました。この攻撃は、上記1(2)を応用したDDoS攻撃であり、DDoS攻撃を受けた企業は、数日間、通販サイトのサービス提供ができにくくなりました。

　また、DDoS攻撃を代行する海外のウェブサイトを悪用した高校生が、オンラインゲームに対してDDoS攻撃を仕掛け、電子計算機損壊等業務妨害罪で書類送検されました。この高校生は、「ゲームの運営に不満があり、面白いので何度もやった」と供述しており、その手口は、DDoS攻撃を代行する海外のウェブサイトを悪用し、国内外の1161台から対象となったオンラインゲーム会社が提供するウェブサイトに対して大量のデータを送りつけ、通常の最大22倍の負荷を発生させて、業務を妨害しました。

　さらに、2022年9月6日に、日本政府が運営する法令情報のポータルサイト「e-Gov」や地方税のポータルサイト「eLTAX」などに対して、キルネットと呼ばれるハッカー集団が、DDoS攻撃を行いました。これによって、複数のウェブサイトがつながりにくくなったり、閲覧できなかったりする被害が発生しました。

3　DDoS攻撃への対策方法

　DDoS攻撃の具体的な対策方法として、ウェブサイトの処理が追い付かない場合は、ウェブサイトの処理能力を向上させる方法があります。また、攻撃者が使用するパソコン等のIPアドレスを特定できる場合であれば、ウェブサイトにおいて、このIPアドレスからのアクセスをすべて遮断することが有効です。このような対策ができるかどうか、管理企業や管理担当者に相

談するとよいでしょう。

　インターネット回線の輻輳が発生している場合は、回線の増強をすることや回線提供元であるインターネットサービスプロバイダに対して、特定のIPアドレスからの接続を遮断できるか相談してみましょう。

　他には、DDoS攻撃に強いCDN[4]サービスを利用することも考えられます。

　このように、DDoS攻撃を防ぐ有効な方法としては、ウェブサイトの能力の増強や回線の増強、回線サービスの提供元であるインターネットサービスプロバイダへの相談、CDNサービスの利用などが考えられますが、いずれも相応の費用が発生してしまいます。

4　警察への相談

　DDoS攻撃をすると脅し、金銭支払いを要求する行為は、恐喝未遂罪（刑法249条1項、250条）が成立し得ます。また、実際にDDoS攻撃を仕掛けた場合には、電子計算機損壊等業務妨害罪（刑法234条の2）も成立し得ます。そのため、DDoS攻撃を仕掛けられた会社を管轄する警察署に被害相談や被害届を提出することも有効です。

　また、警察署へ被害相談や被害届を提出する場合は、恐喝内容のメールを印刷して提出するとよいでしょう。

　実際にDDoS攻撃を受けた場合は、ウェブサイトへアクセスしてきたIPアドレスを含む履歴を保存したアクセスログを持参するとよいでしょう。

5　金銭支払い

　DDoS攻撃をすると恐喝されたとしても、金銭を支払わないようにするべきです。金銭を支払ったとしても、より多額の支払いを要求される可能性や、約束に反してDDoS攻撃を仕掛けてくることも考えられるからです。犯罪者の要求に対しては断固として拒む姿勢を示すことが重要といえるでしょう。

4　CDNとは、コンテンツ・デリバリー・ネットワークの略称であり、高度に分散されたサーバープラットフォームを活用し、ウェブアプリケーションやストリーミングメディアなどのコンテンツを配信するために最適化されています。

ⓠ33　顧客等の個人情報が漏えいしてしまった場合には慰謝料を支払うべきでしょうか

当社のウェブサイトに不正アクセスがあり、お客様の情報が漏えいしてしまいました。被害に遭われた一部のお客様からお怒りの電話を受け、「精神的苦痛を受けたから慰謝料として10万円払え」と請求されました。このようなお客様に対して当社は慰謝料を支払わなければならないのでしょうか。

ポイント

1　過去の裁判例から、顧客の個人情報が漏えいした賠償の金額は、1000円から３万円が相場である。

2　漏えいした顧客全員に対してお詫びの金員を配布する場合は、おおむね500円から1000円相当が多い。

3　個人情報を取り扱う企業は情報漏えい被害を受けた被害者であるが、同時に顧客に対しては加害者にもなり得る。

4　個人情報を漏えいして迷惑を掛けた事実に対しては、謝罪するなどの姿勢を示す。

回　答

1　情報が漏えいした場合を想定した準備

ほとんど毎日のように、企業等から、サイバー攻撃の被害を受けて個人情報が漏えいした、といった公表がされています。読者の皆様も、そのような公表やマスメディアによる報道をみたことがあるでしょう。このような企業における情報漏えい後の対応の仕方によって、顧客の反応はまちまちです。たとえば、これまで取引していた顧客は、取引を中止する、様子をみようと取引を一時中断する、きちんとした再発防止対策ができたのであれば取引を再開するなどの反応があります。これから取引を検討していた顧客は、取引

をしない可能性が高く、これは潜在的な損害といえるでしょう。

　企業においては、第三者の個人情報だけではなく、さまざまな情報を取り扱っていますので、情報が漏えいした場合の対応を事前に検討しておき、実際の漏えい時になるべく慌てず、迅速かつ的確な判断や処処ができるように日頃から準備しておく必要があります。

2　個人情報漏えいと裁判例

　企業や団体において管理していた個人情報が漏えいしたことにより損害を受けたとして、当該個人情報の本人が損害賠償請求をした裁判例はいくつか存在します。

　システム開発の再々委託先のアルバイト従業員が外部に販売した宇治市の住民基本台帳漏えい事件（最判平成14・7・11判自265号10頁）では1人あたり10000円が、契約社員が不正に顧客情報を取得したYahoo!BBの顧客情報漏えい事件（大阪高判平成19・6・21判例集未登載）では1人あたり5000円が、アクセス権限の設定が不十分だったために身体に関する機微な顧客情報が漏えいしたTBCグループの個人情報漏えい事件（東京高判平成19・8・28判タ1264号299頁）では1人あたり3万円（一部は1万7000円）が、それぞれ慰謝料の賠償金として認められました。

　また、ベネッセコーポレーションの再委託先の従業員による個人情報漏えい事件について、最高裁判所からの差戻審による大阪高等裁判所（大阪高等裁判所令和元・11・20判時2448号28頁）では1人あたり1000円という判決も出ています。

　このように、個人情報が漏えいし、損害賠償請求訴訟の裁判を起こされた事件については、漏えいした情報の内容や二次被害の有無などによって慰謝料としての賠償金は、1000円から3万円の幅があることがわかります。

3　お詫びの相場金額

　企業や団体において管理していた個人情報が漏えいしたため、当該個人情報の本人に対して、お詫びの金員を配布した事例も多数存在します。2003年、小売業のL社において、56万人の個人情報（住所、氏名、性別、生年月

日、電話番号）が漏えいした事案では、1人あたり500円相当の商品券が配布されました。2014年、教育業のB社において、約4858万人の個人情報が漏えいした事案では、1人あたり500円相当のクオカードが配布されました。

　他にもいくつかの事案において、おおむね500円から1000円相当の商品券またはクオカードを配布する企業が多いですが、昨今ではお詫びの金員を提供しない企業も増えてきています。

時期	業種	情報漏えい件数	お詫びの金額
2003年	小売	約56万人	500円相当の商品券
2003年	クレジットカード	約8万人	1000円相当の商品券
2003年	小売	約18万人	1000円相当の商品券
2003年	交通	約13万人	5000円相当の招待券
2004年	IT	約450万人	500円相当の金券
2014年	教育	約4858万人	500円分のクオカード
2015年	交通	約4000人	500円分のクオカード

4　本件の顧客からの慰謝料請求金額

　紹介してきました上記2や3の事案を踏まえると、本件の漏えいした情報や二次被害の有無などによるところはありますが、10万円の慰謝料請求は裁判によっても認められない可能性が高いといえます。

　ただ、この際気をつけるべきことは、顧客の情報が漏えいしてしまったことはまぎれもない事実であり、真摯な態度で対応する必要があるということです。顧客としても自分の情報が他人の手に渡り、どのように使われるかがわからず不安な気持でいっぱいです。それにもかかわらず、顧客の情報を管理している企業が、「うちも被害者だ」、「うちは何も悪くない」、「賠償金や補償金は一切支払わない」などと強気な態度に出てしまえば、反感を買うことになるのは当然でしょう。確かに情報を漏えいさせた者が最も悪く、情報を管理していた企業も被害者に違いありませんが、管理状況の仕方などによっては、企業は被害者であると同時に加害者になる場合もあります。少な

くとも情報を漏えいした事実によって顧客にご迷惑をかけたことは間違いないので、この事実に対して真摯な態度で謝罪などをすることは何ら問題ありません。

　また、漏えいした顧客に対してご迷惑をかけてしまったことに対するお詫びとして、金員を配布する場合は、支払えと請求してきた人だけではなく、全員に公平に同じ金額を配布するようにすることが望ましいといえます。別々の金額にするには、精神的な被害や実際に発生した被害状況を集約し、金額の差を設ける理由を精査して判断する必要がありますし、精神的な被害を金員に換算することは非常に困難だからです。

　他に注意する点として、お詫びの金員を配布すると決定した場合であっても、連絡先や配布先が不明な方々に対して、ウェブサイトに広報するなどしてできる限りの情報収集を行い、連絡をしてきた方々が、なりすましではなく本当に被害者本人なのかを確認することも実施しなければなりません。

　以上を踏まえ、賠償やお詫びをするかの検討をするとよいでしょう。

Ⅶ　クレーマーへの法的対応の基礎知識

Q34　仮処分等の法的対応とはどのようなことができるのでしょうか

　当社に落ち度はないのですが、お客様が説明にご納得いただけず、クレームがエスカレートし、1日に何十回も電話をかけてこられたり、営業中の店舗に来て騒がれたりして困っています。

　当社としては、これ以上の対応はできかねるので、電話も訪問もやめてほしいと伝えているのにお客様の行動はエスカレートする一方で、対応する従業員はすっかり怖がってしまっていますし、電話や訪問の対応に人員をとられて当社の業務に相当の支障を来しかねません。

　当社としては、このお客様に従業員で対応することは困難だと思っており、法的な手続で、電話や訪問を阻止してほしいと思っています。

　どのようなことができるのでしょうか。

ポイント

1　刑事告訴をして対応する方法がある。

2　仮処分を活用する方法もある。

回答

　クレーマーへの対応について、従業員や担当者の説明をもっても納得せず、業務妨害的な行為が継続している段階に至っては、もはや当事者間の話合い等での解決は困難と思われ、法的な手続を検討するべきです。

　法的手続には、主に刑事手続と民事手続があります（詳細は第1部で述べておりますので、47頁（第1部Ⅴ法的対応）をご参照ください）。

　そこで、以下、刑事手続と民事手続に分けて、今回のケースに即してご説明していきます。

1　刑事手続による対応

　本設問のクレーマーは、会社からやめてほしいと伝えられているにもかか
わらず、1日に何十回も電話をかけたり、会社に押しかけたりしています。
そして、実際にその会社の業務に支障を来しかねない状況となっていること
から、このような行為は、まず業務妨害罪（刑法233条後段、234条）に該当
するもので、しかも従業員が怖がるほどの態様とのことですので「威力業務
妨害罪」（刑法234条）になる可能性が高いものです。

　さらに、電話や訪問の際に、脅迫的な文言を用いていれば脅迫罪（刑法
222条）、加えて金品等の要求があれば恐喝罪（刑法249条）にも該当しうる行
為です。

　このような被害事実を、「告発」や「告訴」という方法で警察や検察の捜
査機関に届け出ることにより、捜査機関が捜査に着手し、クレーマーが起訴
（「公判」という刑事裁判の被告人にされること）されれば、最終的には、ク
レーマーが刑罰を受けることになり、実刑判決を受ければ刑務所に入れられ
ることになります。

　たとえ収監（刑務所）までいかなくても、捜査の対象となったり、起訴さ
れることにより、クレーマーが処罰をおそれて今後同様の行為を踏みとど
まったり、処罰をされないように（または情状酌量を求めて）クレーマーから
示談を申し入れてくることにより、クレーム事件が解決することが期待でき
ます。

　もっとも、第1部でも触れましたが、警察や検察の捜査機関は、被害の申
告があれば必ず受理したうえで直ちに捜査してくれるというわけではありま
せん。

　そこで、警察と相談しながら証拠を集めたり、弁護士に依頼して「告訴
状」という形で、クレーマーの行為について法律的評価を加えた文書で説明
して証拠も整理してもらったうえで警察や検察に相談するという方法等もご
検討されることをお勧めします。

2 民事手続を利用する方法

刑事手続は捜査機関が主体となって進めるものですが、民事手続はあなた（会社）が当事者となります（47頁（第1部Ⅴ法的対応）をご参照ください）。

民事手続もさまざまなものがあり、被った損害をクレーマーに請求するとか、あなた（会社）がクレーマーに対して何の義務もないことを確認してもらうという手続もあります（こちらは51頁（第1部Ⅴ2(3)債務不存在確認請求訴訟）で詳しくご説明しています）。

しかし、本設問は、日々新たに行われるクレーマーの業務妨害的行為を止めることが最優先事項となりますので、その目的を達成しうる方法である仮処分手続の中で、面談等強要禁止の仮処分についてご説明します（仮処分手続については49頁（第1部Ⅴ2(1)仮処分手続）をご参照ください）。

なぜ、普通の裁判ではなく仮処分手続を用いるかというと、裁判所の判断が出されるまでの時間が短いということがあげられます。

仮処分手続は、裁判所に対して正式な裁判をせず暫定的に必要な措置を命じてもらうよう求めるものです（そのため裁判所が仮処分命令を発令するに際しては担保を供託することになります）。

普通の民事裁判は、訴訟を提起してから、第1回目の裁判が開かれるのが、それが1カ月半以上先となることはよくあることで、さらに月1回程度のペースで進むので、解決までに非常に時間を要します。

一方で仮処分手続は、申立てを行うと、まずあなた（会社）が一両日中に裁判官と面接し事情を説明することになり、2週間以内には審尋の期日が設けられるのが通常で、裁判所の判断が出るのもおおむね1カ月程度です（あくまで一般的なものであり、すべての事案に該当するものではありません）。

なお、ケースによっては、無審尋、無担保で発令されるケースもあります。

このケースであれば、「債務者（クレーマー）は、債務者自らまたは第三者をして債権者（あなたまたは会社）およびその同居する親族、勤務先に対し、架電し、または面会を求める等の方法で、直接交渉することを強要することしてはならないとの裁判を求める」という裁判を求めて、裁判所に申し立て

ます（準備についてはQ35をご参照ください）。

　申立てを行うと、裁判所からクレーマーに対して呼出しがなされ、「審尋」という手続で相手方にも言い分を述べる機会が与えられます。その結果、クレーマーが第三者である裁判官と話すことにより一応の納得をみることで、こちらが不必要な譲歩をしない勝訴的な和解に至り、クレーム事件が解決することが期待できます。

　相手方が呼出しに応じなかったり、審尋手続でも納得しないということも考えられます。しかしその場合でも、裁判所がこちらの言い分を認めて仮処分命令を出してくれれば、それに基づいて間接強制という方法でその後の相手が同様の行動を繰り返すことを牽制することも可能です（これについてはQ37をご参照ください）。また、裁判所の命令が出てもそれに従わずに電話や訪問をやめないという事実は、刑事事件の証拠ともなり得ます。

　このように、仮処分手続によって迅速な事態収束を期待できますので、実際にご検討される場合は、弁護士にご相談されることをお勧めします。

Q35 仮処分をする場合にはどのような準備が必要でしょうか

> Q34のお客様について、仮処分をする場合にはどのような準備が必要でしょうか。
>
> 私は、法学部出身でもなく裁判の知識も全くありませんが、弁護士に任せていれば当社は何もしなくていいのでしょうか。

ポイント

1　申立書にはどのようなことを書くか。

2　疎明資料はどのように準備するか。

3　担保金を準備する。

回答

1　仮処分の申立て

　仮処分を申し立てるにあたっては、①申立書と②疎明資料（証拠）を提出して行うことになります（民事保全法13条）。その他、委任状などの添付書類も必要となります。

　また、仮処分命令の発令に際して担保を提供する必要がある場合もありますので、その準備もしておく必要があります。

2　申立書と疎明資料

(1)　①申立書

　①申立書では、あなたの会社のどのような権利（被保全権利といわれます）を、どうして緊急手段である仮処分手続で守る必要があるのか（保全の必要性）を明らかにします。

　このケースであれば、あなたの会社の業務が妨害されているので、「業務遂行権」を守られるべき権利（被保全権利）として主張することが考えられ

203

ます。

　そして、保全の必要性として、クレーマーがどのような行為を行ってい
て、それによりどのように業務が妨害されるのか（されるおそれがあるの
か）、つまり、今のままだとあなたの社会に生じうる「著しい損害または急
迫危険を避けるため」には、通常の訴訟手続では間に合わず緊急性を有する
ことから、仮処分命令が必要であることを裁判所に説明します（民事保全法
23条2項）。

　また、必要性だけではなく、どうしてそれを止めさせることが正当化され
るのか（許容性）等も、可能な限り裁判所に説明することが望ましいと思わ
れます。

　以上のとおり、弁護士は、それを書面にするための情報が必要となりま
す。

　たとえば、ⓐあなたの会社の沿革や普段どのような業務を行っているか、
会社の規模、支店営業所の数、常駐する従業員の数など、ⓑこのクレームが
生じた経緯と今日までの対応、ⓒクレーム行為の態様、ⓓクレーム行為に
よって業務にどのような支障が生じているのか（今後生じるおそれがあるの
か）、ⓔ相手のクレームには正当な理由があるのかないのか、等です。

　つまり、これらについては、あなたの会社の担当者が弁護士に十分に説明
する必要がありますし、弁護士が申立ての準備を進めながら新たに追加して
確認したいこと等が出てくることもよくありますので、弁護士と密に連絡を
とり合う必要があります。

(2)　②疎明資料

　上記の①申立書には、こちらの「主張」（言い分）だけを記載したものです
ので、これが本当にそうなのかどうかは、裁判所にはわかりません。

　そこで、それを「ただ言っているだけではなく、○○という資料に照らせ
ば、言っていることは一応確からしい」と裁判所に考えてもらうための資料
を提出する必要があり、それを疎明資料といいます。

　仮処分等の保全事件では、緊急性・暫定性が求められておりますので、普
通の裁判で求められる「証明（通常人が合理的な疑いを容れない程度の心証）」
という高いレベルのものまでは求められておらず、「事実の存在が一応確か

らしい」という「疎明」で足ります（民事保全法13条2項）。

　このケースで上記でご説明した①申立書の@〜⑥でいえば、@は、あなたの会社の登記（全部履歴事項証明書）や会社案内、ウェブサイト等比較的容易に準備できるものだと思います。ⓑ、ⓒは、あなたの会社内の報告書や、クレームがメールであればその履歴、クレーマーからの電話内容（録音）や会社に押しかけてきたときの防犯カメラの映像等が考えられます。

　ⓓ、ⓔは、あなたの会社の担当者の陳述書等が考えられます。

　このうち、ⓑ、ⓒなどは弁護士に依頼した時点で準備がない場合もあるかと思われますし、ⓓ、ⓔなどは仮処分を行うと決めてから作成にかかるのが通常です。

　そのような場合にどうするか、たとえばクレーマーから再び会社に電話があったり押しかけてきたときに記録をとるのか、それはどのような方法で行うのか、等の準備について弁護士とよく打ち合わせることになります。

　このように、仮処分を弁護士に依頼したからといって、すべて弁護士だけで準備できるものでは決してありません。

　むしろ、依頼する側であるあなたの会社からの情報や資料がなければ、申立てもままならなくなってしまいますので、弁護士との十分な協力体制、意思疎通が重要になると思います。

3　担保の金額

　あなたの会社が申し立てた仮処分によって、クレーマーが損害を被る可能性がある場合には、担保を立てる必要があります（民事保全法4条）。

　たとえば、保全の必要性がないのに保全命令が出された場合などです。

　担保の額は裁判官の自由な裁量で決定されます。実際の事案ごとになりますので、事前に弁護士と相談のうえ、裁判所の決定が出たら速やかに納付できるよう準備しておく必要があります。

Q36　仮処分ではどのようなことを求めることができるのでしょうか

Q34のお客様が、電話や訪問以外のクレーム・嫌がらせを始めないか心配です。仮処分ではどのようなことが求められるでしょうか。

ポイント

・仮処分の申立ての趣旨を理解する。

回　答

　今後、クレーマーがどのような行為に及ぶかによって変わってきます。

　たとえば、相手方が街宣車であなたの会社の前に乗り付けてあなたの会社の対応を糾弾し始めた場合は、それを止めるように求める仮処分手続があります（街宣等禁止仮処分命令申立て）。

　また、クレーマーがあなたの会社の誹謗中傷等をインターネット上に書き込んだ場合、それを削除するよう求める仮処分手続があります（投稿記事削除仮処分命令申立て）。さらに、記事を誰が書いたかがわからない場合には、書き込んだ者が誰かを特定する仮処分手続（発信者情報開示仮処分等）があります。

　それ以外にもクレーマーの行為によって、適切な手続を選択・検討していくことになりますが、Q35の2で述べたとおり、①申立書、②疎明資料の準備を行う必要がありますので、申立てが認められる可能性などについても十分に弁護士と協議されることをお勧めします。

Q37 仮処分命令が出されてもクレーマーの行為が止まらない場合にはどのように対応すればよいでしょうか

> 　裁判所から仮処分命令が出されたのですが、それでもお客様からの電話や訪問が止まりません。
>
> 　せっかく仮処分命令を得ることができても、裁判所の命令を無視されたら、当社としては何もすることができないのでしょうか。

ポイント

1　間接強制を活用する。

2　間接強制の申立て手続を行う。

回　答

　仮処分命令を得ても、相手がそれに従わずに電話や訪問を続けるというケースもあり得ます。

　このような場合に、裁判所に頼んで相手が電話や訪問をしないように直接体を押さえ付ける、ということはできませんが、「違反した場合には１回につき○万円支払え」という命令を出してもらうことができます。

　このように相手方に心理的な強制を加え、仮処分命令の内容を実現させる方法があり、これを「間接強制」といいます（民事執行法172条）。

　「○万円（間接強制金）」がいくらかというのは、相手の行為によってあなたの会社に生じる損害額だけでなく、その禁止事項の性質や相手方の資力なども考慮して、裁判所が相当と認める額を決定で定めます。申立て後に裁判所からの指示で、額を判断するために必要な追加資料を提出したりすることもあります。

　そして、裁判所は相手方を呼び出して意見や主張を聞く手続（審尋）をとらなければならないと法律上定められています。

　このケースでは、仮処分命令が出ても現実に電話や訪問を繰り返している

のですから、それを録音したり撮影したり、担当者が報告書を作成したり、と証拠を準備して申し立てればよいと思います。

　なお、このように「○○してはいけない」という相手方の「不作為」を目的とする場合の間接強制においては、実際に違反行為がなされなる必要はなく、「違反するおそれ」があれば足りるとされています。現実に違反行為がなされて初めて間接強制が認められるとすれば、この仮処分命令の目的が達成されないためです。

　つまり、現実に電話や訪問がなくても、その「おそれ」があることを立証すれば足りるので、事前に間接強制の決定を得ておくことも可能です。

　さらに、間接強制の決定が出ても、なお違反行為を続ける場合は、さらに間接強制の申立てを行うこともできます。その場合、この間接強制金では効力がなかったということになりますので、さらに高額の間接強制金が認められる可能性が高いといえます。

　また、裁判所から命令が出ても相手方がそれを無視してなお業務を妨害する行為が続けている、ということを警察に相談すれば、刑事事件として立件してもらえる可能性も高くなると考えますので、間接強制だけでなく警察に相談されることもあわせてご検討されるとよいかと存じます。

Q38　故障の責任がないのに執拗に補償を求めてくる場合はどう対応すべきでしょうか

　Q34のお客様とは別の方のご相談です。この方は、当社の製品に故障があったとして、製品を使えなかった時間分を補償しろとおっしゃっています。

　当社にて製品を確認したところ、製品に問題はなく、単にお客様の使い方が悪かっただけなので、それをご説明したのですが、納得されません。

　たまにお手紙やお電話で「補償」を求めてこられるだけで、連日電話をかけてきたり、会社に押しかけてきたりということはなく、話し方も丁寧な方ですが、「補償してほしい」という点については、何度ご説明しても納得してもらえません。

　何か解決方法はないでしょうか。

ポイント

1　書面での回答をする。
2　それでも納得が得られない場合は、調停手続の利用、債務不存在確認請求訴訟を検討する。

回　答

　このようなケースですと、あなたの会社の業務が妨害されているとまではいいづらく、刑事事件化はもちろん、仮処分命令も出るかどうか難しいところと思われます（そもそもあなたの会社としても、このような方に「電話するな」、「訪問するな」等という仮処分命令を申し立てることについても抵抗があると思います）。

　連絡があるたびにご説明する、ということでもよいかと存じますが、あなたの会社としては「解決方法」を求められていることから、以下の方法をご提案します。

　まず、あなたの会社で電話や面談で何度説得しても納得してもらえないのですから、一度書面で、あなたの会社の見解を整理して回答をしてはどうでしょうか（必ずしも内容証明郵便である必要はないと思います）。

　口頭での説明では伝わらなかったり、曖昧になってしまうこともありますが、書面化することで、あなたの会社の見解や立場を明確に示すことができます。

　さらに、弁護士に依頼して、弁護士名義であなたの会社の見解を書面にしてあらためて送るという方法も、あなたの会社としては、お客様に対する対応が担当者から弁護士に変わったことで、あらためてお客様に自分の要求の正当性について考えてもらうことができるのではないかと思います。

　弁護士に依頼しても、直ちにお客様と対立関係になるわけではありませんし、お客様に必要以上に身構えさせないように、弁護士と相談して表現内容も調整してもらうべきです。

　それでも納得いただけない場合は、第三者を入れたほうがよいと思います。

　たとえば、裁判所に民事調停を申し立てるという方法があります。

　調停手続は、裁判のように判決が出て白黒つけるものではなく、調停委員が間に入って双方の話合いの場を設けるものなので、実情に合った円満な解決が期待できます。

　調停でも話合いがまとまらない場合、「債務不存在確認請求訴訟」を提起するという方法もあります。

　これは、裁判所の判決であなたの会社がお客様に対して債務（相手方が主張する「補償」する義務）がないことを確認してもらうことができます。

　このように、電話や面談という口頭での説明から、書面での説明、弁護士からの書面での説明、調停、訴訟という過程の中で、お客様が納得したり、電話や訪問が収まっていくことが期待されます。

Ⅷ　弁護士に依頼する場合の基礎知識

Q39　信頼関係を築ける弁護士を選ぶにはどのようにすべきでしょうか

> 私の会社には顧問弁護士がおりません。また、社長以下知り合いの弁護士もおりません。どのようにして適切な弁護士を見つけたらよいでしょうか。

ポイント

1　どのようにして信頼関係を築くか。
2　弁護士からの広告、宣伝が他の業界とは異なり制約が大きいことを知る。
3　信頼できる知人からどのように紹介してもらうか。
4　弁護士会の紹介やインターネットによって自分で見つけるには、どんな方法があるか。

回　答

1　信頼関係の築き方

　弁護士と顧客の間に強い信頼関係を築くことは、裁判・交渉を進めるうえで最も大切なことです。

　クレーマーに対して、裁判など法的な手段で対処する場合、顧客と弁護士とは強い信頼関係で結ばれたうえでの二人三脚体制をつくる必要があります。事実を余すところなく正確に伝えることが顧客の仕事、その事実をもとにして、いかにして法的な主張を組み立て顧客を勝訴へ導くかは弁護士の仕事、といえます。その過程で、顧客は時としてプライバシーにわたることも弁護士には包み隠さずに話す必要があるでしょう。また、顧客の担当者の方

第2部　実践的クレーム対応Q＆A〔Ⅷ　弁護士に依頼する場合の基礎知識〕

がクレーマーと対応した際に犯したミス、会社にあまり明かしたくないミスなども話す必要があるでしょう。そうしたミスを犯してしまったにしても、それは決して悪気があって行ったことではなく会社のためを思ってやったことが、結果的に悪い方向へ行ってしまったこともあるでしょう。こうした話を聞く弁護士は、すべてを包み込む寛大さとともに、顧客の担当者の方が心の中では思っていても言語では表現し切れていないところを適切な言葉で表現し直すことも時には必要です。さらに、弁護士が法的主張を組み立てる際にも、顧客からの正確で豊富な情報が大いに役立つことになります。

このように、顧客と弁護士とが信頼関係を築くことが、事件を有利な解決へ導くのに最も重要なことです。では、会社に顧問弁護士がおらず、また社長をはじめ役員、従業員の方に知り合いの弁護士がいない場合、どのようにして適切な弁護士を見つけたらよいのでしょうか。

2　弁護士の広告、宣伝に関する弁護士会の制約

ところで、読者の皆様は、他の業界に比べて弁護士の広告、宣伝が非常に少なく、また活発でないことに気づいておられると思います。

その理由は、弁護士会の会規によって、過度な期待を抱かせる広告、弁護士の品位または信用を損なうおそれのある広告はできない旨定められていることや、訴訟の勝訴率を表示した広告はできないことや、過去に取り扱った事件を広告するには制約があることなど、やむを得ないとはいえ、弁護士の社会における役割を考慮したうえでの大きな制約があるためです。

しかし、弁護士を探している方としては、弁護士の得意分野、人柄、報酬基準などを事前によく把握したいでしょうから、現在の弁護士会の会規による限り、双方にはかなり大きなギャップがあり、会社が直面している問題について、どの弁護士に依頼することが最も適切であるのか判断することは相当に難しいといわざるを得ないと思います。

3　信頼できる知人からの紹介による方法

上記のような現状においては、信頼できる知人に弁護士を紹介してもらうことが最も確かな選択方法だと思います。そして、もしその知人がその弁護

212

士に事件を依頼したことがあるとすれば、なお一層好都合だと思います。

　弁護士からみると、自分の回りは信頼できる顧客で固めておきたいと思うものです。したがって、会社にとって信頼できる知人は、会社にとっても信頼できる弁護士を紹介してくれるはずです。

　しかし、人柄の良さなどとは異なり、その弁護士が優秀なのか、人一倍努力してくれるか、など最も大切なことは、一度でもその弁護士に事件を依頼した人こそがよくわかるものです。したがって、信頼できる知人が、もし過去にその弁護士に事件を依頼したことがあり、その経験に基づいてその弁護士を紹介してくれるのであれば、それは最良の巡り合わせではないでしょうか。

4　弁護士会の紹介やインターネットによって探す方法

　もし、信頼できる知人からの紹介が得られない場合は、弁護士会で紹介を受ける、とか、インターネットによってご自分で見つける、などの方法があります。

　日本全国47都道府県に少なくとも１つずつは弁護士会がありますので、弁護士会事務局に直接尋ねれば、弁護士の紹介に向けて対応をしてくれます。この場合は、少なくとも一度は弁護士と対面し、お話をしたうえで委任するかどうかを決めることになります。

　また、最近は、インターネットの弁護士のウェブサイトを検索することにより、弁護士を探す方も増えています。この場合は、自分が最も適切と思う弁護士の事務所に行き、やはりお話をしたうえで委任するかどうかを決めることになります。

　弁護士会から紹介を受ける方法、インターネットの検索による方法、いずれも上記のような、知人が間に入る方法とは異なります。しかし、弁護士は、今でもなお相当な程度まで均質性があると思えますので、こうして知り合った弁護士であっても会社の期待に十分に応えてくれる弁護士は多いと思います。

Q40 **不当クレームに対する弁護士の意気込み、弁護士のやりがいとはどういったものでしょうか**

> 不当クレームに対応してもらうため、当社は弁護士に依頼し、これから相手方と交渉したり裁判したりすることになりました。ところで、その弁護士の事務所の報酬規程に基づく金額の着手金、報酬額を取り決めたのですが、思ったより金額が低額であり、これで十分にやっていただけるものか、逆に不安になります。いかがでしょうか。

ポイント

1　弁護士が受任事件に関して意気込みをもつ原動力は何か。
2　弁護士報酬はどのようにして決められるか。

回　答

1　弁護士費用が思ったより低額であったこと

　そうですか。思ったより低額であったのですからよかったではありませんか。あなたも、その法律事務所の報酬規程を受け取っているようであり、報酬規程によってあなたが計算してみた金額よりも低額であった、ということですね。

　報酬規程によって弁護士費用を決める場合、まずはその事件についての経済的利益の価額を算出し、その価額に対する一定の割合を弁護士費用（着手金、報酬金）の標準額とします。経済的利益の価額とは、1000万円の貸付金の返還を求める場合における1000万円など、金銭に換算して依頼者の方が弁護士活動によって得られる利益の額をいいます。本件のようなクレーマーへの対応については、金銭に換算することが難しいケースもあります。この場合、多くの弁護士の報酬規程では、その経済的利益の価額を800万円とみなす、としているのではないでしょうか。ところで報酬規程には、事件の難易

度、その他諸事情によって、上記標準額に対し、一定の割合で増額したり減額したりすることが定められています。あなたの場合、きっと、弁護士があなたからお話を聞くなどした結果、標準額を減額する事情があると考え、減額したのでしょう。

2　弁護士報酬を減額する際の事情

弁護士が、標準額から減額をした弁護士費用を依頼者の方に呈示する場合、その事情はさまざまでしょう。

たとえば、早期にあっさりと解決しそうな場合、あなたとの従来のお付き合いを考慮した場合、あなたを紹介してくれた人のことを念頭において配慮した場合など、さまざまです。また、あなたの訴えがごく真っ当であるのに対して、相手の言動が悪質であり法の力をもってあなたを助けたいと思うもののあなたに標準額を支払う経済力がなく、しかしそれでも弁護士があなたを助けたいと思った場合もあります。

3　お金がすべてではない

以上述べたとおり、お金がすべてではありません。お金があるのに、弁護士費用を支払うのがもったいないと考えて弁護士費用の減額を求められても困ります。また、あなたの言い分が客観的な証拠と相反するにもかかわらず、相手を許せないとして弁護士に訴訟等を依頼する場合、あなたから社会正義のための仕事だからなどと言われて、弁護士費用の減額を求められても困ります。これに対して、悪質な相手に対抗するあなたの言い分が正しく、あなたとしてはご自分の資力の中から精一杯弁護士費用を捻出しようとしておられるのならば、そのような事件を受任することを意気に感じて、弁護士としても可能な限りでの減額を試ることがあると思います。

弁護士費用を標準額から減額する理由は、このようにさまざまです。しかし、いったん、このようにして弁護士と顧客との間で弁護士費用が決まったならば、その費用が標準額に比べて少ないからその分だけ仕事の手を抜く、などということを弁護士は決してしません。社会の中には、金額に比例して提供されるサービスの質、量が異なることがあります。しかし、弁護士の仕

事については、このようなことはありません。

　したがって、あなたの不安は、心配ご無用というべきです。

Q41 社会正義の実現と弁護士費用との関連性はありますか

> 大変お尋ねしにくいことですが、あえてお聞きします。社会正義のためならば弁護士は苦労もいとわず、身を粉にして奉仕する職業だとお聞きしており大変尊敬しています。しかし、一方で弁護士に思わぬ高額の報酬金を請求された、との話をたびたび耳にします。
>
> 弁護士の方が、無償奉仕をした例を具体的に教えていただけますか。

ポイント

1 弁護士の報酬金は高いか安いか。
2 弁護士が無償で労力を費す場合として、どのようなケースがあるか。
3 一般の民事事件の場合の弁護士報酬はどのように決められるか。

回 答

1 一般の民事、刑事事件などと弁護士報酬規程

　弁護士の中には、上記のような無償の業務を多数受任している人もいます。逆に、無償の業務はほとんど受任していない人もいます。それぞれの弁護士の考えるところや価値感が1人ひとり異なるからです。しかし、一般の民事事件、刑事事件は、報酬規程に基づき有償で行うことがほとんどだと思います。

　報酬規程に基づく弁護士費用を高いと感じるか否かは、人によって、また事案によって幅はあるだろうと思います。弁護士費用については、医療費のような公的保険制度はありません。もしこうした制度があれば、事件を依頼する際の弁護士費用は安くなると思います。しかし、そのための掛金は高くなるでしょうから、医療費に関する公的保険制度に比肩するだけの弁護士費用保険制度はなかなかでき上がりません。そこで、報酬規程に基づく金額とならざるを得ません。

　では、報酬規程によって算出した金額が高いかどうか考えてみますと、後述するように弁護士の仕事は依頼者の方の見えないところで大変な苦労をすることが多くあります。その結果、一定の成果が出たとなるとどうでしょうか。建物を建築する場合の設計士へ支払う設計料、不動産売買を仲介した場合の仲介手数料と比べて決して高額とはいえないように思います。

　また、報酬規程においては個別的な事情も考えて一定の幅での減額も折込済みです。

　それでも、ご自分の収入から考えてそうした金額を準備するのが難しいとお考えになる方もおられると思います。この場合には、法テラス（日本司法支援センター。国によって設立された法的トラブル解決のための「総合案内所」です）などを利用なさることもお考えになってはいかがでしょうか。

2　弁護士費用に対する誤解

　弁護士からみた場合に、弁護士費用に関して、中には以下のように誤解しているケースも見受けられます。せっかく難しい訴訟で勝訴し立派な成果が出ながら、弁護士費用のことで弁護士と依頼者の方がもめることになれば、お互い後味の悪い思いをすることになります。そうならないように、弁護士費用については十分に相互のコミュニケーションのとれた状態で決めておくべきだと思います。

① 　知的（法的）アドバイスは目に見えるものではないため、タダ同然、と思う方が多くおられます。

② 　弁護士の仕事は、話を聞き、調べ、書面を書くなど依頼者の方に見えないところで多大な労力を使います。有償の仕事とはいえ、着手金と報酬金の合計を費やした時間で割ってみると都道府県が定める最低賃金の時間給にも足りない、などということもないわけではありません。

③ 　弁護士は、法律なら何でも知っている、と考えておられる方も多いと思います。これは間違いです。よく知っている法律といえば憲法、民法など基本法とよばれる、10にも満たない数の法律だけです。法律なら何でも知っている人など日本に１人もいないと思います。弁護士も裁判官も、その案件ごとに法律を調べながら行っているのです。しかし、弁護

士は最終的には法律を調べ切らなければなりません。特殊な法律だから知らなかった（調べなかった）、では済みません。このあたりが弁護士にとって厳しいところです。

④　顧客の中には、「自分が、今、直面している問題は、相手方からの不当な攻撃、嫌がらせに対抗するものであり自分にこそ正義がある。これを無償で救ってくれるのが、社会正義を旗印とする弁護士ではないのか」と考える方もおられます。しかし、実際に裁判をやってみればわかることですが、相手方が本気でかかってきたときに、それを防ぎ、攻勢に転じ、勝利へ導くということは簡単なことではありません。「盗人にも三分の理あり」と言われるとおり、相手方から思わぬ証拠が出てきて一転して敗色濃厚となってしまうことも珍しくありません。裁判は、弁護士に依頼せず、ご本人が行うことができることになっています。そうした中で、自分で行うことなく弁護士に依頼する方法を選ぶからには、人の労力を利用することの金銭負担は、しっかりと準備すべきだと思います。

3　弁護士が無償で労力を費す場合のケース

Q40でも述べましたが、弁護士は社会の基礎である法を守ること、さらにはこれを発展させることによって、人間社会の基盤を支えることを使命にしているといえます。そして、実際、全員とはいわないまでも多くの弁護士は、そうした使命に生きがいを感じて仕事に励んでいます。したがって、無償で仕事をする場合があります。

そのうちの1つは、弁護士会内の委員会活動を通じて社会に奉仕する場合です。弁護士会内には、どの単位弁護士会であっても、憲法委員会、人権委員会、業務妨害対策委員会など数十の委員会があり、弁護士は普通は少なくとも1つの委員会には所属しています。委員会活動は弁護士会内の活動に終わるだけでなく、時には社会に対しても直接影響を与えるものがあります。たとえば、国、地方公共団体などが不当な権力行使をした場合の国民に対する救済活動などです。また、弁護士会の会長名義で、法的な問題を含む社会で生起した問題に対して声明を発することがあります。こうした声明の基礎

となる事実の調査、法律上の問題点の専門家の立場での検討などを委員会活動として行うことがあります。こうした活動は無償で行われています。

　また、刑事事件で有罪が確定した被告人が再審の申立てを行うことがありますが、再審申立てに時として多くの弁護士が弁護人として就任することがあります。再審申立てをする人にお金がない場合、コピー代、交通費などの実費は事案により日本弁護士連合会が拠出することがあります。しかし、膨大な量の裁判記録を読み、何度も打合せをし、証拠を検討し、裁判所に提出する書面を作成することなど、何人もの弁護士の多大な労働に対する対価、すなわち弁護士費用を誰も負担する者がおらず、弁護士が無償で行うことになります。それでもよい、と考えて弁護士が参加するのですから、これこそ社会正義のために身を粉にして奉仕する場面の1つ、ということになります。民事事件や行政事件でも、人権が重大な危険にさらされていて座視することが許されない場合には、無報酬で弁護活動に参加することがあります。その活動を支えるものは、弁護士としての使命感であると思います。

Q42 弁護士と依頼者とのコミュニケーションはどのようにとるべきでしょうか

　私の会社では不当クレームに対応するため、今、弁護士に依頼をしており、私が会社の窓口として弁護士と対応しています。私からみると、良い方だとは思うのですが、事務所に電話を入れても留守が多く、折返しの電話もないことがあります。また、進行状況の説明もあっさりしていて、私が知りたいことが十分には説明されていません。私としては不安なのですが、私からあまり繰り返し説明を求めるのも気が引けてしまいます。どうしたらよいでしょうか。

ポイント

1　弁護士として改善すべきことはあるか。

2　弁護士と依頼者の間に認識の差が生じるようなことはあるか。

3　弁護士との間で適切なコミュニケーションをとるにはどのようにしたらよいか。

回　答

1　信頼関係を築くためのコミュニケーション不足の解消方法

　弁護士と顧客の間に強い信頼関係を築くことが、裁判・交渉を進めるうえで最も大切であることは前述（Q39）しました。クレーマーに対して、裁判など法的手段で対処する場合、顧客と弁護士とは強い信頼関係で結ばれたうえでの二人三脚体制を作る必要があることも、そこで述べたとおりです。

　本設問では、顧客と弁護士の間に必要なコミュニケーション不足があり、そのために顧客が不安を感じているというのですから、このような状態は早急に解消されなければなりません。

　ところで、コミュニケーション不足の原因となっている、①弁護士に電話を入れても留守が多く、折返しの電話さえないことがあることと、②事件の

進行状況の説明があっさりしていて顧客が知りたいことが十分に説明されていないこと、とは、分けて考えた方がよさそうです。

2　弁護士が改善すべきこと

　弁護士は事務所から外出することが多く、したがって留守中に顧客から電話をいただくことが多くあります。たとえば、私の場合、事務所の業務取扱時間が午前9時から午後6時までですが、事務所に在室するのはおおよそ3分の1くらいでしょうか。留守中に顧客からきた電話に対しては、必ず、早いうちに折返し電話を入れるべきです。これが、時として行われないようであれば、弁護士が早期に改善すべきです。

　なぜ折返しの電話がないのか。最も考えられる理由は、次のとおりです。

　弁護士は、普通、数十件の訴訟事件、交渉事件を同時に抱えています。それに加えて、弁護士会の委員会の仕事をもち、さらに学校の同窓会の幹事を引き受けていることなどがあります。また、1日のうち法廷が2つ、外出先での打合せが1つ予定に入っていたとします。こうした緊急に対処しなければならないと弁護士が判断したものから順に、顧客に連絡をとることになります。すると、電話をしたくてもできなかった、ということが生じることがあります。

　しかし、本設問のケースは、現在進行中の事件の依頼があり、かつ、折返しの電話がほしい旨の顧客からの伝言もあります。このような場合には、当日の、しかもできるだけ早いうちに折返しの電話をすべきです。私の経験からしても、こうした対処は、無理なくできるはずだと思います。

　したがって、こうした点は、弁護士が早急に改善すべきであると思います。

　担当者であるあなたから弁護士に伝えても改善されないようならば、上司や社長から話してもらう、それでも改善されなければその弁護士を解任して別の弁護士を選任することも考えたほうがよいでしょう。

3　顧客の知りたいことの説明が不十分になる理由

　上記2とは異なり、顧客が知りたいことについて弁護士からの情報提供が

顧客からみると不十分であると思えることについては、いくつかの理由があると思います。

(1)　弁護士の説明が不足するケース

まず1つ目、弁護士の説明が客観的にみて不十分であるケース、この場合は、上記2の場合と同じく、弁護士が早急に改善する必要があります。

(2)　説明の中に入る法的専門用語が理解できないケース

しかし、そうではない場合もあります。弁護士からの報告の中に法律専門用語が入っており、顧客にはその意味がよくわからないため、弁護士としては報告・説明を尽くしたつもりでいても顧客としてはわからない、という場合があります。

たとえば、「本日第1回口頭弁論期日が開かれ、被告側は欠席でしたが答弁書が擬制陳述されました」という報告の中の「擬制陳述」という用語はどうでしょうか。会社の中でも法務部など法律をよく知っているセクションに属している方でもないと、この裁判が今後どのように進行することになるのか、また、いわゆる欠席判決がなされる場合と上記のような場合とで、どう違うのか、よくわからないと思います。ところが、こうした進行について弁護士は、繰り返し何度も経験していますから弁護士にとっては自明のことと思っています。そこで、つい顧客への説明を省略する、ということもあるのではないでしょうか。

(3)　裁判制度の理解に差があるケース

また、顧客が第1回口頭弁論期日（裁判所の法廷で行う裁判期日）を傍聴していたとします。そこでは、原告代理人弁護士（Xとします）、被告代理人弁護士（Yとします）、裁判官（Aとします）の間で、次のようなやり取りがなされています。

A「原告は訴状陳述ですね」、X「はい」、A「被告は答弁書を陳述ですね」、Y「はい」、A「次回期日までに被告は詳しい主張を記載した準備書面を提出してください」、Y「はい」、A「では次回期日を決めます。1カ月後の日の午前10時はどうですか」、X「差し支えます」、A「では同日の午後1時はどうですか」、X「お受けできます」、Y「差し支えます」、A「では翌日の午前10時はどうですか」、X・Y「お受けできます」、A「では次回期日

が○月○日午前10時と指定します。本日はこれで終了とします」。

　この日の法廷では一体何が行われたのでしょうか。一見すると、次回期日を決めるためのやり取りに精力が使われたかのようにみえます。しかし、この日の法廷で法律上の闘いとして何が重要かといえば、原告が訴状の中で原告の法的主張を述べて裁判所にこの主張を認めてほしいと訴えかけたこと、これに対して被告が争う姿勢を示し、次回期日には原告の主張に対する反論となるべき法的主張を提出する予定であることを述べた点です。もちろん弁護士は、こうした点を十分に認識しています。

　第１回口頭弁論期日の法廷での状況について、弁護士と顧客とで認識に差があるとすれば、日本の裁判所での法廷では、口頭弁論とはいいながらも、重要な主張が口頭で闘わされることが稀であって、ほとんどのケースでは訴状、答弁書、準備書面などという書面で行われるため、法廷では口頭による攻防が感じ取りにくいことによると思います。

⑷　慎重な判断が必要なケース

　さらに、次のようなケースもあります。

　顧客は、「事実関係は明らかであり、有力と思える証拠書類があり、裁判になれば当方の勝訴は確実のはずだ、それなのに何故相手は争おうとするのか、そうですよね」と弁護士に問いかけ、弁護士にも勝訴間違いなし、と賛同してほしいのに、弁護士が十分には賛同してくれないことにいら立ちを覚えているケースです。こうした場合、顧客の感じるところが結局は正しかった、というケースも多くあるのですが、中には相手が、顧客が気づかなかったような強力な反論をしてくることもあります。弁護士は経験上そのようなケースがあることも知っているため、顧客の話を最大限に理解しようと努めはするものの、一歩距離をおいて検討することもあります。この差が、時には顧客に不安を抱かせることもないではありません。

4　顧客の不安をどう解消するか

　以上のように、顧客は、さまざまな事情から弁護士の業務に不安を抱くことがあります。この状態では両者の間に、がっちりとした二人三脚体制はできません。そこで、早急に面談での打合せをし、コミュニケーションをとる

ことが大切です。顧客が不安な気持を訴えた場合、弁護士は必ずや打合せを
してそのような状態の解消を図ろうとするはずです。

Q43　クレーマーに弁護士が付いた場合にはどのような点に違いが出てきますか

　私の会社では不当クレームに対応するため弁護士に依頼し、弁護士からクレーマーに対し受任通知が出されました。すると、クレーマーも弁護士を選任しました。今後、弁護士同士の交渉が始まるのですが、相手にも弁護士が付くことと相手方本人と直接交渉をする場合と比べて、どのように違いがあるのでしょうか。

ポイント

1　相手にも弁護士が付いた方が貴社にとって良いと思える点とは何か。

2　相手にも弁護士が付いたことで、貴社に不利益になると思える点とは何か。

回　答

1　代理人弁護士が付いて良いと思える点

⑴　クレーマーが交渉の直接の相手ではなくなること

　貴社はすでに弁護士に依頼しているのですから、クレーマーから貴社に直接連絡がなされる可能性はほぼなくなっているはずです。しかし、このような体制を作っても、クレーマーがルール違反を犯し、貴社に直接連絡してくることが皆無とはいえません。しかし、クレーマーにも代理人弁護士が付いた場合には、クレーマーも、この件は自分も弁護士に委ね、法律の面での争いに一本化しよう、と観念したものと考えられ、以後、クレーマーが直接表面に出てくることはなくなると思われます。

⑵　クレーマーに法外な要求をのまされるおそれがなくなったこと

　日本弁護士連合会は、弁護士が遵守しなければならない弁護士職務基本規程（以下、「規程」といいます）を定めており、弁護士がこれに違反した場合には懲戒手続に付される可能性が生じるため、どの弁護士も、この規程にの

っとって職務を行うことになります。

　そこで、クレーマーが弁護士を使って法外な希望を実現しようとしても、弁護士は依頼者との間で広い裁量権が認められており、また公共的役割を担う者として依頼者の恣意的要求をただそのまま受け容れ、これに盲従するのみであってはならないことから（規程20条）、弁護士としてできることには限度があり、クレーマーが弁護士を手足のように使おうと思っても、それはできないことになります。しかし場合によっては、クレーマーに盲従するような弁護士もいないわけではないので注意しなければなりません。しかしこの場合でも、その弁護士と話すことでクレーマー側と話がしやすくなるメリットはあると思います。また、弁護士は違法または不正な行為を助長することは禁じられていますから（規程14条）、クレーマーが弁護士を選任しておきながら会社に対して嫌がらせをすることは、その弁護士がこの規程に牴触することになりかねないため、そうしたことが、まず行われなくなると思います。さらに、弁護士は真実を尊重し信義に従い誠実かつ公正に職務を行うものとされているため（規程5条）、これらに反する業務はできないことになります。

(3)　クレーマーによる弁護士の解任、または弁護士の辞任

　ところで、弁護士は上記のような、弁護士職務基本規程による制約があるため、いったんは弁護士を選任してみたものの、弁護士がクレーマーの言うがまま動かないこと、またはクレーマーの弁護士に対する要望に無理があり、もしこれを行おうとすれば懲戒処分の対象となりかねないことから、弁護士またはクレーマーから関係の解消を相手に求めることがあります。これが、クレーマーによる弁護士の解任、弁護士からの辞任です。

　こうなると、また元に戻り、クレーマーの違法、不当な行為が復活する可能性があります。しかし、いったんは弁護士を選任することで矛を収めようとしたクレーマーなのですから、再度、元通りの威勢を示せるかどうか疑問です。

2　代理人弁護士が付いて不利益になると思える点

⑴　弁護士の職務に対する姿勢

弁護士は、「良心に従い、依頼者の権利及び正当な利益を実現するよう努めるべきこと」とされています（規程21条）。

そこで、弁護士は、クレーマーの法的主張を検討し、不法・不当なものは俎上に載せないようにするとともに、クレーマーの言うことであっても正しいと思える主張については、できるだけの尽力をし、法的主張をし、証拠も提出することでしょう。こうなると、これまでの会社の主張のうち、たとえば過失相殺などで、一部分が否定されることになる可能性があります。これは、会社として法的解決を求める以上は、やむを得ないことだと思います。そうした点があっても全体としては、法的解決をしたほうが、そうでない解決をすることよりもよほど良い解決になると思えるからです。

⑵　多人数の法律事務所にクレーマーが弁護を依頼した場合

ところで、多人数の弁護士が在籍する法律事務所にクレーマーが依頼した場合、その受任通知書には多数の弁護士の氏名が記載されることがあります。これを見て驚く方もいるのですが、実は、少なくとも対クレーマーの案件に限れば、これはあまり気にする必要のないことなのです。この多数の中で、実際に本事件を担当しているのは１人、せいぜい２人であることがほとんどですし、クレーマーの行為の評価は、弁護士が多いからといって黒を白にすることはできないからです。

第3部

関連書式集

【書式１】　回答書例（金銭支払い等のお断り状）

ご　連　絡

令和○年○月○日

○　○　○　○　様

○○○○株式会社　スーパー○○　○○店
店　長　　　○　○　○　○

拝啓　時下ますますご清祥のこととお慶び申し上げます。平素は格別のご愛顧を賜り、厚く御礼申し上げます。

　さて、去る○月○日、○○○○様より、○月○日に当店にてご購入いただいたお弁当（商品名「○○弁当」）を召し上がったところ、体調を崩された旨ご連絡いただきました。

　そこで、○○○○様からお話をお聞かせいただき、資料のご提供等をお願いさせていただくとともに、当社内で可能な限りの調査を行いましたが、ご主張されるような事実を確認することはできませんでした。

　そのため、当社と致しましては、○○○○様からご要望いただいている対応（ご購入代金の返金やその他の金銭のお支払い、謝罪等）につきましては、ご対応致しかねる（＝ご要望には応じられない）との結論に至りましたので、その旨ご理解いただけましたら幸いです。

　略儀ではありますが、以上が当社からの回答となります。

　要用のみとなり恐縮致しますが、何卒宜しくお願い申し上げます。

敬具

【書式２】　クレーム対応報告書例（社内用）

クレーム受付年月日	年　　月　　日　　時　　分～　　時　　分
受付担当者	（部署）　　　　　　（氏名）
応対方法	□来訪　　□電話　　□その他（　　　　　　　）
応対場所	
連絡人の氏名・住所等	氏名　　　　　　　　　　　　　　　（男・女）
	住所
	連絡先（自宅・勤務先・携帯）
クレームのタイプ	□正当クレーム　□不当クレーム　□その他
クレーム内容	
交渉経過(時系列に記載) 　年 　月　日 　時　分～　時　分 　月　日 　時　分～　時　分 　　　　・ 　　　　・ 　　　　・ 　年 　月　日 　時　分～　時　分 　月　日 　時　分～　時　分 　　　　・ 　　　　・ 　　　　・	

【書式 3】　謝罪文例（お客様の求めに応じて出す場合）

令和○年○月○日

○○　○○殿

○○○○株式会社
○○部○○課
担当＝○○　　○○

謝　罪　文

　拝啓　時下ますますご清祥のこととお慶び申し上げます。平素は格別のご愛顧を賜り、厚くお礼申し上げます。

　さて、去る○月○日、○○××様から当社製品をご使用中にお怪我をされたとのご連絡をいただきました。そこで、ご使用の当社製品を検査いたしましたところ、故障と思われる個所が発見されました。

　そこで、現在、今後のことにつき検討しており、なお若干のお時間を頂戴いたしたく存じますが、ご使用の当社製品に故障がございましたことに関しましては、深くお詫び申し上げます。

　略儀ではありますが、書面にてお詫びと再度のご連絡のご案内を申し上げます。

　時節柄、どうかご自愛ください。

敬具

【書式 4】　お客様からの電話によるクレームを録音する場合の社内規則例

○○株式会社（総務部）
令和○年○月○日制定・施行

電話録音に関する社内規則

1　電話での会話を録音しようとする場合は、できるだけお客様の了解を得るよう心がける。
2　やむを得ずお客様の了解なく通話を録音した場合の処理は、以下のように行う。
⑴　録音を再生して聞く場合には、必要最小限の人数で聞く。

(2) 録音データを複製することは極力避ける。

(3) お客様のクレームが正当なものである場合には、録音データは「お客様対応係」（クレーム対応部署）がクレームの内容を正確に把握すること、およびクレームをめぐる当社の対応の仕方を社内協議するためにのみ用いるものとする。

　　そのうえでクレームに応じた処理をしたのち、この処理の方法をお客様に伝え、これをお客様が了解した後、2週間以内に録音データを廃棄する。

(4) お客様のクレームが不当なものであると考えられる場合には、録音データを10年間保管する。

　　ただし、このお客様と当社とのトラブルが示談などで完全に解決した場合には、その日から2週間以内に録音データを廃棄する。

【書式5】 店舗訪問に対する警告文例

　　　　　　　　　　　　　　　　　　　令和○年○○月○○日

警　告　文

○○　○○殿

　　　　　　　　　　　　　　　○○株式会社Ａストア
　　　　　　　　　　　　　　　代理人弁護士　○○　○○

前略　当職は○○の代理人として、貴殿に以下のとおり警告いたします。

　貴殿より、××所在の「Ａストア」にて、○○が販売する弁当をお買い求めのうえお召し上がりの際、虫が入っていたとご指摘いただきました。しかしながら、○○において調査いたしましたところ、貴殿からご指摘の事実を確認することができなかったため、今後、その事実について○○において対応できない旨お伝え済みです。

　それにもかかわらず、先日来、貴殿が「Ａストア」を来訪し、同店従業員に対し「弁当に虫が入っていたことの責任をとれ」などと申し向けることで、同店の営業に著しい支障が出ております。

　ついては、今後、「Ａストア」を直来訪することはもちろん、架電による場

合も含め、直接または間接を問わず、一切接触しないことを求める旨、本書を
もってお伝えいたします。

　万一、貴殿からの接触が続く場合には、刑事手続及び民事手続において、法
的手段による解決を検討しておりますので、その点あらかじめお知らせいたし
ます。

草々

【書式６】　店舗訪問禁止等仮処分命令申立書例

店舗訪問禁止等仮処分命令申立書

令和○年○月○日

東京地方裁判所民事第９部　御中

債　権　者　　○○株式会社
代表取締役　○○　○○　　㊞

　　当事者の表示　　別紙当事者目録記載のとおり

申立ての趣旨

　債務者は、以下の行為をしてはならない。

記

１　債権者が経営する「Ａストア」（東京都○○区○○町○丁目○番○号）
　　に立ち入ること
２　債権者の役員及び従業員に対し、架電し、または面会を求めるなどの方
　　法で、債権者の役員および従業員に直接交渉することを強要すること
との裁判を求める。

申立ての理由

第１　被保全権利
　１　被保全権利は、人格権（平穏に営業を行う権利）に基づく妨害予防請求
　　　権である。その内容は、次のとおりである。
　２　債権者は、食品販売を主たる目的とする株式会社であり、東京都○○区
　　　○○町○丁目○番○号において「Ａストア」を営んでいる。

3 債務者は、別紙のとおり、令和○年○月○日から同年○月○日までの間、○○回にわたって「Ａストア」を訪問し、「弁当に虫が入っていたことの責任をとれ」など大声を出すなどの行為を繰り返した。

4 これにより、債権者の販売する食品に対する信用を低下させたうえ、同店従業員らに債務者への応対を余儀なくさせて、他の購買客への対応などといった債権者の正常な業務の遂行に著しい支障を生じさせている。

　よって、債権者は債務者に対し、平穏に営業を行う権利に基づき、債権者の営業を妨害させないため申立ての趣旨記載の各行為をしないよう求めることができる。

第2 保全の必要性

1 債権者は、令和○年○月○日、債務者に対し「Ａストア」への訪問をやめるよう書面により警告を発したが、債務者は改めず、同日以降も○月○日および同月○日に「Ａストア」を訪問し、債権者の業務の遂行は現に害され、心身の被害を訴える従業員も散見されるに至っている。

2 債権者は、債務者に対し、侵害行為の差止めおよび損害賠償請求訴訟を提起すべく準備中であるが、本案判決を得るまで債務者の上記行為が継続しては本案判決確定まで甚大な損害を被るので、本申立てをする。

疎 明 方 法

1 経過説明書
2 警告書
3 ビデオ録画

添 付 書 類

1 証拠資料写し　　　　　　　各1通
2 商業登記事項証明書　　　　　1通

当 事 者 目 録

住所　〒○○○－○○○○　東京都○○区○○町○丁目○番○号
　　　　　　　　　　　　　（送達場所）
　　　　　　　　　　　　　電　話　○○－○○○○－○○○○
　　　　　　　　　　　　　ＦＡＸ　○○－○○○○－○○○○

| | |
| 債権者 | ○○株式会社 |

上記代表者　代表取締役　○○　○○

住所　〒○○○−○○○○　東京都○○区○○町○丁目○番○号

債務者　　　○○　○○

【書式7】　債務不存在確認請求訴訟訴状例

訴　　状

令和○年○○月○○日

○○地方裁判所民事部　御中

原告訴訟代理人弁護士　　甲山　一夫　㊞

〒○○○−○○○○　○○県○○市○○町○丁目○番○号

原　　　　　告　○○株式会社

上記代表者代表取締役　　甲野　太郎

（送達場所）

〒○○○−○○○○　○○県○○市○○町○丁目○番○号

甲山法律事務所

原告訴訟代理人弁護士　　甲山　一夫

電　話　　○○−○○○○−○○○○

ＦＡＸ　　○○−○○○○−○○○○

〒○○○−○○○○　○○県○○市○○町○丁目○番○号

被　　　　　告　　乙野　次郎

債務不存在確認請求事件

訴訟物の価額　　　金　100万0000円

貼用印紙代　　　　金　1万円

第1　請求の趣旨

1　原告の被告に対する、令和○年○月○日付け弁当売買契約の債務不履行責任に基づく損害賠償債務は存在しないことを確認する

2　訴訟費用は被告の負担とする

との判決を求める。

第2　請求の原因
　1　原告と被告との間の売買契約
　　　被告は、令和○年○月○日、×××所在の原告の経営する「Ａストア」において、原告が製造した弁当を650円で購入した。
　2　被告からのクレームと原告の対応
　　⑴　原告は、○月○日、同店舗を訪問した被告より、○月○日に「Ａストア」にて購入した弁当に虫が入っていた旨の指摘を受け、その弁当を預かった。その際、原告は、10日以内に社内で調査のうえ結果を回答する旨を伝えた。
　　⑵　原告が当該弁当ガラを調査した結果、虫が混入していたという被告の指摘する事実は確認できなかったため、○月○日、被告に対し、書面にてその旨回答した。
　3　被告による度重なる「Ａストア」訪問
　　　その後、被告は、令和○年○月○日から同年○月○日までの間、○回にわたって、その営業時間中に「Ａストア」を訪問し、「弁当に虫が入っていたことの責任をとれ。100万円の慰謝料を払え」など大声を出すなどの行為を繰り返した。
　4　原告に何ら落ち度がないこと
　　　しかしながら、令和○年○月○日に被告が「Ａストア」にて購入した弁当に虫が入っていたという事実は存在しない以上、原告において被告に対する債務不履行責任は発生していない。
　5　確認の利益
　　　被告は原告に対して賠償責任を求めており、今後も請求を続ける旨を明言している。そこで原告にとっては、被告との間で請求の趣旨記載の債務が存在しないことを確認しておく利益がある。
　6　結語
　　　よって、原告は、請求の趣旨第1項に記載したとおり、被告に対する損害賠償債務が存在しないことの確認を求めるべく本訴に及んだ次第である。

以上

証拠方法

甲第1号証……

附属書類

1	訴状副本	1通
2	甲号証の写し	各2通
3	証拠説明書	2通
4	資格証明書	1通
5	訴訟委任状	1通

【書式8】　店舗訪問による損害賠償請求訴訟訴状例

訴　　状

令和○年○○月○○日

○○地方裁判所民事部　御中

原告訴訟代理人弁護士　　甲山　一夫　㊞

〒○○○－○○○○　○○県○○市○○町○丁目○番○号

原　　　　　告　○○株式会社

上記代表者代表取締役　　甲野　太郎

（送達場所）

〒○○○－○○○○　○○県○○市○○町○丁目○番○号

甲山法律事務所

原告訴訟代理人弁護士　　甲山　一夫

電　話　　○○－○○○○－○○○○

ＦＡＸ　　○○－○○○○－○○○○

〒○○○－○○○○　○○県○○市○○町○丁目○番○号

被　　　　　告　　乙野　次郎

損害賠償請求事件
　　　訴訟物の価額　　　金○○○万円
　　　貼用印紙代　　　　金○○○○円

第1　請求の趣旨
　1　被告は、原告に対し、金○○○万円および本訴状送達の日の翌日から支
　　払い済みまで年3分の割合の金員を支払え
　2　訴訟費用は被告の負担とする
　との判決並びに第1項について仮執行宣言を求める。

第2　請求の原因
　1　原告と被告との間の売買契約
　　　被告は、令和○年○月○日、××所在の原告の経営する「Aストア」に
　　おいて、原告が製造した弁当を650円で購入した。
　2　被告からのクレームと原告の対応
　⑴　原告は、○月○日、同店舗を訪問した被告より、○月○日に「Aスト
　　　ア」にて購入した弁当に虫が入っていた旨の指摘を受け、その弁当を預
　　　かった。その際、原告は、10日以内に社内で調査のうえ結果を回答する
　　　旨を伝えた。
　⑵　原告が当該弁当ガラを調査した結果、虫が混入していたという被告の
　　　指摘する事実は確認できなかったため、○月○日、被告に対し、書面に
　　　てその旨回答した。
　3　被告による度重なる「Aストア」訪問
　　　その後、被告は、令和○年○月○日から同年○月○日までの間、○回に
　　わたって、その営業時間中に「Aストア」を訪問し、「弁当に虫が入って
　　いたことの責任をとれ」など大声を出すなどの行為を繰り返した。
　4　原告による被告への警告及び店舗訪問禁止等仮処分の申し立て
　⑴　原告は、被告に対し、○月○日、今後、「Aストア」を来訪したり架
　　　電するなど直接または間接を問わず、一切接触しないことを求める旨を
　　　求める警告文を内容証明郵便にて発送し、同警告文は翌○日に被告に到
　　　達した。
　⑵　それでもなお被告が「Aストア」を訪問したため、原告は、令和○年
　　　○月○日、自身を債権者、被告を債務者として、御庁に店舗訪問等禁止
　　　仮処分の申し立てを行い、同月○日に仮処分決定を受けた（御庁令和○

年（ヨ）○○号）。

5　被告の訪問による原告に生じた被害

　　上記仮処分決定以降、現在までの間、被告からの「Aストア」への訪問は止まっているものの、原告においては、被告による「Aストア」訪問時に応対した従業員がその心身の不調を訴えて欠勤したり、不意の被告の訪問に備えて従業員を増員したりなどの対応に追われた。そのうえ、昼食時など、多数の客が来店している中で、被告が大声で弁当に虫が入っていたかのごとき発言を大声で繰り返したことにより、「Aストア」の売上の減少が認められた。

　　被告のこれら一連の行動により原告が被った損害は、少なく見積もっても○○○万円を下ることはない。

6　結語

　　よって、原告は、不法行為に基づく損害賠償請求（民法709条）として、金○○○万円およびこれに対する本訴状送達の日の翌日から支払い済みまで民法所定年3分の割合の遅延損害金の支払いを求める。

以上

証拠方法

甲第1号証……

附属書類

1	訴状副本	1通
2	甲号証の写し	各2通
3	証拠説明書	2通
4	資格証明書	1通
5	訴訟委任状	1通

【書式9】　ファックス送信に対する警告文例

令和○年○月○日

警　告　文

○○　○○殿

　　　　　　　　　　　　　　○○株式会社

　　　　　　　　　　　　　　代理人弁護士　○○　　○○

　前略　当職は○○の代理人として、貴殿に以下のとおり警告いたします。

　令和○年○月○日以降、依頼者は、貴殿より、連日ファクシミリにより書面
の送信を受けております。
　しかしながら、依頼者から貴殿に対しすでにご回答済みのとおり、これら
ファクシミリにより送信いただいている書面に記載された内容について、依頼
者に責任はございません。
　ついては、今後、同様の内容にて書面をお送りいただいても一切対応いたし
かねる旨、改めて本書をもってお知らせいたします。
　なお、貴殿より、今後もファクシミリにより書面の送信が継続されるのであ
れば、刑事手続および民事手続において、法的手段による解決を検討しており
ますので、その点あらかじめお知らせいたします。

　　　　　　　　　　　　　　　　　　　　　　　　　　　　　　　草々

【書式10】　ファックス送信禁止仮処分命令申立書例

ファクシミリ送信禁止仮処分命令申立書

　　　　　　　　　　　　　　　　　　　　令和○年○月○日

東京地方裁判所民事第9部　御中

　　　　　　　　　　債　　　権　　　者　○○株式会社
　　　　　　　　　　上記代表者代表取締役　○○　○○　　㊞

　　　当事者の表示　　別紙当事者目録記載のとおり

申立ての趣旨

　債務者は、下記内容の行為をしてはならない

記

　債権者に対し、ファクシミリ送信をすること

との裁判を求める。

申立ての理由

第1　被保全権利

1　被保全権利は、人格権（平穏に営業を行う権利）に基づく妨害予防請求権である。その内容は、次のとおりである。

2　債権者は、食品販売を主たる目的とする株式会社であり、東京都○○区○○町○丁目○番○号において「Aストア」を営んでいる。

3　債務者は、令和○年○月○日ころより、連日、債権者事務所へ宛てて、「『Aストア』で買った弁当に虫が入っていたことの責任をとれ」と記載した書面をファクシミリ送信している。

4　債権者においては、債務者からの上記ファクシミリ送信行為により取引先等からのファクシミリの受信に支障が生じているほか、その内容により、債権者担当者および代表者においては、債務者からのさらなる嫌がらせ行為がなされるのではないかとの不安を募らせている。

5　よって、債権者は債務者に対し、平穏に営業を行う権利に基づき債権者の業務妨害をさせないため申立ての趣旨記載の行為をしないよう求めることができる。

第2　保全の必要性

1　債権者は、令和○年○月○日、債務者に対し、上記書面のファクシミリ送信をやめるよう書面により警告を発したが、債務者は改めず、同日以降も連日書面をファクシミリ送信し続けており、債権者の業務の遂行は現在も害されている。

2　債権者は、債務者に対し、侵害行為の差止めおよび損害賠償請求訴訟を提起すべく準備中であるが、本案判決を得るまで債務者の上記行為が継続しては本案判決確定まで甚大な損害を被るので、本申立てをする。

疎　明　方　法

1　経過説明書

2　警告書

3　債務者から送信されたファクシミリ書面

4　…………

添　付　書　類

1　疎明資料写し　　　各1通
2　商業登記事項証明書　　1通

当事者目録

　　住所　〒○○○－○○○○　　東京都○○区○○町○丁目○番○号
　　　　　　　　　　　　　　　　（送達場所）
　　　　　　　　　　　　　　　　電　話　○○－○○○○－○○○○
　　　　　　　　　　　　　　　　ＦＡＸ　○○－○○○○－○○○○
　　　　　　　　　　　　　　　　債権者　　　○○株式会社
　　　　　　　　　上記代表者　代表取締役　○○　○○
　　住所　〒○○○－○○○○　　東京都○○区○○町○丁目○番○号
　　　　　　　　　　　　　　　　債務者　　　○○　○○

【書式11】　土下座強要に対する被害届例

被　害　届

　　　　　　　　　　　　　　　　令和○年○○月○○日

○○警察署長　殿

　　　　　　〒○○○－○○○○　　東京都○○区○○町○丁目○番○号
　　　　　　　　　　　　電話　○○－○○○○－○○○○
　　　　　　　　　　　　届出人　　○○　○○　　㊞

次のとおり、強要被害がありましたからお届けします。

第1　被害者の住所、職業、氏名、年齢
　　東京都○○区○○町○丁目○番○号
　　飲食店従業員

　　　　○○　○○（○○歳）
　第2　被害の年月日
　　　　令和○年○月○日午後○時○分ころ
　第3　被害の場所
　　　　東京都○○区○○町○丁目○番○号飲食店「○○」内
　第4　被害の模様
　　　　私は、被害場所において午後○時から接客の営業をしていました。
　　　　○時○分頃、犯人が酔っ払って入店し騒いでいたので、私は「他のお客様の迷惑になりますので」と静かにするようお願いしたところ、犯人は逆上して「客に対してその言い方はなんだ」と怒鳴り始め、私に謝るよう要求しました。私は何度か穏便に収まるよう説得をしましたが、犯人は「誠意を見せろ」「この店がどうなってもいいのか」「土下座しろ」と大声でわめき、テーブルをたたき、私に殴りかかろうとしたので、私は土下座して謝らざるを得ませんでした。
　第5　犯人の住所、氏名または通称、人相、着衣、特徴等
　　　　住所、氏名不詳。
　　　　防犯カメラに犯人の姿が記録されています。
　第6　遺留品その他参考となるべき事項
　　　　防犯カメラのデータ

【書式12】　土下座強要に対する告訴状例

告　訴　状

　　　住所　〒○○○－○○○○　東京都○○区○○町○丁目○番○号
　　　　　　　　　　　　　　　　　　告訴人　　○○　○○
　　　住所　〒○○○－○○○○　東京都○○区○○町○丁目○番○号
　　　　　　　　　　　　　　　　　　被告訴人　○○　○○

　被告訴人の次の告訴事実に記載の行為は、刑法223条（強要罪）に該当すると思料いたしますので、捜査の上、厳重に処罰されたく告訴いたします。

第1　告訴事実

　被告訴人は、令和○年○月○日午前○時○分ころ、東京都○○区○○町○丁目○番○号所在の○○において、同店店員である告訴人（当時○歳）の接客態度が悪いとして因縁を付け、告訴人に対し、○○などと怒鳴りつけ、土下座して謝罪することを要求し、この要求に応じなければ告訴人の身体等にどのような危害を加えるかもしれない気勢を示して脅迫して告訴人を畏怖させ、よって、そのころ、同所において、告訴人に土下座して謝罪させ、もって、告訴人に義務のないことを行わせたものである。

第2　告訴に至る経緯
　1　…………
　2　…………
　3　…………

証　拠　資　料

　1　経過説明書
　2　録画データ
　3　…………

添　付　書　類

　1　証拠資料写し　　　各1通
　2　…………

　　　　　　　　　　　　　　　　令和○年○○月○○日

○○警察署長　殿

　　　　　　　　　　　　　　　告訴人　○○　○○　㊞

被　害　届

　　　　　　　　　　　　　　　　令和○年○○月○○日

　　○○○警察署長　殿

　　　　　　　　　　　　　　届出人
　　　　　　　　　　　　　　　住　所　〒○○○－○○○○
　　　　　　　　　　　　　　　　　　　○○県○○市○○－○－○
　　　　　　　　　　　　　　　氏　名　○　　○　　○　　○　㊞
　　　　　　　　　　　　　　　電　話　○○○－○○○－○○○○

　　　次のとおり、不正アクセスの禁止等に関する法律違反の被害がありました
　からお届けします。

　　　　　　　　　　　　　　　記

1　被害者の住所、職業、氏名、年齢
　　住　所　〒○○○－○○○○
　　　　　　　○○県○○市○○－○－○
　　職　業　○○業
　　氏　名　名称　○○○株式会社
　　　　　　　代表取締役　○　　○　　○　　○
　　年　齢　○○歳（昭和○○年○○月○○日生）
2　被害の年月日時
　　令和○年○○月○○日○○時○○分ころから同日○○時○○分ころまでの
　間
3　被害の場所
　　被害者の住所に所在し、被害者が管理するファイルサーバ
4　被害の模様
　　犯人は、法定の除外事由がないのに、令和○年○○月○○日○○時○○分
　ころ、電気通信回線を介し、アクセス管理者である被害者が被害者の住所に
　設置したアクセス制御機能を有するファイルサーバに、被害者の従業員を利
　用権者として付された識別符号であるパスワード「password」を入力し、
　上記ファイルサーバを作動させ、アクセス制御機能により制限されている特
　定利用をし得る状態にさせて不正にアクセス行為をしました。その後、犯人
　は、上記ファイルサーバ内に保存されていた公開されていない業務上有用な
　複数のファイルをコピーしました。
　　被害者は、同年○○月○○日○○時○○分ころ、被害者の管理部門におい

て、アクセスログの異変に気付いたため、当該管理部門が調査を開始したところ、同年○○月○○日○○時○○分ころから同日○○時○○分ころまでの間、複数回不正にアクセスされた痕跡が上記ファイルサーバのアクセスログに保存されていることを発見しました。

5　被疑者の住所、氏名または通称、職業等

　　　住　所　　　　不詳

　　　氏名又は通称　不詳

　　　職　業　　　　不詳

6　添付書類

　　　令和○年○○月○○日○○時○○分ころから同日○○時○○分ころまでの間における、被害者のファイルサーバに保存されていたアクセスログをコピーしたDVD-R　1枚

以上

【書式14】　不正アクセス（フィッシングサイト）に対する被害届例

被　害　届

令和○年○○月○○日

○○○警察署長　殿

　　　　　　　　　　　　　届出人

　　　　　　　　　　　　　住　所　〒○○○－○○○○

　　　　　　　　　　　　　　　　　○○県○○市○○－○－○

　　　　　　　　　　　　　氏　名　　○　　○　　○　　○　㊞

　　　　　　　　　　　　　電　話　○○○－○○○－○○○○

　次のとおり、不正アクセスの禁止等に関する法律違反の被害がありましたからお届けします。

記

1　被害者の住所、職業、氏名、年齢

　　　住　所　〒○○○－○○○○

　　　　　　　○○県○○市○○　○－○－○

　　　職　業　　○○業

　　　氏　名　　名称　　○○○株式会社

　　　　　　　　代表取締役○　○　○　○

　　　年　齢　　○○歳（昭和○○年○○月○○日生）

2　被害の年月日時

　　令和○年○○月○○日○○時○○分ころから同日○○時○○分ころまでの間

3　被害の場所

　被害者の住所に所在し、被害者が管理するWebサーバ

4　被害の模様

　　犯人は、法定の除外事由がないのに、令和○年○○月○○日○○時○○分ころ、電気通信回線を介し、アクセス管理者である被害者が被害者の住所に設置したアクセス制御機能を有するWebサーバに対し、被害者の利用者Aとして付された識別符号であるID及びパスワードを入力し、被害者のWebサーバを作動させ、アクセス制御機能により制限されている特定利用をし得る状態にさせて不正にアクセス行為をしました。その後、犯人は、被害者のWebサーバにアクセスし、利用者Aの承諾なく不正に添付書類(2)記載の商品を購入しました。

　　被害者は、同年○月○○日○○時○○分ころ、利用者Aからの報告により、被害者の管理部門が調査を開始したところ、同年○○月○○日○○時○○分ころから同日○○時○○分ころまでの間、利用者Aのアカウントに対して、不正にログインされた痕跡がWebサーバのアクセスログに保存されていることを発見しました。

5　被疑者の住所、氏名又は通称、職業等

　　住　所　　　　不詳

　　氏名又は通称　不詳

　　職　業　　　　不詳

6　添付書類

　(1)　令和○年○○月○○日○○時○○分ころから同日○○時○○分ころまでの間における、被害者のWebサーバに保存されていたアクセスログをコピーしたDVD-R　1枚

　(2)　利用者Aの被害状況報告書　1通

　　　　　　　　　　　　　　　　　　　　　　　　　　　　　　以上

【書式15】 侵害情報の通知書兼送信防止措置依頼書（テレコムサービス書式）

年　月　日

至　［特定電気通信役務提供者の名称］御中

　　　　　　　　　［権利を侵害されたと主張する者］
　　　　　　　　　　　　住所
　　　　　　　　　　　　氏名　　（記名）　　　　　　　　　㊞
　　　　　　　　　　　　連絡先　（電話番号）
　　　　　　　　　　　　　　　　（e-mailアドレス）

侵害情報の通知書　兼　送信防止措置依頼書

　あなたが管理する特定電気通信設備に掲載されている下記の情報の流通により私の権利が侵害されたので、あなたに対し当該情報の送信を防止する措置を講じるよう依頼します。

記

掲載されている場所		URL： その他情報の特定に必要な情報：（掲示板の名称、掲示板内の書き込み場所、日付、ファイル名等）
掲載されている情報		私が土下座をしている様子が撮影された動画が投稿されています。
侵害情報等	侵害されたとする権利	肖像権（承諾なしに自己の肖像等をみだりに公表されない権利）
	権利が侵害されたとする理由（被害の状況など）	上記投稿は私が土下座をしている動画を投稿するものですが、私には肖像権（承諾なしに自己の肖像等をみだりに公表されない権利）があり、そのような動画を投稿することを私は承諾していませんので、肖像権を侵害します。 投稿されている動画の内容が土下座をしているものであることから、被撮影者である私の人格的利益の侵害が社会生活上受忍すべき限度を超えているものであることも明らかです。

上記太枠内に記載された内容は、事実に相違なく、あなたから発信者にそのまま通知されることになることに同意いたします。

	発信者へ氏名を開示して差し支えない場合は、左欄に○を記入してください。○印のない場合、氏名開示には同意していないものとします。

【書式16】　発信者情報開示請求書（テレコムサービス書式）

年　　月　　日

至［特定電気通信役務提供者の名称］御中

［権利を侵害されたと主張する者］（注1）
　　　　住所
　　　　氏名　　　　　　　　　　　　　　㊞
　　　　連絡先

発信者情報開示請求書

　［貴社・貴殿］が管理する特定電気通信設備に掲載された下記の情報の流通により、私の権利が侵害されたので、特定電気通信役務提供者の損害賠償責任の制限及び発信者情報の開示に関する法律（プロバイダ責任制限法。以下「法」といいます。）第4条第1項に基づき、［貴社・貴殿］が保有する、下記記載の、侵害情報の発信者の特定に資する情報（以下、「発信者情報」といいます）を開示下さるよう、請求します。

　なお、万一、本請求書の記載事項（添付・追加資料を含む。）に虚偽の事実が含まれており、その結果［貴社・貴殿］が発信者情報を開示された契約者等から苦情又は損害賠償請求等を受けた場合には、私が責任をもって対処いたします。

記

［貴社・貴殿］が管理する特定電気通信設備等		（注2）
掲載された情報		当社の公式SNSに、「○○」という虚偽の書き込みが行われています。
侵害情報等	侵害された権利	例）名誉権
	権利が明らかに侵害されたとする理由（注3）	上記記載は、貴社が運営する○○というサイトの当社の公式SNSに、当社の○○という商品の原材料が偽られているという投稿がなされたものです。しかし、当社の○○という商品については、原材料が偽られているという事実はありません（証拠名）。よって、上記記載は事実に反するものであり、違法性阻却事由も認められず、当社の名誉権を侵害することは明らかです。
	発信者情報の開示を受けるべき正当理由（複数選択可）（注4）	1．損害賠償請求権の行使のために必要であるため 2．謝罪広告等の名誉回復措置の要請のために必要であるため 3．差止請求権の行使のために必要であるため 4．発信者に対する削除要求のために必要であるため 5．その他（具体的にご記入ください）
	開示を請求する発信者情報（複数選択可）	1．発信者の氏名または名称 2．発信者の住所 3．発信者の電話番号 4．発信者の電子メールアドレス 5．侵害情報が流通した際の、当該発信者のIPアドレスおよび当該IPアドレスと組み合わされたポート番号（注5） 6．侵害情報に係る携帯電話端末等からのインターネット接続サービス利用者識別符号（注5） 7．侵害情報に係るSIMカード識別番号のうち、携帯電話端末等からのインターネット接続サービスにより送信されたもの（注5）

		8．5ないし7から侵害情報が送信された年月日および時刻
証拠（注6）		添付別紙参照
発信者に示したくない私の情報（複数選択可）（注7）		1．氏名（個人の場合に限る） 2．「権利が明らかに侵害されたとする理由」欄記載事項 3．添付した証拠

（注1）　原則として、個人の場合は運転免許証、パスポート等本人を確認できる公的書類の写しを、法人の場合は資格証明書を添付してください。

（注2）　URLを明示してください。ただし、経由プロバイダ等に対する請求においては、IPアドレス及び当該IPアドレスと組み合わされたポート番号等、発信者の特定に資する情報を明示してください。

（注3）　著作権、商標権等の知的財産権が侵害されたと主張される方は、当該権利の正当な権利者であることを証明する資料を添付してください。

（注4）　法第4条第3項により、発信者情報の開示を受けた者が、当該発信者情報をみだりに用いて、不当に当該発信者の名誉又は生活の平穏を害する行為は禁じられています。

（注5）　携帯電話端末等からのインターネット接続サービスにより送信されたものについては、特定できない場合がありますので、あらかじめご承知おきください。

（注6）　証拠については、プロバイダ等において使用するもの及び発信者への意見照会用の2部を添付してください。証拠の中で発信者に示したくない証拠がある場合（注7参照）には、発信者に対して示してもよい証拠一式を意見照会用として添付してください。

（注7）　請求者の氏名（法人の場合はその名称）、「管理する特定電気通信設備」、「掲載された情報」、「侵害された権利」、「権利が明らかに侵害されたとする理由」、「開示を受けるべき正当理由」、「開示を請求する発信者情報」の各欄記載事項及び添付した証拠については、発信者に示した上で意見照会を行うことを原則としますが、請求者が個人の場合の氏名、「権利侵害が明らかに侵害されたとする理由」及び証拠について、発信者に示してほしくないものがある場合にはこれを示さずに意見照会を行いますので、その旨明示してください。なお、連絡先については原則として発信者に示すことはありません。

　　ただし、請求者の氏名に関しては、発信者に示さなくとも発信者により推知されることがあります。

以上

［特定電気通信役務提供者の使用欄］

開示請求受付日	発信者への意見照会日	発信者の意見	回答日
（日付）	（日付） 照会できなかった場合はその理由：	有（日付） 無	開示（日付） 非開示（日付）

【書式17】　投稿記事削除仮処分命令申立書例（インターネット上の）

投稿記事削除仮処分命令申立書

令和○年○月○日

○○地方裁判所　御中

債　権　者　○　○　○　○　㊞

　　当事者の表示　　別紙当事者目録記載のとおり（省略）
　　被保全権利　　　人格権に基づく妨害排除または
　　　　　　　　　　妨害予防の請求権としての削除請求権

申立ての趣旨

　債務者は、別紙投稿記事目録記載の投稿記事を仮に削除せよ
　との裁判を求める

申立ての理由

第1　被保全権利
　1　当事者
　　　債権者は、○○を事業内容とする法人の代表取締役である。

253

　　債務者は、インターネットで閲覧可能なウェブサイト（以下「本件サイト」という）を設置・運営し、そのシステムを管理するものである（疎甲第○号証）。

　　本件サイトは、誰でもこれを閲覧し、またはこれに書き込みをすることが可能であり、本件サイトに書き込まれた情報は、本件サイトにアクセスする不特定の者によって受信されることとなる。

2　債権者の権利侵害

　　本件サイトには、氏名不詳者による別紙投稿記事目録記載の投稿（以下「本件投稿」という）が存在し、インターネットを通じて不特定の者に広く公開され、現在もその状態に置かれている（疎甲第○号証）。

(1)　同定可能性

　　本件投稿の動画では、債権者の顔が正面から撮影されており（疎甲第○号証）、一般人が、本件投稿が債権者に関するものであると認識することは容易であるから、本件投稿には同定可能性が認められる。

(2)　債権者に対する人格権侵害

　　本件投稿は、債権者が土下座をしている動画を内容とするものである。債権者には、承諾なしに自己の肖像等をみだりに公表されない権利がある。本件投稿の動画を投稿することについて債権者は承諾していないことから、本件投稿は、承諾なしに自己の肖像等をみだりに公表されない権利を侵害する。

　　債権者が土下座をしているという本件投稿の動画の内容からすれば、それを承諾なしに投稿されることは債権者の人格的利益の侵害が社会生活上受忍すべき限度を超えていることは明らかである。

3　債務者の削除義務

　　本件投稿の内容は、前述のとおり債権者の人格権を侵害するものであるが、本件投稿は債務者の管理するシステムによって公開されており、本件投稿の削除は債務者もしくは債務者から権限を与えられた者にしかできない仕組みとなっている。したがって、債務者は債権者に対して本件記事を削除すべき条理上の作為義務を負うものである。

（別紙）

投稿記事目録

閲覧用 URL：○○

投稿番号：○○

投稿日時：令和○年○月○日　　○○時○○分○○秒

【書式18】　発信者情報開示仮処分命令申立書例（インターネット上の）

発信者情報開示仮処分命令申立書

令和○年○月○日

○○地方裁判所　御中

債　権　者　○　○　○　○　　㊞

　当事者の表示　別紙当事者目録記載のとおり（省略）

　被保全権利　プロバイダ責任制限法４条１項に基づく開示請求権

申立ての趣旨

　債務者は、債権者に対し、別紙発信者情報目録記載の各情報を仮に開示せよとの裁判を求める

申立ての理由

第１　被保全権利

　１　当事者

　　　債権者は、○○を事業内容とする法人である。

　　　債務者は、インターネットで閲覧可能なウェブサイト（以下「本件サイト」という）を設置・運営し、そのシステムを管理するものである（疎甲第○号証）。

　　　本件サイトは、誰でもこれを閲覧し、またはこれに書き込みをすること

が可能であり、本件サイトに書き込まれた情報は、本件サイトにアクセス
する不特定の者によって受信されることとなる。債務者は、本件サイトの
システムを用いて、本件サイトに書き込みをして情報を発信する者と本件
サイトにアクセスして情報を受信する者との通信を媒介する者であり、プ
ロバイダ責任制限法4条の「開示関係役務提供者」に該当する。

2　債権者に対する権利侵害

(1)　本件投稿の存在

　　本件サイト上には、別紙投稿記事目録記載の投稿（以下「本件投稿」
という）が存在し（疎甲第○号証）、インターネットを通じて不特定人
に広く公開されている。

(2)　同定可能性

　　本件投稿は、債権者の公式SNSに、債権者の○○という商品の原材
料に関する投稿がなされたものであり、一般人が、本件投稿が債権者に
関するものであると認識することができるから、本件投稿には、同定可
能性が認められる。

(3)　債権者に対する権利侵害

　　本件投稿は、債権者の○○という商品の原材料が偽られているという
事実を摘示するものであって債権者の社会的評価を低下させるものであ
る。

(4)　違法性阻却事由の存在を窺わせる事情の不存在

　　債権者の○○という商品の原材料が偽られているという事実は一切な
く（疎甲○号証）、債権者が商品の原材料を偽っていることを裏付ける
ような具体的事実は一切記載されていない。本件投稿は、何ら具体的な
根拠を示すことなく債権者が商品の原材料を偽っていると断定するもの
であって、本件投稿に公益目的は存在しない。

　　本件投稿は、事実とは異なる内容の投稿を、債権者の評価を低下させ
る目的で行われたことが強く疑われるから、本件投稿が債権者の名誉権
を侵害していることは明らかである。

(5)　小　括

　　以上により、本件投稿により債権者の名誉権が侵害されたことは明ら
かである。

3　債務者から発信者情報の開示を受けるべき正当な理由

　　債権者は、本件投稿の発信者に対し、不法行為に基づく損害賠償請求を
行うことを予定しているが、この権利を行使するためには、債務者が保有

する別紙発信者情報目録記載の情報の開示を受ける必要がある。

　4　まとめ

　　　よって、債権者は、債務者に対し、プロバイダ責任制限法4条1項に基づき別紙発信者情報目録記載の発信者情報の開示請求権を有するものである。

第2　保全の必要性

　　　債務者は、アクセスログとして、投稿につき別紙発信者情報目録記載のIPアドレスとタイムスタンプの記録を保有している。経由プロバイダのアクセスログの保存期間は3か月から6か月程度とされており（疎甲第○号証）、債務者から発信者情報の開示を受けなければ、損害賠償請求権の行使に支障をきたすことになるから、保全の必要性が認められる。

第3　まとめ

　　　よって、債権者は、債務者に対し、プロバイダ責任制限法4条1項に基づき、別紙発信者情報目録記載の発信者情報の開示を求める次第である。

（別紙）

発信者情報目録

別紙アカウント目録記載のアカウントにログインした際のIPアドレスのうち、令和○年○月○日以降のもので、債務者が保有するものすべて

※運営者がログイン時のIPアドレスを保存しているログイン型の目録の一例。

（別紙）

投稿記事目録

URL　https://○○
名前　○○○○
ユーザー名　@○○○○
投稿日時　令和○年○○月○○日　○○：○○：○○.　○○

投稿内容　○○

※ログイン型の目録の一例。

アカウント目録

名前　○○○○
ユーザー名　@○○○○

【書式19】　発信者情報開示請求訴訟訴状例（インターネット上の）

訴　　　状

令和○年○月○日

○○地方裁判所　御中

原　告　○　○　○　○　㊞

当事者の表示　別紙当事者目録記載のとおり（省略）

発信者情報開示請求事件
　訴訟物の価額　160万円
　貼用印紙額　1万3000円

請求の趣旨

1　被告は、原告に対し、別紙発信者情報目録記載の各情報を開示せよ
2　訴訟費用は被告の負担とする。
との判決を求める

請求の原因

1　当事者
　原告は、○○を事業内容とする法人である。

被告は、電気通信事業を営む株式会社である。

2　同定可能性

　　本件投稿は、原告の公式SNSに、原告の○○という商品の原材料に関する投稿がなされたものであり、一般人が、本件投稿が原告に関するものであると認識することができるから、本件投稿には、同定可能性が認められる。

3　権利侵害の明白性

　　本件投稿は、原告の○○という商品の原材料が偽られているという事実を摘示するものであって原告の社会的評価を低下させるものである。

　　しかしながら、原告の○○という商品の原材料が偽られているという事実は一切なく（甲○号証）、原告が商品の原材料を偽っていることを裏付けるような具体的事実は一切記載されていない。本件投稿は、何ら具体的な根拠を示すことなく原告が商品の原材料を偽っていると断定するものであって、本件投稿に公益目的は存在しない。

　　したがって、原告が本件投稿によって名誉権を侵害されていることは明白であって、権利侵害の明白性の要件を満たす。

4　被告から発信者情報の開示を受けるべき正当な理由

　　原告は、本件投稿の発信者に対し、不法行為に基づく損害賠償請求を行うことを予定しているが、この権利を行使するためには、被告が保有する別紙発信者情報目録記載の情報の開示を受ける必要がある。

5　サイト管理者からの発信者情報の開示

　　原告は、本訴訟に先立ち、本件サイトの管理者より開示情報目録記載のIPアドレスおよびタイムスタンプの開示を受けた（甲第○号証）。

　　開示されたIPアドレスによれば、氏名不詳者は、被告をインターネットサービスプロバイダとして本件投稿を行っている（甲第○号証）。

6　被告の「開示関係役務提供者」該当性

(1)　「特定電気通信」（法2条1号）

　　　本件投稿は、不特定の者が自由に閲覧できるから、特定電気通信役務提供者の損害賠償責任の制限及び発信者情報の開示に関する法律（以下「法」という）2条1号の「特定電気通信」に該当する。

(2)　「特定電気通信設備」（法2条2号）

　　　本件投稿が経由した被告が管理する端末機器、サーバ、交換機（ルータ等）、ケーブル等、あるいはこれらの結合は、上記「特定電気通信」の用に供される電気通信設備であるから、法2条2号の「特定電気通信設備」に該当する。

(3)　「特定電気通信役務提供者」（法2条3号）

　　法2条1号ないし3号の文理および法4条の趣旨からすれば、最終的に不特定の者によって受信されることを目的とする情報の流通過程の一部を構成する電気通信を、電気通信設備を用いて媒介する者は、同法2条3号にいう「特定電気通信役務提供者」に該当する。

(4)　「当該特定電気通信の用に供される特定電気通信設備を用いる特定電気通信役務提供者」（法4条1項）

　　上記(1)ないし(3)のとおりであるから、被告は、法4条1項の「当該特定電気通信の用に供される特定電気通信設備を用いる特定電気通信役務提供者」（開示関係役務提供者）に該当する。

7　まとめ

　　よって、原告は、被告に対し、プロバイダ責任制限法4条1項に基づき別紙発信者情報目録記載の発信者情報の開示を求める。

（別紙）

発信者情報目録

　別紙開示情報目録記載のIPアドレスを、同目録記載の日時ころに被告から割り当てられていた契約者に関する下記の情報

1　氏名または名称

2　住所

3　電子メールアドレス

（別紙）

開示情報目録

ＩＰアドレス：○○

タイムスタンプ：○○年○月○日　○○時○○分○○秒

（別紙）

投稿記事目録

URL　https://○○
名前　○○○○
ユーザー名　@○○○○
投稿日時　○○年○○月○○日　○○：○○：○○．○○
投稿内容　○○

【書式20】　架電等禁止仮処分命令申立書例

架電等禁止仮処分命令申立書

令和○年○月○日

○○地方裁判所　御中

債権者代理人
弁護士　　○　　○　　○　　○

当事者の表示　　別紙当事者目録記載のとおり（省略）

申 立 て の 趣 旨

　債務者は、自らまたは第三者をして、下記の行為をし、もしくはさせてはならない。

記

　債権者に対し、架電またはファクシミリ送信すること
との仮処分命令を求める。

申 立 て の 理 由

第1　被保全権利

1　債権者は、○○市に本店事務所（以下「本件事務所」という）を置き、○○を目的とする株式会社である。

　　申立外Ａは、債権者の従業員として、本件事務所にて働いている。

　　債務者は、いわゆる「ヤミ金業者」（貸金業法上の登録を行っていない貸金業者）である。

2　債務者は、令和○年○月○日、突然、本件事務所を訪問し、債権者従業員および同代表取締役に対し、「おたくのところのＡに金を貸している者だ」、「Ａを出せ」などと述べ、申立外Ａを連れてくるよう強く要求した。

　　Ａが、地方に出張していたため、その旨説明したところ、債務者は、「また連絡する」、「Ａと連絡が取れるまでおたくに連絡し続けることになる」などと言って帰っていった。

3　その後、債務者は、別紙「架電目録」（省略）記載のとおり、同月○日から同年○月○日までの間、○○回にわたり、本件事務所に設置された固定電話（０○－○○○○－○○○○）に架電し、対応した債権者従業員や役員に対し、「Ａを出せ」、「いつまでかばう気だ」などと、申立外Ａを債務者の電話に応対させるよう要求することを繰り返している。

　　また、債務者は、別紙「ファクシミリ目録」（省略）記載のとおり、同月○日から同年○月○日までの間、○○回にわたり、「Ａを出せ」、「Ａはいつまで逃げ回るつもりだ」などと記載した書面を、本件事務所に設置されたファクシミリ受信機（０○－○○○○－○○○○）にファクシミリ送信することを繰り返している。

4　債務者と申立外Ａとの間の金銭消費貸借契約に関しては、同人らの間の法律関係であり、債権者の業務には関係がない事柄である。そのため、債権者には、かかる金銭消費貸借契約に関する債務者からの問い合わせ等に対して応じる義務はない。

　　そのように、債権者従業員や役員らが、繰り返し説明しているにもかかわらず、債務者は、債権者宛に、上記のような架電やファクシミリ送信を繰り返している。

　　債権者の従業員や役員らは、債務者の上記架電やファクシミリ送信に連日対応させられている。また、債権者は、債権者の取引先などからの電話やファクシミリの受信に支障が生じている。

5　以上より、上記債務者の架電やファクシミリ送信は、債権者の業務遂行権（人格権に基づき平穏に営業を行う権利）を侵害するものである。

第2　保全の必要性

　1　債権者は、債務者に対し、令和○年○月○日、上記架電およびファクシ
　　ミリ送信をやめるよう書面により警告を発した。

　　　しかし、債務者は改めず、同日以降も連日架電およびファクシミリ送信
　　し続けており、債権者の業務の遂行は現在も害されている。

　2　債権者は、債務者に対し、侵害行為の差止めおよび損害賠償を請求する
　　本案訴訟を提起すべく準備中である。

　　　しかし、本案判決を得るまで債務者の上記行為が継続しては、債権者に
　　回復しがたい莫大な損害が生じることとなる。

　　　よって、申立ての趣旨記載の仮処分命令の発令を求める次第である。

疎　明　方　法

1　経過説明書

2　着信履歴

3　応対記録

4　通話録音データ

5　債務者から送信されたファクシミリ書面

6　警告書

7　・・・・

添　付　書　類

1	甲号証（写）	各1通
2	証拠説明書	1通
3	資格証明書	1通
4	訴訟委任状	1通

以　上

【書式21】　架電禁止仮処分命令申立書例（無言電話）

収入印紙	架電禁止仮処分命令申立書

令和○年○月○日

東京地方裁判所民事第9部　御中

債　　権　　者　　○○株式会社

上記代表者代表取締役　○○　○○　　㊞

当事者の表示　　別紙当事者目録記載のとおり

申立ての趣旨

債務者は、債権者に対し、架電してはならない。

との裁判を求める。

申立ての理由

第1　被保全権利

1　債権者は、○○を目的とする株式会社であり住所地において○○業を営んでいる。

2　債務者は、別紙のとおり、令和○年○月○日から同年○月○日までの間、○○回にわたり、債権者本店に設置された固定電話に電話をかけ、その電話に応対した債権者従業員らに対し、無言の状態を続けるなどの行為を繰り返した。これにより、同従業員らに各電話への応対を余儀なくさせて、○○など債権者の正常な業務の遂行に著しい支障を生じ、同従業員らは不安におびえ退職を申し出た者もあった。

3　上記債務者の行為は、債権者の業務遂行権を侵害するものである。

第2　保全の必要性

1　債権者は、令和○年○月○日、債務者に対し無言電話をやめるよう書面により警告を発したが、債務者は改めず、かえって同日以降無言電話の回数を増やし、債権者の業務の遂行は現に害され、従業員においても心身の被害を訴えるに至っている。

2　債権者は、債務者に対し、業務遂行権侵害に基づく妨害排除請求訴訟を提起すべく準備中であるが、本案判決を得るまで債務者の上記行為が継続しては本案判決確定まで甚大な損害を被るので本申立てをする。

疎　明　方　法

1　経過説明書

2　着信履歴

3　応対記録

4　通話録音データ

5　発信者情報

6　警告書

7　…………

添 付 書 類

1　証拠資料写し　　　　　各1通

2　商業登記事項証明書　　　1通

当事者目録

住所　〒○○○−○○○○　東京都○○区○○町○丁目○番○号

　　　　　　　　　　　　　（送達場所）

　　　　　　　　　　　　　電　話　○○−○○○○−○○○○

　　　　　　　　　　　　　ＦＡＸ　○○−○○○○−○○○○

　　　　　　　　　　　　　債権者　○○株式会社

　　　　　　　　　　　　　上記代表者　代表取締役　○○　○○

住所　〒○○○−○○○○　東京都○○区○○町○丁目○番○号

　　　　　　　　　　　　　債務者　○○　○○

【書式22】　被害届例（無言電話）

被 害 届

令和○年○月○日

○○警察署長　殿

　　　　　〒○○○−○○○○　東京都○○区○○町○丁目○番○号

　　　　　電　話　○○−○○○○−○○○○

265

FAX　○○－○○○○－○○○○

届出人　　○○株式会社

代表取締役　○○　○○

　次のとおり、偽計業務妨害被害がありましたからお届けします。

第1　被害者の住所、職業、氏名、年齢
　　　○○………………………

第2　被害の年月日
　　　令和○年○月○日ないし令和○年○月○日ころ

第3　被害の場所
　　　東京都○○区○○町○丁目○番○号、当社内

第4　被害の模様
　　　当社は、住所地において○○業を営んでおります。
　　　令和○年○月○日頃から、日中当社に無言電話がかかってくるようになりました。私がいるときには私が対応することもあるのですが、女性従業員は不安がって、仕事が手に着かなくなっております。社内でも話し合ったのですが、誰も嫌がらせを受けるような覚えはなく、犯人に心当たりはありません。
　　　別紙のように、この1か月で無言電話は300回を超えており、この電話に対応するだけで来客や他の電話への対応ができなくなり業務に多大な支障が出ております。

第5　犯人の住所、氏名または通称、人相、着衣、特徴等
　　　不明

第6　遺留品その他参考となるべき事項
　　　着信履歴・応対記録

【書式23】　告訴状例（無言電話）

告　訴　状

住所　〒○○○－○○○○　東京都○○区○○町○丁目○番○号

電　話　○○－○○○○－○○○○

ＦＡＸ　○○－○○○○－○○○○

告訴人　　　○○株式会社

代表取締役　　○○　○○

住所　〒○○○－○○○○　東京都○○区○○町○丁目○番○号

被告訴人　　○○　○○

　被告訴人の次の告訴事実に記載の行為は、刑法233条（偽計業務妨害罪）に該当すると思料いたしますので、捜査の上、厳重に処罰されたく告訴いたします。

第1　告訴事実

　被告訴人は、令和○年○月○日から同年○月○日までの間、○○○回にわたり、東京都○○区○○町○丁目○番○号所在の被告訴人方において、自己の携帯電話機を使用して、東京都○○区○○町○丁目○番○号所在の告訴人事務所に設置された固定電話に架電し、その電話に応対した告訴人従業員らに対し、無言の状態を続けるなどの行為を繰り返し、その間、同従業員らに各電話への応対を余儀なくさせて正常な業務の遂行に支障を生じさせ、もって偽計を用いて告訴人の業務を妨害したものである。

第2　告訴に至る経緯

　　1　・・・・・・・・・・・

　　2　・・・・・・・・・・・

　　3　・・・・・・・・・・・

証　拠　資　料

1　経過説明書

2　応対記録

3　通話録音データ

4　発信記録

5　・・・・・・・・・・・

添　付　書　類

1　証拠資料写し　　　　　　　各1通

267

2　商業登記事項証明書　　　　　　　1通

　　　　　　　　　　　　　　　　　　　　　　令和○年○月○日

　　○○警察署長　殿

　　　　　　　　　　　　　　　　告訴人　　　○○株式会社
　　　　　　　　　　　　　　　　代表取締役　○○　○○　㊞

【書式24】　街宣等禁止仮処分命令申立書例

街宣等禁止仮処分命令申立書

　　　　　　　　　　　　　　　　　　　　　　令和○年○月○日

　　○○地方裁判所　御中
　　　　　　　　　　　　　　　　債権者代理人
　　　　　　　　　　　　　　　　弁護士　　○　○　○　○

　　当事者の表示　　別紙当事者目録記載のとおり（省略）

申　立　て　の　趣　旨

　債務者らは、自らまたは第三者をして、下記の行為をし、もしくはさせてはならない。

記

1　別紙物件目録記載の各建物の正面入口から半径1000メートル以内において、徘徊し、大声を張り上げ、街頭宣伝車による演説を行い、または音楽を流す等して債権者の業務を妨害し、またはその名誉および信用を毀損する一切の行為
2　債権者役員および従業員に対し、債権者代理人弁護士を介することなく、面会または架電等の方法で、直接交渉を要求する行為
3　別紙物件目録記載の各建物の正面入口から半径1000メートル以内において、債権者または債権者代表取締役を誹謗中傷する内容のビラを配布し、債

権者または債権者代表取締役の業務または生活を妨害する一切の行為

4　債権者と債務者Aとの間の労働契約に関し、債権者の取引先であるP社に対し、文書を差し出したり、架電したり、役員、従業員または職員に直接面会を求めるなどの方法で、交渉を要求する行為

との仮処分命令を求める。

申　立　て　の　理　由

第1　被保全権利

1　債権者は、○○市に本店を置き、「スーパーマーケット○○」（以下、「本件店舗」という）を経営するなど、食料品の小売販売等を目的とする株式会社である。

　債務者Aは、令和○年○月から令和○年○月まで、債権者の従業員として本件店舗で働いていた者である。

　債務者α、同β、および同γ（以下3名合わせて「債務者αら」という）は、政治結社「○○会」の構成員を名乗る者である。

2　債務者αらおよび同Aは、令和○年○月○日、本件店舗を訪問し、債権者代表取締役に対し、「以前御社で働いていたAくんが、一方的に解雇され、残業代も払ってもらえていないと泣きついてきたのだが、そのとおりなのか」などと質問した。

　Aは、令和○年○月○日から同年○○月○日まで、無断欠勤が続いていたため、債権者は、Aを、同年○○月○日付で解雇していた。また、残業代についても、Aが、一切仕事をせずに労働時間後も居残りをしていただけであり、残業代支払義務が生じていなかったため、支払っていなかった。

　そこで、債権者代表取締役は、債務者αらに対し、上記解雇および残業代の不払いについて説明した。

　これに対し、債務者αらは、債権者代表取締役に対し、「お宅の会社は労働基準法を守らないということなんだな⁉」、「世間の人にも知ってもらわないといけないな」などと高圧的に述べたうえで、本件店舗を立ち去った。

　その後、令和○年○月○日午後○時○分ころから午後○時○分ころまでの約30分間、「○○会」と書かれた黒塗りの街頭宣伝車（車両番号○○○

○、以下、「本件街宣車」という）に乗った債務者αらが、本件店舗前において、拡声器を用いて、「このスーパーは、労働基準法を守らず、労働者を泣かせても開き直っています！」、「かわいそうに、Aくんは、残業代も十分に払ってもらえず、このスーパーを解雇されてしまいました！」、「こんなことが許されるのでしょうか！」、などと大音量で叫び続けた。

　そのため、本件店舗において買い物をしていた客が、債権者従業員に対し、「このスーパーは労働法を守っていないの？」などと質問したり、本件店舗において買い物しようとしていた客が、本件店舗に入らずに立ち去るなどしたため、同日の本件店舗の売上げが、通常の日に比べて、○割以上減少してしまった。

　また、本件店舗において働いていた債権者従業員も、うち1名が、上記街宣活動に恐怖心を抱いたことを理由として退職したほか、多くの従業員が、上記街宣活動によって本件店舗で働くことに恐怖心を抱くようになってしまった。

3　その後、債務者αらおよび同Aは、令和○年○月○日、本件店舗を訪れ、債権者代表取締役に対し、「御社はまだ労働基準法を守ろうと思わないのか？」、「もっと世間の人に知ってもらう必要がありそうだ」などと述べ、本件店舗前で再び街頭宣伝を行うことを匂わせた。

　また、債務者αらおよび同Aは、「御社の取引先P社や労基署にも知ってもらわないといけないな」、「P社や労基署に説明に行くしかないか」などと述べ、債権者の主要な取引先であるP社や、債権者の監督官庁である○○労働基準監督署に対し、債権者があたかもAを不当に解雇したり、残業代を支払っていないなど、労働基準法に違反しているかのような虚偽の事実を告げる旨述べた。

　なお、P社は、債権者が本件店舗の経営を開始した当初から約○年もの長期間、債権者の商品の約○割の仕入れ元として取引をしている主要な取引先である。

　さらに、債務者αらおよび同Aは、「社長の近所の方々にも知ってもらったほうがいいかもしれない」、「日曜日にビラを撒いて知ってもらったほうがいいかな」などと述べ、債権者代表取締役の自宅周辺で、あたかも債権者ないし債権者代表取締役が労働基準法に違反しているかのような虚偽の事実を記載したビラを撒く旨述べた。

4　その後、令和○年○月○日午後○時○分ころから午後○時○分ころまでの約30分間、再び、本件街宣車に乗った債務者αらが、本件店舗前におい

て、拡声器を用いて、「このスーパーは、労働基準法を守らず、労働者を泣かせても開き直っています！」、「かわいそうに、Ａくんは、残業代も十分に払ってもらえず、このスーパーを解雇されてしまいました！」、「こんなことが許されるのでしょうか！」、などと大音量で叫び続けた。

5 　さらに、債務者 a らおよび同Ａは、令和○年○月○日午後○時○分ころ、債権者の主要な取引先であるＰ社の本社事務所に押しかけ、同日午後○時○分ころまでの約30分間、同社の従業員及び役員に対し、「スーパー○○は、労働基準法を守らず、労働者を泣かせても開き直っている」、「Ａは、残業代も十分に払ってもらえず、スーパー○○を解雇されてしまった」、「御社は労働基準法を守らないようなスーパー○○とこれからも取引を続けるつもりなのか」などと述べ続け、債権者があたかもＡを不当に解雇したり、残業代を支払っていないなど、労働基準法に違反しているかのような虚偽の事実を告げた。

　　そして、債務者らから押しかけられ、かかる虚偽の事実を告げられたＰ社は、債権者に対し、「早く問題を解決するように強く要望する」、「このような事態が続くことは当社としても甚だ迷惑であり、これまでの継続的な取引における信頼関係に影響する。早く解決しないと何らかの処置をせざるを得ない」などと強く述べ、債権者が債務者らのＰ社に対する迷惑行為を止めないと、債権者との取引を解消することを示唆した。

6 　以上のように、債権者は、債務者らの街宣活動により、本件店舗で買い物をしようとしていた客が本件店舗での買い物を避けて売上げが減少したり、恐怖した従業員が退職するなどして、業務を著しく妨害され、また営業上の名誉・信用も著しく毀損されている。

　　また、債務者らは、債務者らの要求に応じなければ、債権者の主要な取引先や監督官庁に押しかけたり、債権者代表取締役の自宅周辺等においてビラを撒くなどと述べており、そのような事態になれば、債権者はさらに業務を妨害され、営業上の名誉・信用を毀損され、債権者代表者も名誉・信用を毀損されることとなる。

　　そして、債務者らは、実際に、債権者の主要な取引先であるＰ社に対し、本社事務所に押しかけ、債権者があたかも労働基準法に違反しているかのような虚偽の事実を述べ続けるなどしたため、債権者は、Ｐ社から、債権者が債務者らのＰ社に対する迷惑行為を止めないと、Ｐ社との取引を解消することを示唆されるに至っている。Ｐ社は、債権者が本件店舗の経営を開始した当初から約○年もの長期間、債権者の商品の約○割の仕入れ

元として取引をしている主要な取引先であり、債務者らの業務妨害行為により、Ｐ社との取引が解消されるなどしてしまうと、本件店舗を経営することができなくなり、債権者が倒産するおそれすらある。すなわち、債務者らのＰ社に対する迷惑行為は、債権者の平穏に営業活動を行う権利を直接、間接に侵害している。

　以上より、債権者は、平穏に営業する権利ないし営業上の名誉権に基づき、債務者に対して、街宣活動等の差止請求権を有している。

第2　保全の必要性
1　債権者は、債権者代理人に依頼し、債務者らに対し、令和○年○月○日、街宣活動の中止を求める通知書（内容証明郵便）を発送し、当該通知書は同月○日に債務者らに到達した。

　それにもかかわらず、債務者らは、前述したように、令和○年○月○日に、本件店舗前において2度目の街宣活動を行い、さらに、令和○年○月○日には、Ｐ社本社事務所に押しかけ、迷惑行為を行っており、悪質かつ執拗である。

2　そもそも、債権者は、Ａが無断欠勤を続けたため、解雇したのであり、何ら不当な解雇ではない。また、残業代についても、Ａが労働時間後に労働を一切提供せずに居残りをしていただけであったため残業代を支払わなかったのであり、残業代支払義務を負っていない。

　それにもかかわらず、債務者らが、不当解雇であるとか、残業代が支払われていないなどと、本件店舗前において大音量で叫び続けることは、内容が事実無根であり、かつ、その態様も明らかに相当性を欠いており、表現の自由や政治活動の自由等で保障されている範疇を超えている。

3　債権者は、債務者らに対し、街宣活動等の差止めを請求する本案訴訟を準備中である。

　しかし、本案訴訟において勝訴判決を得ても、その間債務者らによる街宣活動等が継続すれば、債権者に回復しがたい莫大な損害が生じることとなる。

　よって、申立ての趣旨記載の仮処分命令の発令を求める次第である。

　　　　　　疎　明　方　法

甲1　登記事項証明書（債権者）

甲2　名刺（債務者ら）

甲3　政治団体名簿

甲4　写真撮影報告書（街宣活動、街宣車等）

甲5　録音データ（街宣活動）

甲6　録音反訳書（街宣活動）

甲7　住宅地図

甲8　登記事項証明書（P社）

甲9　陳述書（被害状況等）

添　付　書　類

1　甲号証（写）　　　　各1通

2　証拠説明書　　　　　1通

3　資格証明書　　　　　1通

4　訴訟委任状　　　　　1通

以　上

【書式25】　被害届例（威力業務妨害等）

被　害　届

令和○年○月○日

○○警察署長　殿

届出人住居　　　○○市○○・・・

氏　　名　　　○　　○　　○　　○

（電話　○○－○○○○－○○○○）

次のとおり威力業務妨害等の被害がありましたからお届けします。

第1　被害者の住居、職業、氏名、年齢

　　○○市・・・

第2　被害の年月日時

　　令和○年○月○日から同年○月○日

第3　被害の場所

　　○○市○○・・・所在の「スーパーマーケット○○」付近

第4　被害の模様

　　令和○年○月○日午後○時○分ころから午後○時○分ころまでの約30分間、「○○会」と書かれた黒塗りの街頭宣伝車（車両番号○○○○、以下「本件街宣車」という）に乗ったα、β、およびγ（以下3名合わせて「αら」という）が、本件店舗前において、拡声器を用いて、「このスーパーは、労働基準法を守らず、労働者を泣かせても開き直っています！」、「かわいそうに、Aくんは、残業代も十分に払ってもらえず、このスーパーを解雇されてしまいました！」、「こんなことが許されるのでしょうか！」、などと大音量で叫び続けた。

　　また、その後、被害者代理人弁護士が、αらに対し、上記のような街宣活動の中止を求める通知書（内容証明郵便）を送付したにもかかわらず、令和○年○月○日午後○時○分ころから午後○時○分ころまでの約30分間、再び、本件街宣車に乗ったαらが、本件店舗前において、拡声器を用いて、「このスーパーは、労働基準法を守らず、労働者を泣かせても開き直っています！」、「かわいそうに、Aくんは、残業代も十分に払ってもらえず、このスーパーを解雇されてしまいました！」、「こんなことが許されるのでしょうか！」、などと大音量で叫び続けた。

　　以上のようなαらの行為により、本件店舗において買い物しようとしていた客が、本件店舗に入らずに立ち去るなどしたため、同日の本件店舗の売上げが、通常の日に比べて、○割以上減少してしまった。

　　また、本件店舗において働いていた被害者従業員も、うち1名が、上記街宣活動に恐怖心を抱いたことを理由として退職したほか、多くの従業員が、上記街宣活動によって本件店舗で働くことに恐怖心を抱くようになってしまった。

第5　被害金品

　　売上の減少（○○円）

第6　犯人の住居、氏名または通称、人相、着衣、特徴等
　　政治結社「○○会」の構成員を名乗る α 、β 、および γ ……

第7　遺留品その他参考となるべき事項

【書式26】　反社会的勢力対象者照会依頼書例

照会依頼書

令和○年○○月○○日

警視庁組織犯罪対策第三課
暴力団排除第一係　御中

　　　　　　　　　　　　　〒○○○-○○○○
　　　　　　　　　　　　　東京都○○区○○町○番○号○
　　　　　　　　　　　　　○○○○株式会社
　　　　　　　　　　　　　　代表取締役　○○　○○
　　　　　　　　　　　　　　TEL　○○（○○○○）○○○○
　　　　　　　　　　　　　　FAX　○○（○○○○）○○○○

　下記対象者につき、貴庁保有の情報をご提供願いたく、ご依頼申し上げます。なお、関連情報、これまでの経緯等は以下のとおりです。

1　対象者
　　氏　　名　○○○○○
　　生年月日　昭和○○年○○月○○日
　　住　　所　東京都○○区○○町○○丁目○○番○○

2　関係者
　(1)　○○○○（対象者の同居人）　　　　　昭和○○年○○月○○日生
　(2)　○○○○（対象者の会社の取締役）　　昭和○○年○○月○○日生

3　事案の概要

4　これまでの調査結果

5　添付書類
・対象者の住民票
・対象者が代表取締役を務める会社の法人登記事項証明書
・暴排条項導入済みの対象者との契約書
・誓約書
・インターネットによる調査結果報告書

【書式27】　反社会的勢力調査チェックリスト例

〔反社会的勢力調査チェックリスト〕

1　商業登記情報
・商業登記情報が取得できるか
・法人の商号が不自然に変遷していないか
・本支店所在地が不自然に移転していないか
・事業目的が実際の事業と合致しているか
・事業目的が急に変更されていないか
・役員が頻繁に変更していないか
・役員が一度に入れ替わっていないか
・短期間で大幅な増資が行われていないか

2　不動産登記情報
・本支店所在地不動産の所有者が暴力団員等と疑うべき人物ではないか
・代表者住所不動産の所有者が暴力団員等と疑うべき人物ではないか
・不動産の債権者が暴力団員等と疑うべき人物ではないか
・「差押え」や「競売開始決定」の登記がないか
・不自然な担保設定がなされていないか

3　インターネット情報
・「氏名」の検索結果で不審な情報がないか
・「会社名」の検索結果で不審な情報がないか
・「電話番号」の検索結果で不審な情報がないか
・「住所」の検索結果で不審な情報がないか
・4道県警が公表している逮捕情報に該当しないか

4　新聞記事情報
・逮捕情報がないか
・逮捕情報があった場合には、年齢や住所が適合するか
・その他トラブルになっている記事はないか

5　取引状況
・紹介者が不審な者ではないか
・取引を開始した経緯に不自然な点はないか
・取引先選定に合理性はあるか
・取引内容が一般に比して不相応ではないか
・電話や面談の際に乱暴な言葉遣いはなかったか
・面談の際の身なりや様子に不審な点はなかったか

6　現地調査の結果
・周辺環境が事務所に適しているか
・事務所に不審な人物が出入りしていないか
・看板や郵便受けの名前が合致しているか
・郵便受けに複数の会社名が記載されていないか

7　その他の情報
・銀行引き落としが可能か
・事業を行うために必要な各種許認可を有しているか
・実際の事業規模と財務分析結果に大きな差異はないか

速報版

悪質クレーム対策（迷惑行為）アンケート調査結果

～サービスする側、受ける側が
　　　共に尊重される社会をめざして～

UAゼンセン流通部門調査

2017年10月

UAゼンセン

全国繊維化学食品流通サービス一般労働組合同盟

はじめに

　クレームとは、商品・サービスに関して消費者から不満がおこり、会社（店舗）に責任ある対応を求められることです。クレームは消費者の意見がわかるアンテナでもあり、サービスを向上させるためには有益な情報であるため、誠意ある対応をしていく事が基本的な姿勢として求められます。

　しかしながら、近年、報道等で謝罪している場面を数多く見かけるようになり、日常的に消費者から店舗で謝罪要求を受けるようになっています。また、消費者の不当な要求を受け日常の仕事に支障が生じ、流通・サービス業に従事する労働者に大きなストレスを与える事例が後を絶ちません。消費者からの不当な要求は、ハラスメントの新しい領域としても社会的な問題となっています。

　また、私たちの産業は、顧客第一主義を大原則に掲げ、消費者の行動は常に正しいとの認識が強く、消費者からの意見に対しては不当なものであっても耐えなくてはいけない風潮があります。そして、そのことが社会的にもモンスター化する消費者を助長させ、接客応対の難しさから退職者の増加や働く仕事として敬遠される傾向にあると言えます。

　ＵＡゼンセン流通部門では、2017年６月〜７月にて、加盟組合の組合員に対して悪質クレーム（迷惑行為）の実態調査を行い、実態データづくりを進めてきました。これまで、どの機関においても実態調査が実施された例はなく、社会に実態を発信していくためには一定以上の調査数が必要となる中、５万以上の調査票を集計して実施されました。回収目標数を大幅に上回る調査票が集計され、組合員からの協力は積極的であり、多くの回答で具体的な事例が記載され、各所で悪質クレーム対策への期待の高さを感じる調査となりました。

　今回の調査では、アンケートに回答した方の73.9％が、業務中に迷惑行為に遭遇したことがあると答えています。また、迷惑行為を受けた方の約９割がストレスを感じながら仕事している実態が明らかになりました。迷惑行為にあった時の対応として、「謝りつづけた」「何もできなかった」43.6％と迷惑行為への対応がとれていない実態があり、企業側の対策にも課題があると思われます。さらに、迷惑行為の近年の状況について、約５割が増えていると回答しており社会的な対策を推進していくことが求められていると言えます。

　消費者からの意見については、企業として真摯に受け止め、サービスレベルを上げていく為には不断の努力が必要です。一方で、社会通念上許される範囲を超えて行われる悪質クレーム（迷惑行為）の存在を直視し、対策を講じる事が求められます。

　今後、関係各所と悪質クレームの実態について認識を合わせ、消費者も従業員もお互いが共に尊重される社会と流通・サービス産業で働く者を守ることにつながる取り組みを進めていきます。

悪質クレーム(迷惑行為)対策アンケート調査結果
～ サービスする側、受ける側が共に尊重される社会をめざして ～

UAゼンセン流通部門調査「悪質クレーム対策アンケート」集計結果報告
－2017年10月発行－

目 次

調査の概要

1. **調査目的**　職場で起こっている悪質クレーム（迷惑行為）の実態について調査し、傾向を分析する。また、調査内容は具体的な事例も示す調査とし、結果については、関係諸団体への要請活動時に提示する資料として活用する。

2. **調査対象**　接客対応されている流通部門所属組合組合員（販売・レジ業務・クレーム対応スタッフ等）

3. **調査期間**　2017年6月1日〜7月14日

4. **回答組合数**　168組合　回答件数　50,878件
   (1) **性別回答件数**
      男性：15,640件　女性：28,997件　無回答：6,161件
   (2) **年齢別回答件数**
      10代：539件　20代：7,396件　30代：10,842件　40代：14,089件　50代：12,089件
      60代：4,992件　70代：161件　無回答：770件

回答者の男女比

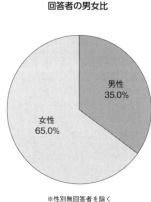

※性別無回答者を除く

回答者の年齢構成

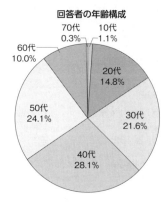

※年齢無回答者を除く割合

3

迷惑行為に関するアンケート項目

設問１：性別・年代に○をつけてください。

男性	・	女性
10 歳代 ・ 20 歳代 ・ 30 歳代 ・ 40 歳代 ・ 50 歳代 ・ 60 歳代 ・ 70 歳代以上		

設問２：あなたは、業務中に次のような来店客からの迷惑行為に遭遇したことがありますか？
【複数回答可】

　A：暴言　B：威嚇・脅迫　C：暴力行為　D：セクハラ行為

　E：何回も同じ内容を繰り返すクレーム　F：長時間拘束　G：権威的（説教）態度

　H：金品の要求　　I：土下座の強要　J：SNS・インターネット上での誹謗中傷　K：なし

　L：その他（　　　　　　　　　　　　）【K：なしを選択の場合、Q6 からお答えください】

設問３：迷惑行為を経験された方は、迷惑行為から受けたご自身への影響を教えてください

　A：軽いストレスを感じた　B：強いストレスを感じた　C：精神疾患になったことがある

　D：影響なし　E：その他（　　　　　　　　　　　　　　　　　　　　　　　　）

設問４：迷惑行為にあった時、あなたはどのような対応をしましたか？

　A：上司に引き継いだ　B：謝りつづけた　C：毅然と対応した　D：何もできなかった

　E：その他（　　　　　　　　　　　　　　　　　　　　　　　　　　　　　　）

設問５：設問４の対応の結果、問題の行為は収まりましたか？

　A：収まった　B：収まらなかった　C：さらに態度がエスカレートした

　D：長時間の対応を迫られた　E：その他（　　　　　　　　　　　　　　　　）

設問６：迷惑行為は、近年増えていると感じていますか？

　A：増えている　B：あまり変わらない　C：減っている　D：わからない

設問７：迷惑行為が発生している原因をどう考えますか？【複数回答可】

　A：消費者のモラル低下　B：従業員の尊厳が低くみられている

　C：ストレスのはけ口になりやすい　　D：消費者のサービスへの過剰な期待

　E：その他（　　　　　　　　　　　　　　　　　　　　　　　　　　　　　　）

設問８：迷惑行為からあなたを守るために、どのような措置が必要と考えますか？【複数回答可】

　A：消費者への啓発活動　B：企業のマニュアルの整備　C：企業のクレーム対策の教育

　D：法律による防止　E：迷惑行為への対応を円滑にする企業の組織体制の整備

　F：その他（　　　　　　　　　　　　　　　　　　　）

設問９：あなたが実際に体験した迷惑行為の内容を教えてください。

記入内容 ①【・・・ような対応をしたら、消費者から・・・ような行為をされた。】 　　　　　② 具体的な対応時間・対応回数・発言内容などを記載ください。

4

調査結果報告

1．全体

設問１：あなたは、業務中に来店客からの迷惑行為に遭遇したことがありますか？

	合　計	
	あ　る	な　し
割　　合	73.9%	26.1%
件　　数	36,002	12,719

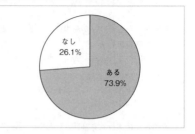

設問２：あなたは、業務中に次のような来店客からの迷惑行為に遭遇したことがありますか？【複数回答可】

	暴言	何回も同じ内容を繰り返すクレーム	権威的（説教）態度	威嚇・脅迫	長時間拘束	セクハラ行為	金品の要求	暴力行為	土下座の強要	SNS・インターネット上での誹謗中傷	その他
割　合	27.5%	16.3%	15.2%	14.8%	11.1%	5.7%	3.4%	2.0%	1.8%	0.5%	1.6%
件　数	24,107	14,268	13,317	12,920	9,752	4,953	3,002	1,792	1,580	465	1,431

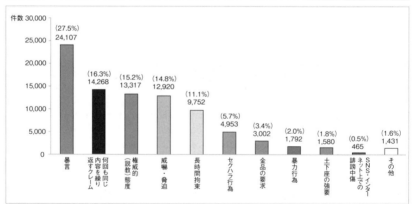

「暴言」が27.5％、「何回も同じ内容を繰り返すクレーム」が16.3％、「権威的（説教）態度」が15.2％、「威嚇・脅迫」が14.8％、「長時間拘束」が11.1％、「セクハラ行為」が5.7％、「金品の要求」が3.4％、「暴力行為」が2.0％、「土下座の強要」が1.8％、「SNS・インターネット上での誹謗中傷」が0.5％と回答した。

5

設問3：迷惑行為を経験された方は、迷惑行為から受けたご自身への影響を教えてください

	軽いストレスを感じた	強いストレスを感じた	精神疾患になったことがある	影響なし	その他
割　合	36.1%	53.2%	1.0%	7.4%	2.4%
件　数	13,500	19,917	359	2,775	887

迷惑行為に約9割がストレスを感じている！

「強いストレスを感じた」が53.2％、「軽いストレスを感じた」が36.1％、「影響なし」が7.4％、「精神疾患になったことがある」が1.0％と答えた。

設問4：迷惑行為にあった時、あなたはどのような対応をしましたか？

	上司に引き継いだ	謝りつづけた	毅然と対応した	何もできなかった	その他
割　合	30.1%	37.8%	20.2%	5.8%	6.1%
件　数	13,979	17,587	9,410	2,687	2,814

「謝りつづけた」と「何もできなかった」が4割を超えている！

「謝りつづけた」が37.8％、「上司に引き継いだ」が30.1％、「毅然と対応した」が20.2％、「何もできなかった」が5.8％と回答した。

設問５：迷惑行為にあった時、あなたのとった対応の結果、問題の行為は収まりましたか？

	収まった	収まらなかった	さらに態度が エスカレートした	長時間の対応を 迫られた	その他
割　合	61.3%	11.5%	4.9%	16.8%	5.5%
件　数	24,443	4,581	1,938	6,702	2,208

３割以上が難しい対応をせまられている！

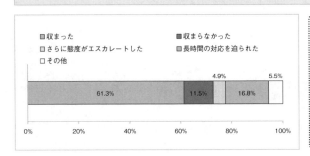

「収まった」が61.3％、「長時間の対応を迫られた」が16.8％、「収まらなかった」が11.5％、「さらに態度がエスカレートした」が4.9％、と回答した。

設問６：迷惑行為は、近年増えていると感じていますか？

	増えている	あまり変わらない	減っている	わからない
割合	49.9%	30.0%	3.3%	16.8%
件数	24,880	14,940	1,664	8,381

約５割が迷惑行為が増えていると感じている！

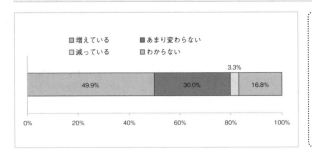

「増えている」が49.9％、「あまり変わらない」が30.0％、「わからない」が16.8％、「減っている」が3.3％と回答した。

7

設問7：迷惑行為が発生している原因をどう考えますか？【複数回答可】

	消費者のモラル低下	従業員の尊厳が低く見られている	ストレスのはけ口になりやすい	消費者のサービスへの過剰な期待	その他
割合	30.4%	18.7%	24.2%	24.4%	2.3%
件数	32,651	20,082	26,008	26,192	2,458

全体的に消費者への啓発活動が必要である！

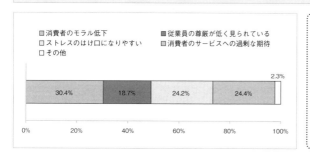

「消費者のモラル低下」が30.4％、「消費者のサービスへの過剰な期待」が24.4％、「ストレスのはけ口になりやすい」が24.2％、「従業員の尊厳が低く見られている」が18.7％と回答した。

設問8：迷惑行為からあなたを守るために、どのような措置が必要と考えますか？【複数回答可】

	消費者への啓発活動	企業のマニュアルの整備	企業のクレーム対策の教育	法律による防止	迷惑行為への対応を円滑にする組織体制の整備	その他
割合	20.0%	13.6%	20.9%	20.8%	22.7%	2.1%
件数	18,455	12,560	19,262	19,196	20,916	1,943

約6割が企業の対策を求めている！

「迷惑行為への対応を円滑にする組織体制の整備」が22.7％、「企業のクレーム対策の教育」が20.9％、「法律による防止」が20.8％、「消費者への啓発活動」が20.0％、「企業のマニュアルの整備」が13.6％と回答した。

8

2．男性・女性比較

設問 1：あなたは、業務中に来店客からの迷惑行為に遭遇したことがありますか？

	男性		女性	
	ある	なし	ある	なし
割　合	78.9%	21.1%	71.3%	28.7%
件　数	12,057	3,230	19,694	7,924

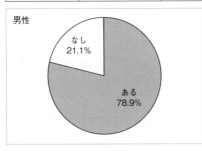
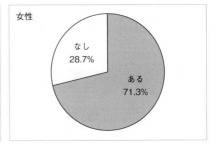

設問 2：あなたは、業務中に次のような来店客からの迷惑行為に遭遇したことがありますか？【複数回答可】

男女別		暴言	威嚇・脅迫	暴力行為	セクハラ行為	何回も同じ内容を繰り返すクレーム	長時間拘束	権威的（説教）態度	金品の要求	土下座の強要	SNS・インターネット上での誹謗中傷	その他
男性	割合	24.2%	16.9%	2.8%	1.5%	16.5%	12.7%	15.1%	5.6%	3.1%	0.8%	1.0%
	件数	8,244	5,747	954	519	5,628	4,315	5,141	1,894	1,051	256	335
女性	割合	29.8%	13.1%	1.5%	9.2%	16.0%	10.0%	15.3%	1.8%	0.9%	0.3%	2.1%
	件数	13,047	5,710	657	4,018	6,979	4,385	6,692	786	374	153	925

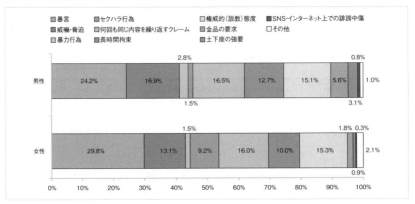

9

288

設問３：迷惑行為を経験された方は、迷惑行為から受けたご自身への影響を教えてください

		軽いストレス を感じた	強いストレス を感じた	精神疾患に なったことがある	影響なし	その他
男性	割合	33.8%	54.6%	0.9%	9.3%	1.5%
	件数	4,209	6,804	109	1,155	190
女性	割合	37.4%	52.8%	1.0%	6.0%	2.8%
	件数	7,670	10,831	208	1,220	572

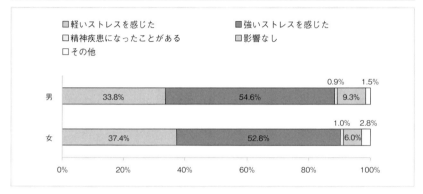

設問４：迷惑行為にあった時、あなたはどのような対応をしましたか？

		上司に 引き継いだ	謝りつづけた	毅然と対応した	何もできなかった	その他
男性	割合	23.9%	40.9%	26.9%	3.1%	5.2%
	件数	3,663	6,268	4,116	476	796
女性	割合	33.6%	36.0%	16.4%	7.5%	6.5%
	件数	8,602	9,213	4,214	1,914	1,675

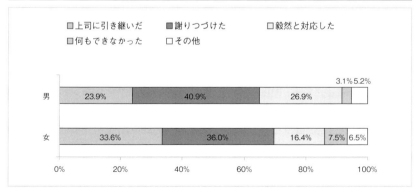

設問5：迷惑行為にあった時、あなたのとった対応の結果、問題の行為は収まりましたか？

		収まった	収まらなかった	さらに態度がエスカレートした	長時間の対応を迫られた	その他
男性	割合	56.3%	10.8%	4.9%	23.8%	4.1%
	件数	7,791	1,496	675	3,298	572
女性	割合	64.0%	12.1%	4.9%	12.5%	6.4%
	件数	13,652	2,585	1,053	2,675	1,376

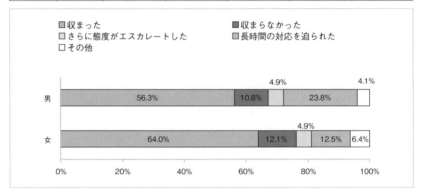

設問6：迷惑行為は、近年増えていると感じていますか？

		増えている	あまり変わらない	減っている	わからない
男性	割合	48.5%	33.8%	4.2%	13.5%
	件数	7,508	5,220	656	2,081
女性	割合	50.7%	27.9%	2.7%	18.7%
	件数	14,370	7,904	763	5,311

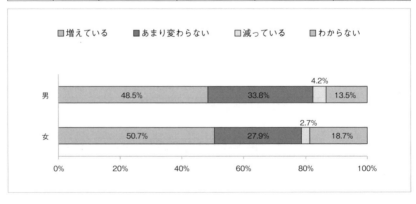

11

設問7：迷惑行為が発生している原因をどう考えますか？【複数回答可】

		消費者の モラル低下	従業員の尊厳が 低く見られている	ストレスのはけ口 になりやすい	消費者のサービス への過剰な期待	その他
男性	割合	30.5%	20.1%	20.4%	26.2%	2.8%
	件数	10,181	6,720	6,821	8,729	929
女性	割合	30.3%	18.0%	26.3%	23.5%	1.9%
	件数	18,551	11,026	16,134	14,412	1,195

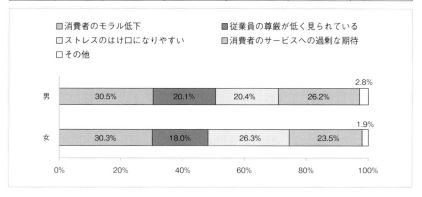

設問8：迷惑行為からあなたを守るために、どのような措置が必要と考えますか？【複数回答可】

		消費者への 啓発活動	企業のマニュアル の整備	企業のクレーム 対策の教育	法律による防止	迷惑行為への対応を円滑 にする組織体制の整備	その他
男性	割合	20.5%	13.3%	18.8%	26.0%	19.1%	2.3%
	件数	6,245	4,057	5,717	7,931	5,827	688
女性	割合	19.7%	13.7%	22.1%	18.0%	24.6%	2.0%
	件数	10,075	6,984	11,270	9,163	12,529	1,008

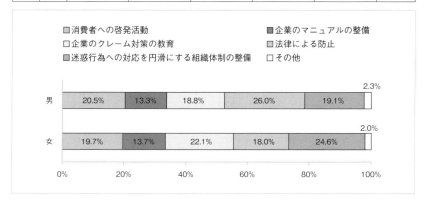

3．部会別比較

設問1：あなたは、業務中に来店客からの迷惑行為に遭遇したことがありますか？

部会名	ある		なし	
	割合	件数	割合	件数
スーパーマーケット	65.8%	8,712	34.2%	312
GMS	75.2%	14,171	24.8%	4,666
住生活関連	80.5%	3,914	19.5%	312
百貨店	86.4%	1,750	13.6%	312
ドラッグ関連	76.9%	1,859	23.1%	557
専門店	71.5%	3,473	28.5%	1,384
家電関連	84.9%	1,750	15.1%	312

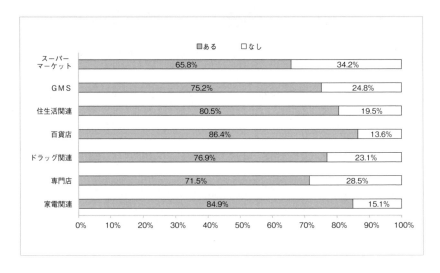

13

設問２：あなたは、業務中に次のような来店客からの迷惑行為に遭遇したことがありますか？【複数回答可】

部会別		暴言	威嚇・脅迫	暴力行為	セクハラ行為	何回も同じ内容を繰り返すクレーム	長時間拘束	権威的（説教）態度	金品の要求	土下座の強要	SNS・インターネット上での誹謗中傷	その他
スーパーマーケット	割合	30.9%	13.6%	1.9%	6.8%	15.5%	9.9%	15.6%	2.0%	1.3%	0.5%	1.9%
	件数	5,860	2,573	366	1,295	2,944	1,870	2,962	388	237	100	360
GMS	割合	28.3%	14.3%	2.0%	5.6%	16.8%	10.7%	15.7%	2.6%	1.7%	0.4%	1.8%
	件数	9,498	4,796	667	1,867	5,635	3,598	5,277	875	580	147	619
住生活関連	割合	28.4%	15.0%	2.5%	5.2%	15.2%	10.9%	15.5%	3.7%	2.1%	0.6%	0.9%
	件数	2,844	1,501	251	524	1,523	1,092	1,554	368	210	58	88
百貨店	割合	22.6%	15.7%	2.0%	6.1%	16.5%	14.5%	13.7%	5.5%	1.7%	0.5%	1.1%
	件数	1,378	960	125	372	1,010	884	835	336	103	33	69
ドラッグ関連	割合	27.9%	16.8%	2.1%	5.8%	13.8%	12.7%	13.5%	3.7%	1.7%	0.4%	1.5%
	件数	1,299	782	100	269	644	592	629	170	81	19	71
専門店	割合	22.3%	15.4%	1.5%	5.5%	18.2%	12.1%	14.4%	5.5%	2.2%	0.8%	2.0%
	件数	1,994	1,381	130	491	1,629	1,085	1,290	495	197	70	177
家電関連	割合	23.0%	17.3%	2.9%	2.5%	16.5%	11.8%	14.4%	6.9%	3.2%	0.7%	0.9%
	件数	1,234	927	153	135	883	631	770	370	172	38	47

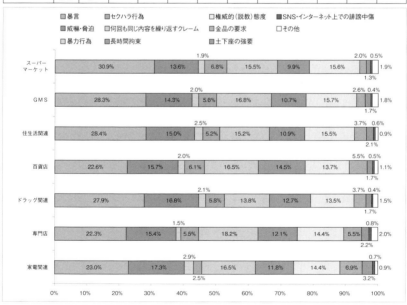

設問3：迷惑行為を経験された方は、迷惑行為から受けたご自身への影響を教えてください

部会名	軽いストレスを感じた		強いストレスを感じた		精神疾患になったことがある		影響なし		その他	
	割合	件数	割合	件数	割合	件数	割合	件数	割合	件数
スーパーマーケット	38.4%	3,496	49.0%	4,454	0.9%	83	9.4%	854	2.3%	210
ＧＭＳ	36.0%	5,325	52.9%	7,822	1.1%	167	7.2%	1,066	2.8%	416
住生活関連	37.0%	1,495	54.4%	2,196	0.9%	35	5.9%	238	1.8%	73
百貨店	35.0%	759	57.6%	1,250	0.2%	5	5.5%	119	1.7%	37
ドラッグ関連	36.0%	694	53.5%	1,032	0.8%	15	7.9%	152	1.9%	37
専門店	33.5%	1,213	56.1%	2,028	0.9%	32	7.0%	254	2.5%	91
家電関連	28.9%	518	63.4%	1,135	1.2%	22	5.1%	92	1.3%	23

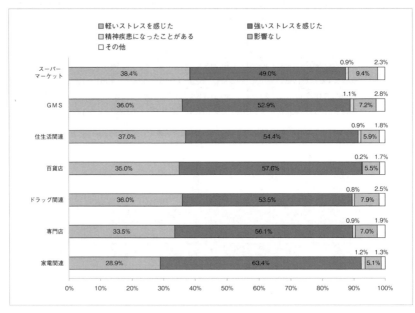

15

294

設問4：迷惑行為にあった時、あなたはどのような対応をしましたか？

部会名	上司に引き継いだ		謝りつづけた		毅然と対応した		何もできなかった		その他	
	割合	件数	割合	件数	割合	件数	割合	件数	割合	件数
スーパーマーケット	30.7%	3,331	38.2%	4,151	17.6%	1,908	7.8%	850	5.8%	625
GMS	32.9%	6,152	37.8%	7,078	17.3%	3,245	5.5%	1,034	6.4%	1,195
住生活関連	29.1%	1,486	40.0%	2,041	20.2%	1,033	6.0%	308	4.6%	237
百貨店	27.6%	733	37.9%	1,006	25.2%	669	3.7%	98	5.5%	146
ドラッグ関連	24.9%	595	37.9%	906	26.0%	622	5.2%	125	5.9%	140
専門店	22.8%	1,025	35.1%	1,577	29.7%	1,337	4.4%	196	8.0%	362
家電関連	29.0%	657	36.5%	828	26.3%	596	3.4%	76	4.8%	109

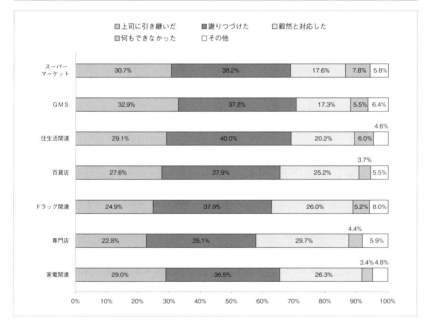

設問5：迷惑行為にあった時、あなたのとった対応の結果、問題の行為は収まりましたか？

部会名	収まった		収まらなかった		さらに態度がエスカレートした		長時間の対応を迫られた		その他	
	割合	件数	割合	件数	割合	件数	割合	件数	割合	件数
スーパーマーケット	64.7%	6,066	12.5%	1,173	4.4%	416	12.4%	1,165	6.0%	558
GMS	60.5%	9,526	11.8%	1,854	5.5%	863	16.2%	2,551	6.0%	943
住生活関連	65.1%	2,838	10.5%	456	4.7%	203	15.5%	677	4.2%	184
百貨店	53.8%	1,279	10.3%	245	4.0%	96	28.1%	669	3.7%	88
ドラッグ関連	62.2%	1,307	12.5%	263	4.6%	96	15.2%	320	5.4%	114
専門店	59.9%	2,341	9.9%	388	4.5%	174	19.7%	769	6.1%	237
家電関連	53.9%	1,086	10.0%	202	4.5%	90	27.4%	551	4.2%	84

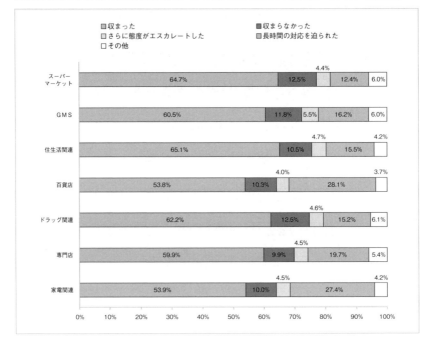

17

設問６：迷惑行為は、近年増えていると感じていますか？

部会名	増えている		あまり変わらない		減っている		わからない	
	割合	件数	割合	件数	割合	件数	割合	件数
スーパーマーケット	50.0%	6,894	27.7%	3,826	2.5%	350	19.7%	2,722
ＧＭＳ	53.2%	10,254	28.5%	5,498	3.2%	609	15.0%	2,898
住生活関連	48.2%	2,367	32.3%	1,584	4.4%	218	15.0%	737
百貨店	51.4%	1,270	31.9%	788	2.4%	60	14.3%	353
ドラッグ関連	49.3%	1,208	32.4%	793	2.7%	67	15.6%	381
専門店	41.6%	2,042	33.0%	1,621	4.6%	225	20.8%	1,023
家電関連	40.7%	845	40.0%	830	6.5%	135	12.9%	267

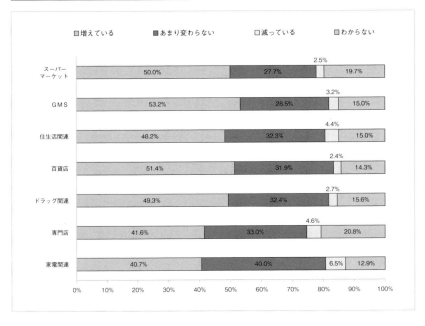

18

設問7：迷惑行為が発生している原因をどう考えますか？【複数回答可】

部会名	消費者の モラル低下		従業員の尊厳が 低く見られている		ストレスのはけ口 になりやすい		消費者のサービス への過剰な期待		その他	
	割合	件数	割合	件数	割合	件数	割合	件数	割合	件数
スーパーマーケット	30.9%	8,873	18.1%	5,203	25.2%	7,230	23.9%	6,857	1.9%	531
GMS	30.0%	12,701	18.7%	7,890	25.7%	10,852	23.2%	9,829	2.4%	1,014
住生活関連	30.8%	3,301	19.0%	2,042	21.6%	2,321	26.1%	2,798	2.5%	265
百貨店	30.4%	1,664	18.7%	1,020	24.4%	1,332	24.3%	1,326	2.3%	123
ドラッグ関連	29.8%	1,587	17.8%	945	26.3%	1,398	23.7%	1,263	2.4%	126
専門店	29.9%	3,108	19.5%	2,025	20.9%	2,178	27.0%	2,806	2.8%	287
家電関連	31.5%	1,417	21.3%	957	15.5%	697	29.2%	1,313	2.5%	112

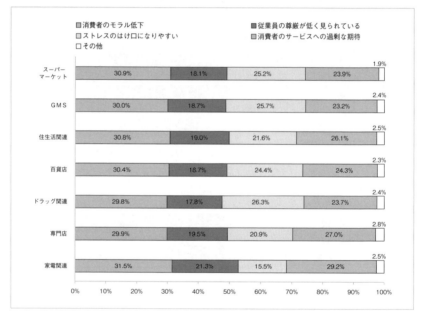

19

298

設問８：迷惑行為からあなたを守るために、どのような措置が必要と考えますか？【複数回答可】

部会名	消費者への啓発活動		企業のマニュアルの整備		企業のクレーム対策の教育		法律による防止		迷惑行為への対応を円滑にする組織体制の整備		その他	
	割合	件数	割合	件数	割合	件数	割合	件数	割合	件数	割合	件数
スーパーマーケット	20.2%	4,885	13.5%	3,254	21.8%	5,257	20.0%	4,819	22.6%	5,458	1.9%	456
ＧＭＳ	19.7%	7,084	14.3%	5,157	21.1%	7,576	18.9%	6,809	23.7%	8,505	2.3%	829
住生活関連	20.0%	1,781	13.2%	1,175	20.8%	1,851	21.4%	1,906	22.7%	2,020	2.0%	179
百貨店	20.8%	1,133	13.1%	714	20.1%	1,098	22.5%	1,228	22.1%	1,207	1.3%	72
ドラッグ関連	19.3%	880	13.2%	599	20.0%	912	23.5%	1,070	21.6%	983	2.4%	111
専門店	19.5%	1,799	13.0%	1,200	20.0%	1,847	23.6%	2,184	21.4%	1,981	2.4%	225
家電関連	21.8%	893	11.3%	461	17.6%	721	28.9%	1,180	18.6%	762	1.7%	71

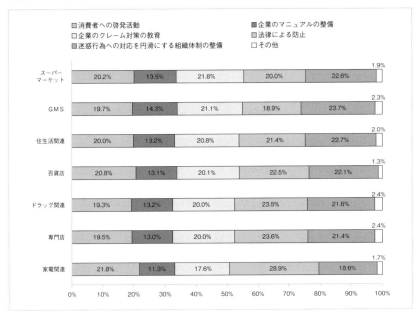

４．年代別比較

設問１：あなたは、業務中に来店客からの迷惑行為に遭遇したことがありますか？

		10代	20代	30代	40代	50代	60代	70代
ある	割合	42.1%	67.1%	77.3%	74.5%	69.7%	56.8%	66.5%
	件数	227	4,964	8,377	10,495	8,426	2,837	107
なし	割合	57.9%	32.9%	22.7%	25.5%	30.3%	43.2%	33.5%
	件数	312	2,432	2,465	3,594	3,663	2,155	54

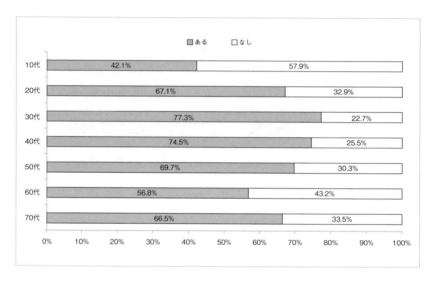

21

設問2：あなたは、業務中に次のような来店客からの迷惑行為に遭遇したことがありますか？【複数回答可】

年代別		暴言	威嚇・脅迫	暴力行為	セクハラ行為	何回も同じ内容を繰り返すクレーム	長時間拘束	権威的（説教）態度	金品の要求	土下座の強要	SNS・インターネット上での誹謗中傷	その他
10代	割合	20.1%	7.1%	0.9%	4.8%	6.3%	5.4%	10.1%	0.0%	0.0%	0.2%	2.0%
	件数	133	47	6	32	42	36	67	0	0	1	285
20代	割合	20.8%	11.9%	1.4%	6.0%	14.3%	11.0%	13.1%	2.6%	0.8%	0.4%	1.5%
	件数	2,905	1,668	189	832	2,002	1,542	1,824	362	108	62	2,261
30代	割合	22.3%	14.3%	2.2%	5.5%	14.7%	11.3%	13.1%	4.0%	1.7%	0.5%	1.3%
	件数	5,550	3,545	546	1,365	3,655	2,816	3,251	998	433	128	2,227
40代	割合	24.1%	13.5%	1.9%	4.9%	14.3%	9.8%	13.6%	3.5%	2.0%	0.5%	1.3%
	件数	7,182	4,014	576	1,467	4,251	2,933	4,036	1,032	591	158	3,144
50代	割合	26.8%	12.3%	1.7%	4.4%	14.2%	8.1%	13.5%	2.2%	1.5%	0.4%	1.5%
	件数	5,928	2,725	367	964	3,150	1,793	2,989	485	343	84	2,995
60代	割合	27.7%	9.6%	1.1%	2.9%	12.7%	6.3%	12.4%	1.2%	1.0%	0.3%	1.8%
	件数	1,955	679	78	206	895	445	877	88	72	23	1,626
70代	割合	24.0%	7.7%	0.4%	4.7%	16.7%	10.7%	16.3%	0.4%	0.4%	0.0%	3.0%
	件数	56	18	1	11	39	25	38	1	1	0	36

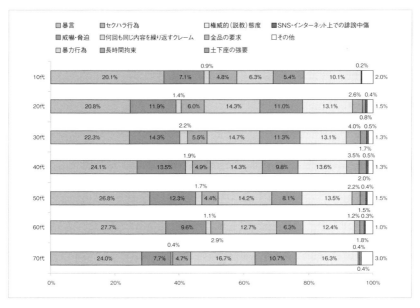

設問 3：迷惑行為を経験された方は、迷惑行為から受けたご自身への影響を教えてください

年代別	軽いストレスを感じた		強いストレスを感じた		精神疾患になったことがある		影響なし		その他	
	割合	件数	割合	件数	割合	件数	割合	件数	割合	件数
10代	41.9%	103	32.1%	79	0.8%	2	24.4%	60	0.8%	2
20代	39.9%	2,077	46.8%	2,437	0.7%	39	10.7%	556	2.0%	103
30代	32.8%	2,855	56.7%	4,934	1.0%	84	7.6%	658	2.0%	170
40代	34.0%	3,689	56.4%	6,119	0.9%	99	6.3%	680	2.3%	254
50代	37.2%	3,262	52.8%	4,627	1.1%	96	6.1%	533	2.8%	241
60代	43.6%	1,292	43.7%	1,293	1.0%	31	8.5%	252	3.1%	93
70代	34.8%	40	55.7%	64	0.0%	0	5.2%	6	4.3%	5

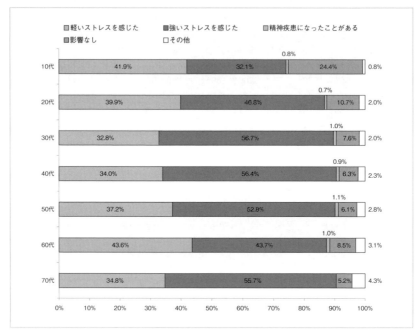

23

設問４：迷惑行為にあった時、あなたはどのような対応をしましたか？

年代別	上司に引き継いだ		謝りつづけた		毅然と対応した		何もできなかった		その他	
	割合	件数	割合	件数	割合	件数	割合	件数	割合	件数
10代	30.8%	78	34.8%	88	17.8%	45	11.9%	30	4.7%	12
20代	32.1%	1,955	34.3%	2,090	22.4%	1,367	6.3%	383	5.0%	303
30代	27.8%	3,004	37.5%	4,053	23.9%	2,577	4.8%	522	5.9%	638
40代	29.4%	4,074	38.5%	5,335	20.7%	2,877	5.3%	742	6.1%	846
50代	31.4%	3,441	39.2%	4,292	16.5%	1,813	6.4%	698	6.5%	716
60代	32.1%	1,149	39.0%	1,393	15.7%	560	7.1%	254	6.1%	218
70代	28.0%	37	28.8%	38	22.7%	30	7.6%	10	12.9%	17

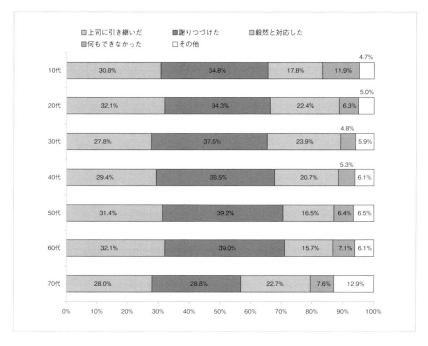

24

設問5：迷惑行為にあった時、あなたのとった対応の結果、問題の行為は収まりましたか？

年代別	収まった		収まらなかった		さらに態度がエスカレートした		長時間の対応を迫られた		その他	
	割合	件数	割合	件数	割合	件数	割合	件数	割合	件数
10代	76.3%	184	10.0%	24	3.3%	8	6.6%	16	3.7%	9
20代	63.3%	3,423	11.8%	636	4.1%	223	16.2%	874	4.6%	251
30代	57.5%	5,389	11.4%	1,066	4.7%	438	21.4%	2,008	5.1%	478
40代	60.1%	7,093	11.8%	1,395	5.2%	616	17.6%	2,074	5.3%	622
50代	64.2%	5,943	11.1%	1,030	4.9%	452	13.3%	1,234	6.4%	594
60代	66.1%	2,003	10.5%	317	4.7%	141	12.0%	363	6.8%	205
70代	51.3%	59	17.4%	20	7.0%	8	10.4%	12	13.9%	16

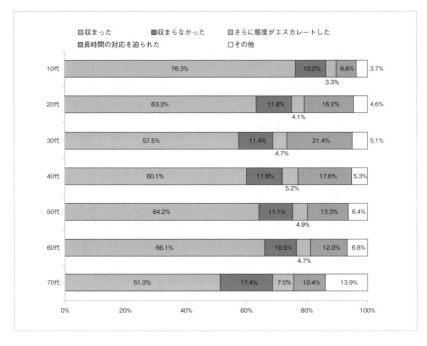

25

設問６：迷惑行為は、近年増えていると感じていますか？

年代別	増えている		あまり変わらない		減っている		わからない	
	割合	件数	割合	件数	割合	件数	割合	件数
10代	27.7%	147	16.8%	89	2.1%	11	53.5%	284
20代	41.4%	3,029	30.8%	2,255	2.1%	151	25.7%	1,876
30代	49.0%	5,250	33.3%	3,574	3.0%	318	14.7%	1,579
40代	52.6%	7,270	29.7%	4,099	4.0%	546	13.8%	1,901
50代	53.7%	6,323	28.1%	3,305	3.6%	419	14.7%	1,732
60代	48.9%	2,363	28.7%	1,385	4.0%	192	18.4%	888
70代	49.7%	77	28.4%	44	3.9%	6	18.1%	28

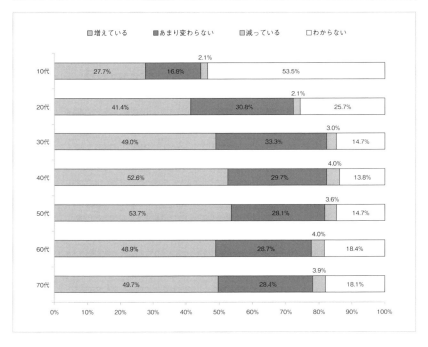

26

305

設問 7 ：迷惑行為が発生している原因をどう考えますか？【複数回答可】

年代別	消費者の モラル低下		従業員の尊厳が 低く見られている		ストレスのはけ口 になりやすい		消費者のサービス への過剰な期待		その他	
	割合	件数	割合	件数	割合	件数	割合	件数	割合	件数
10代	25.2%	205	23.7%	193	26.3%	214	22.9%	187	2.0%	16
20代	27.6%	4,100	21.2%	3,149	23.1%	3,441	26.1%	3,878	2.0%	297
30代	30.2%	7,190	19.6%	4,665	22.7%	5,412	25.0%	5,955	2.5%	592
40代	30.8%	9,399	18.2%	5,562	24.3%	7,413	24.3%	7,397	2.4%	727
50代	31.1%	8,031	17.6%	4,559	25.8%	6,677	23.3%	6,025	2.2%	561
60代	32.7%	3,126	16.5%	1,572	24.7%	2,356	24.0%	2,297	2.1%	200
70代	33.8%	99	16.4%	48	24.9%	73	22.2%	65	2.7%	8

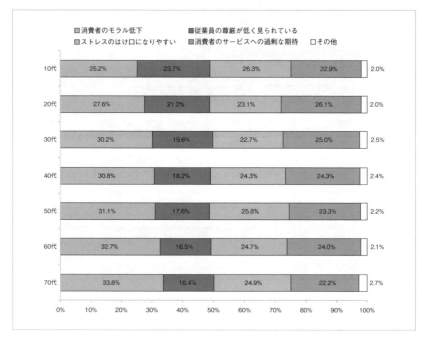

27

設問8：迷惑行為からあなたを守るために、どのような措置が必要と考えますか？【複数回答可】

年代別	消費者への啓発活動		企業のマニュアルの整備		企業のクレーム対策の教育		法律による防止		迷惑行為への対応を円滑にする組織体制の整備		その他	
	割合	件数	割合	件数	割合	件数	割合	件数	割合	件数	割合	件数
10代	18.3%	139	12.9%	98	25.2%	192	23.3%	177	18.0%	137	2.4%	18
20代	19.9%	2,569	12.7%	1,639	21.9%	2,827	23.9%	3,090	19.7%	2,543	2.0%	260
30代	20.4%	4,327	13.5%	2,869	19.6%	4,162	24.7%	5,225	19.6%	4,147	2.2%	465
40代	19.9%	5,188	13.4%	3,484	19.9%	5,182	22.1%	5,740	22.6%	5,877	2.1%	554
50代	20.0%	4,343	14.1%	3,058	21.5%	4,662	16.9%	3,661	25.5%	5,527	2.1%	450
60代	19.1%	1,545	14.6%	1,177	23.7%	1,914	12.3%	991	28.5%	2,308	1.9%	150
70代	18.7%	44	16.2%	38	20.4%	48	16.6%	39	26.4%	62	1.7%	4

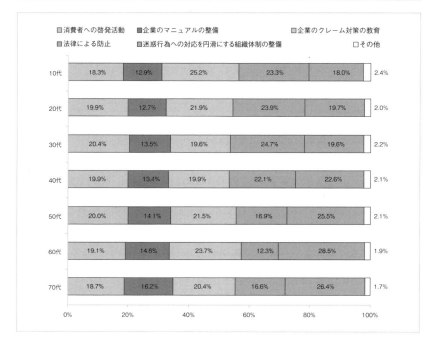

28

資料　アンケート回答抜粋　事例内容

悪質クレーム事例　回答数：19,530件

1．暴言

①お客さまのストレスのはけ口になっていて、「このババア」と言われました。

②常に同じ女性のお客様から文句を言われます。言ったお客様はスッキリしたのか、ニヤニヤ笑う。ほぼ毎回、文句や態度をとられるので困っています。

③商品の場所を案内したら、遠回りさせられたと怒りだし、「バカ、死ね、辞めろ！」と怒鳴られました。

④商品の返品時に、「おまえはバカか、謝るしかできないのか、言葉がわからないのか」などの暴言を1時間近く電話でされました。

⑤お客様の都合の返品に対し、社内ルールで履歴等を検索して返金、返品をしなきゃならないのに対して、「早くしろ、いつまでやってんだ」と怒鳴られたり、クレームに対して「女じゃ話にならん」と大声で暴言を言われました。

⑥商品の在庫を尋ねられ、在庫が無い旨お伝えしたところ、「売る気がないんか、私が店長だったらお前なんか首にするぞ」と延々怒られました。

2．何回も同じ内容を繰り返すクレーム

①売場にない商品を商品部に確認する時間を求めたら、今すぐ答えろと長時間繰り返され、今すぐは答えられないと告げても理解してもらえず、長時間対応を迫られました。

②10分～15分程度の同じ内容をくりかえす問い合わせに、何回も対応したことがあります。

3．権威的（説教）態度

①混んで待っている時間でお客様のイライラが始まり、レジが進まないのは、おまえのせいだと言われた。並んでいる間ずっと10分くらい怒られ続けました。

②クレーム対応中に「お前はダメだ、本社に電話する等」の事を言われると、本当に辞めたくなります。

③マニュアル通りの接客語を使っているのにその日本語は違う、「それはこう言うのよ。だからダメなのよ」と毎回同じことを言われる方がいます。

④特に痛んだ商品でもないのにクレームをつけて、多くのお客様の聞こえるよう高々と「おまえは私の会社だったらクビだ‼」と2度も言われました。

⑤当店で取扱いのない商品（コンビニ限定の商品）が欲しいと言われ、取扱いは、コンビニのみと伝えたところ、「どうしてスーパーで置けないんだ‼」と大声でどなられました。さらに、「仕入れしないほうが悪いんだ」「そんな屁理屈は通用しないんだ‼早く仕入れ先に電話しろ‼」とどなられ、最後は「絶対ここでは買わない」と怒鳴りながら帰っていきました。

⑥「女に要職をやらせるなんて！」と説教されました。

⑦お客様は自分からぶつかってきたのに、私がぶつかってきたといいがかりをつけ、説教をされ、15分～20分ただひたすらに謝りつづけました。

4．威嚇・脅迫

①きちんと接客、対応してもどなったり、怒ったりするので来店するたびに、緊張感がはしるような人が大変多くいます。

②普段と変わらない対応をしていたのに、お客様がお金を置く台に「お釣りを置け！」と強い口調で迫られ、レジを壊しそうな勢いで、ガンガンと何度も叩き大きな音を立てたり、かごを乱暴に置い

たりされました

③レジに来られたお客様に「ぶっ殺すぞ!!」と、どなられました。その後の対応が、気が動転していたので、どのような対応をしたのか覚えていません。

④自分の思い通りにならないと、大きい声で怒鳴る方がおり、周りのお客さまも困って、あきれた顔で迷惑されています。

⑤年令確認をお願いしたら大声でバカかおまえと言ってタスポを出されて、「これがあるという事は20才過ぎているってことなんだよ、バカ、それくらい覚えとけ」と言われカゴを蹴りながら、帰っていきました。

⑥何が気にさわったのかの理由もおっしゃられず、仕事ができない体にしてやることも出来ると言われました。

⑦お客様が購入した包丁の切れ味が悪いとの事で返品対応した際、「高い商品買ったのに研いでも切れない」とその包丁をむきだしでこちらの顔まで近づけてきました。

⑧上長を出せと言われた為、店長と共に対応し、20分近く謝りつづけました。その時、威嚇的な殴りかかるしぐさを何度もされました。

5．長時間拘束

①長時間（1時間半位）説教が続く電話がある。昨年は7時開店だったのに、8時になったのはなぜだ!!等自分で自分の事をおれはクレーマーだと言っていました。

②「レジ担当のあいさつがない」との申し出に、電話対応で謝りつづけたらお客さまから説教をされ、約2時間程度の対応をしました。

③いきなり後から、肩をたたかれ、各売場のクレームを言われ謝ったが、同じ話を何回もくり返され、話がどんどん大きくなり、60分程度開放されず、黙って話をきく事になりました。

④サービスカウンターでの食料品の会計をお断りしたところ、しつこく暴言を言われた後、「おれには時間がある、閉店までおまえにつきあえる」と言われ、長時間の対応をしなくてはなりませんでした。

⑤惣菜の価格が間違っていると言われ確認に行こうとしたら、待たせるなと怒鳴られ3時間説教され続けました。

6．セクハラ行為

①夜に勤務時間時、品出しをしていたら、男性から肉体関係の誘いを受けました。

②男性から体型の事をしつこく言われました。

③お客さまから「彼氏はいるのか。結婚はしているのか」などプライベートを聞かれ、30分間、ずっと話を聞かされました。

④商品のご案内していたら後ろからお尻をさわられ、接客していたら「年、いくつ？」などを聞かれました。

⑤お客さまからの問いかけの際、腰のあたりをなでられて、とても不快でした。お客さまだと思い、注意をできませんでした。

⑥「電話番号教えて、外で仕事終わるのを待っている。ご飯行こう」など、2年ほど同じお客さまから言われ続けていますが、お断りし続けています。

⑦食事、お茶、カラオケに誘われたり、電話番号を聞かれたり、レジをしていても横から話しかけられたり、お店の外で待ち伏せされたりしました。

7．金品の要求

①商品不良の交換対応時に店までの交通費及び迷惑料を要求されました。出来ない事を伝えると大声でどなられ、何度も謝りながら、交換又は返金しか出来ない事を伝えたが、納得してもらえず、生活出来ない用にしてやると脅されました。

8．土下座の強要

①商品不良のため返金を実施した際、丁寧に謝罪しても納得されず、土下座での謝罪を要求されました。

9．暴力行為

①商品の場所を聞かれ、その場所へ案内して、商品に手を指してお伝えしたところ、"なんなんだ、その態度は？名前は何と言うんだ？"と胸ぐらをつかまれました。

②普通に接客していた時、お客様の機嫌が悪かったのか、かごや小銭をなげられました。

③お客さま同士でトラブルになり、収まらなかった為、対応をしたら、男性は飲酒をしており酔っていた為、内容を聞いていたらエスカレートし、いきなり頭を叩かれました。

④酔った客に、ここで酒を飲むからコップをよこせと言われ、店内での飲酒をお断りしたところ、大騒ぎし、殴られそうになったので手をつかんだら蹴られました。

⑤通常どおり商品の説明をしていたら、急に怒られ手を叩かれました。

10．SNS・インターネット上での誹謗中傷

①専門店女性従業員の身体に触れるセクハラをするお客様が来店され、止めようとした男性従業員へ接客に対するクレームをつけてきました。110番通報し警察で厳重注意したところ、逆ギレされ、通報した私に対して誹謗中傷をインターネット掲示板へ実名をあげて提示し、拡散されました。

悪質クレーム対策（迷惑行為）アンケート調査結果 速報版

～サービスする側、受ける側が共に尊重される社会をめざして～

ＵＡゼンセン流通部門調査

－2017年10月発行－

全国繊維化学食品流通サービス一般労働組合同盟

〒102-0074　東京都千代田区九段南 4-8-16　TEL 03-3288-3734

【執筆者略歴】

（50音順）

岡本　健志（おかもと　たけし）

　〔主な著書・論文〕『悪質クレーマー・反社会的勢力対応実務マニュアル』
　　　　　　　　　　（共著、民事法研究会）、『民事介入暴力対策マニュアル
　　　　　　　　　　〔第5版〕』（共著、ぎょうせい）など
　〔事務所〕　オルカス法律事務所
　　　　　　　〒160-0022　東京都新宿区新宿5-4-1　新宿Qフラットビル904
　　　　　　　TEL：03-6457-8059　　FAX：03-6457-8079

香川　希理（かがわ　きり）

　〔主な著書・論文〕『悪質クレーマー・反社会的勢力対応実務マニュアル』
　　　　　　　　　　（共著、民事法研究会）、『民事介入暴力対策マニュアル
　　　　　　　　　　〔第5版〕』（共著、ぎょうせい）、『企業による暴力団排除
　　　　　　　　　　の実践』（共著、商事法務）など
　〔事務所〕　香川総合法律事務所
　　　　　　　〒104-0061　東京都中央区銀座1-14-10　銀座松楠ビル2階
　　　　　　　TEL：03-6280-4056　　FAX：03-6280-4057

川田　　剛（かわた　つよし）

　〔主な著書・論文〕『悪質クレーマー・反社会的勢力対応実務マニュアル』
　　　　　　　　　　（共著、民事法研究会）、「司法書士における業務妨害対策
　　　　　　　　　　の必要性（特集　司法書士が抱える危険と対策)」（共著、
　　　　　　　　　　月報司法書士546号）など
　〔事務所〕　川田法律事務所
　　　　　　　〒105-0001　東京都港区虎ノ門5-3-20　仙石山アネックス214
　　　　　　　TEL：03-6435-9673　　FAX：03-6435-9674

木村　裕史（きむら　ゆうし）

　〔主な著書・論文〕『悪質クレーマー・反社会的勢力対応実務マニュアル』
　　　　　　　　　　（共著、民事法研究会）、『民事介入暴力対策マニュアル
　　　　　　　　　　〔第5版〕』（共著、ぎょうせい）など
　〔事務所〕　武蔵国分寺法律事務所
　　　　　　　〒185-0012　東京都国分寺市本町3-9-16　本田ビル4階
　　　　　　　TEL：042-359-4174　　FAX：042-359-4175

斎藤　悠貴（さいとう　ゆうき）

　　〔主な著書・論文〕『悪質クレーマー・反社会的勢力対応実務マニュアル』
　　　　　　　　　　　（共著、民事法研究会）、「企業におけるネット炎上対応の
　　　　　　　　　　　注意点」（法律実務研究33号）
　　〔事務所〕　東京千代田法律事務所
　　　　　　　　〒101-0041　東京都千代田区神田須田町１-３　ＮＡビル４階
　　　　　　　　TEL：03-3255-8877　　FAX：03-3255-8876

鈴木　哲広（すずき　てつひろ）

　　〔主な著書・論文〕『悪質クレーマー・反社会的勢力対応実務マニュアル』
　　　　　　　　　　　（共著、民事法研究会）、『Q&A従業員・役員からの暴力
　　　　　　　　　　　団排除──企業内暴排のすすめ』（共著、商事法務）、『民
　　　　　　　　　　　事介入暴力対策マニュアル〔第５版〕』（共著、ぎょうせ
　　　　　　　　　　　い）、『企業による暴力団排除の実践』（共著、商事法務）
　　　　　　　　　　　など
　　〔事務所〕　三島総合法律事務所
　　　　　　　　〒141-0021　東京都品川区上大崎２-24-13　目黒西口マンション
　　　　　　　　　　　　　　１号館1004
　　　　　　　　TEL：03-6417-4062　　FAX：03-6417-4063

藤川　元（ふじかわ　はじめ）〔執筆者代表〕

　　〔主な著書・論文〕『民暴の鷹』（共著、雪書房）、『民暴の鷹Part 2』（共著、
　　　　　　　　　　　雪書房）、『危機管理の法理と実務』（共著、金融財政事情
　　　　　　　　　　　研究会）、『実戦！　社会VS暴力団：暴対法20年の軌跡』
　　　　　　　　　　　（共著、金融財政事情研究会）、『悪質クレーマー・反社会
　　　　　　　　　　　的勢力対応実務マニュアル』（共著、民事法研究会）など
　　〔事務所〕　藤川元法律事務所
　　　　　　　　〒160-0067　東京都新宿区富久町15-1-1112　富久クロスコンフォ
　　　　　　　　　　　　　　ートタワー
　　　　　　　　TEL：03-3226-6110　　FAX：03-3226-5110

北條　孝佳（ほうじょう　たかよし）

　　〔主な著書・論文〕『今からはじめるインシデントレスポンス──事例で学ぶ
　　　　　　　　　　　組織を守るCSIRTの作り方』（共著、技術評論社）、『経営
　　　　　　　　　　　者のための情報セキュリティQ＆A45』（共著、日本経済
　　　　　　　　　　　新聞社）、『AIの法律と論点』（共著、商事法務）、『悪質ク
　　　　　　　　　　　レーマー・反社会的勢力対応実務マニュアル』（共著、民

事法研究会)、「インシデント発生から再発防止までの対
応」(ビジネス法務2018年9月号)、「ランサムウェアの身
代金要求に応じたときに生じうる法的責任に関する一考
察」(2018年度暗号とセキュリティシンポジウム) など

〔事務所〕 西村あさひ法律事務所
〒100-8124　東京都千代田区大手町1-1-2　大手門タワー
TEL：03-6250-6200　　FAX：03-6250-7200

〔実務必携Q&Aシリーズ〕
クレーマー対応の実務必携Q&A

2021年1月8日　第1刷発行
2022年11月1日　第2刷発行

定価　本体3,200円＋税

著　　者　岡本健志　香川希理　川田　剛　木村裕史
　　　　　斎藤悠貴　鈴木哲広　藤川　元　北條孝佳
発　　行　株式会社　民事法研究会
印　　刷　文唱堂印刷株式会社

発行所　株式会社　**民事法研究会**
　　〒150-0013　東京都渋谷区恵比寿3-7-16
　〔営業〕TEL 03(5798)7257　FAX 03(5798)7258
　〔編集〕TEL 03(5798)7277　FAX 03(5798)7278
　http://www.minjiho.com/　info@minjiho.com

落丁・乱丁はおとりかえします。　ISBN978-4-86556-403-7 C2032 ￥3200E
表紙デザイン：袴田峯男

適宜・適切な謝罪対応が会社の信用を守り危機を救う！

弁護士に学ぶ！
企業不祥事・謝罪対応の
ゴールデンルール
──経営リスクを回避する具体的手法と実践──

弁護士　奥山倫行（札幌弁護士会所属）著

四六判・273 頁・定価 2,750 円（税込）

▶不祥事が発生した際の初動対応と謝罪対応の巧拙が、その後の企業の明暗を分けるといわれる中で、早期に事件を沈静化に導き信用を守るための実践的なノウハウを詳細に解説！

▶企業の存亡すら左右しかねない報道対応については、報道機関からの問合せ対応から記者会見の検討・実施・終了までを、わかりやすいＱ＆Ａ形式により綿密かつ具体的に解説！

▶企業法務の分野で培ってきた豊富な不祥事対応の経験を有する著者が、蓄積されたノウハウを余すところなく開示した、企業経営者や担当者、法律実務家などのための実践的ガイドブック！

本書の主要内容

発行　民事法研究会

〒 150-0013　東京都渋谷区恵比寿 3-7-16
（営業）TEL. 03-5798-7257　FAX. 03-5798-7258
http://www.minjiho.com/　info@minjiho.com